世界一やさしい簿記の教科書1年生

村田栄樹

Cover Design & Illustration...Yutaka Uetake

はじめに

今さら簿記って、どうなの？

「え〜、簿記なんて勉強するの？　そんなのいらないよ！」

悲しいかな、最近よく聞く話です。

でも、本当にそうなのでしょうか？


簿記は、「帳**簿記**入」の真ん中2文字を取った略語です。

あるいは、簿記は英語で**Book Keeping**といいますが、**Book**の「ＢＯ」、**Keeping**の「ＫＥ」をつなげて「ＢＯＫＥ」。

え、「ＢＯＫＥ」？　これじゃ「ボケ」じゃん！

そう思うのですが、これが訛って「ＢＯＫＩ」（ボキ）になった、なんて話もあるとかないとか。


ちょっと話が逸れましたが、簿記は帳簿をつける技術のことをいいます。

帳簿というと、途端に遠い存在に感じてしまうかもしれませんね。

言い方を変えましょう。

「帳簿は、お金の行動日記」です。

人が動けば、そこには必ず「お金」の存在があります。

私たちは、「お金」がなければ生きていけません。

「お金」の話は苦手……。「お金」っていうと、何だか汚い！　なんて毛嫌いしている人もいるかもしれませんが、生きていくうえで、これは切っても切れない話なのです。

簿記を学ぶことは、お金の行動を知ることです。

お金の行動がわかれば、「お金」を増やすこともできますが、逆に、お金の行動を知らなければ、「お金」が減ってしまうどころか、なくなってしまうことも考えられるのです。

どうですか？　ちょっとは「簿記」に興味が湧いてきましたか？

本書は、そんなあなたのための本です。

「簿記って何だろう？」

そんな、今まで「簿記」に触れたことがない人でも、「簿記ってこういうことなんだ！」と、簿記の基礎がわかるようになっています。特に、次のような人にお勧めの1冊です。

- **これから簿記をはじめたい人**
- **突然、経理に配属された人**
- **商売をはじめて、自分で帳簿をつけなければならなくなった人**
- **就職のために簿記の資格取得を考えている人**
- **商業高校に入学した高校生**
- **経営学部や経済学部に入学した大学生**
- **税理士や公認会計士を目指している人**

簿記のレベルでいうと、3級レベル（個人商店の簿記）の内容がわかるようになっていますが、残念ながら、「**本書を読んだだけでは、簿記の知識は身につかないし、検定試験にも合格はできません**」。なぜかというと、簿記はスポーツと同じく、反復練習が必要だからです。たとえば、検定試験には当然ながら制限時間があります。問題を解くスピードや、時間配分が重要になってきますが、これらは反復練習をしないと身につきません。

ということで、本書を読むだけでなく、ぜひ手を動かしてください。そして、できれば検定試験にチャレンジしてみてください。「検定試験にチャレンジする」という具体的な目標があれば、より簿記という知識があなたの中に入っていくはずです。

では、さっそく頁をめくって、簿記を学ぶ旅をスタートさせましょう！

村田栄樹

目次

1時限目 「森を見て木を見ず」からはじめよう!

2時限目 森を覚えたら、「木」を見てみよう！

4時限目 決算の簿記を確認してみよう！

5時限目

個人商店と株式会社の違いを確認してみよう！

0時限目
簿記って何だろう？

まずは、“難しい”という先入観を捨てましょう！
意外と、簿記は“あたりまえ”のことなんです。
ぜひ、楽しんでくださいね！

01 もしも通帳がなかったら…

1 簿記って、どんなイメージ？

「あっ、そういうことだったの。意外と簡単ですね！」

私が、簿記学校で講師をしていたころ、よく生徒に言われた言葉です。
みなさんは、「**簿記**」と聞いて、どんなイメージが頭に浮かんでくるでしょうか？

「地味……だね」
「難しそう」
「数字がいっぱい……、数学苦手だったんだよなぁ」
「できれば避けて通りたかった」

多くの人は、こういったネガティブワードが頭に浮かんできたのではないでしょうか？

私が簿記学校で講師をしていたときの生徒も、はじめはだいたいこんな感じでした。

「簿記、めちゃくちゃやりたいんですよ〜！」

なんて、ポジティブワードは、残念ながらあまり聞いたことがありません……。

でも、そんな人たちも、最後には冒頭の言葉を言って帰っていきます。

ということで、まずは安心してください。

これから、小難しい話をするつもりは、一切ありません。

確かに、簿記は、小難しそうな帳簿の記帳技術です。

独特の言葉や、左右に振り分けるという独特の技術が出てきて、ちょっとややこしいところはありますが、大丈夫です。「**まずは難しいという先入観を捨てることからはじめましょう。**」

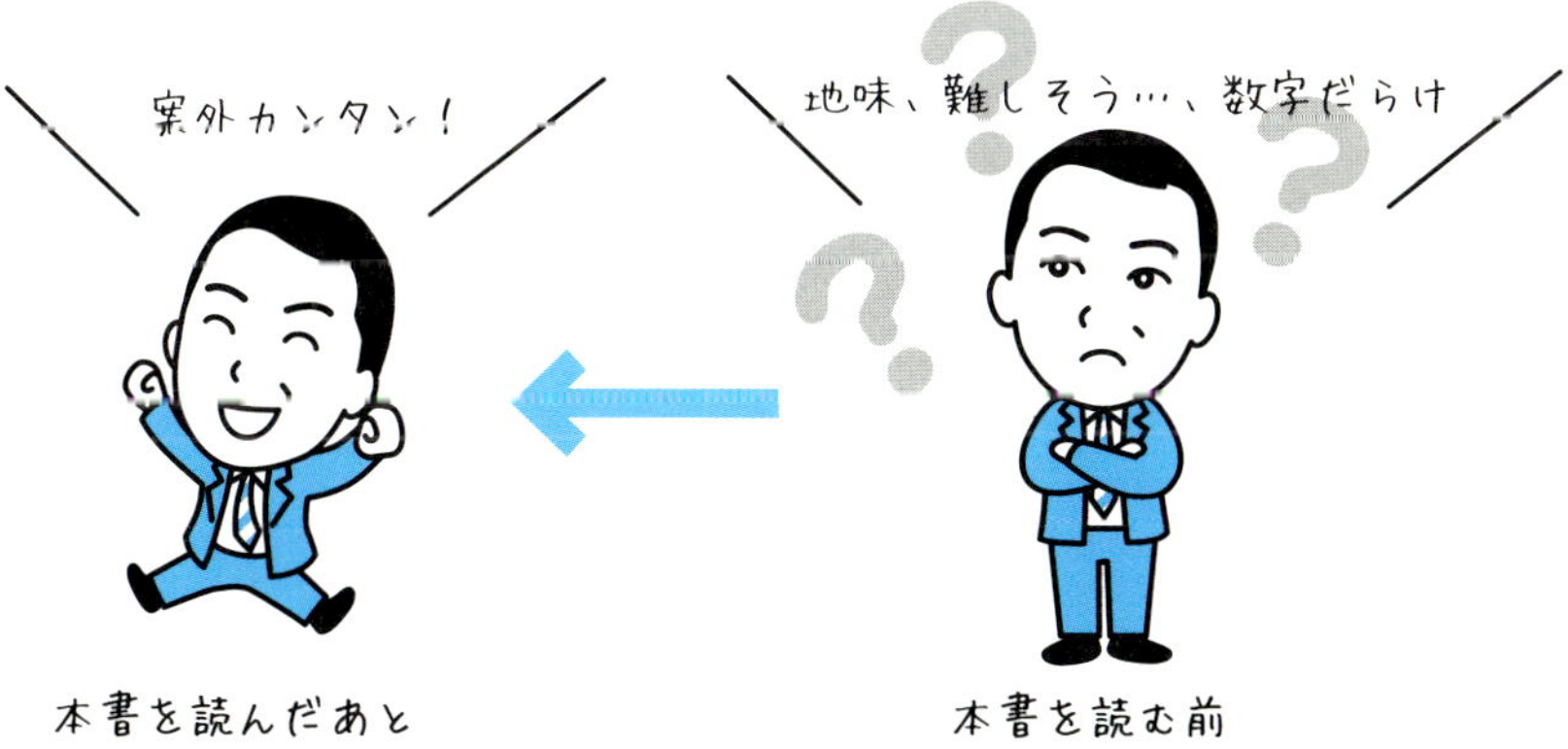
地味、難しそう…、数字だらけ
本書を読む前
案外カンタン！
本書を読んだあと

それでは、これから「簿記」を学ぶ旅に出発します。

簿記では、商品を仕入れたり、仕入れてきた商品を売ったり、お給料を払ったり……、商売や会社の活動を帳簿に記録していきますが、まずは、簿記の大前提を簡単な事例で確認してみましょう。

「0時限目では、〝簿記ってこういうことなんだ！〟というイメージがつかめれば十分です。」

それではスタートです！

2 今、あなたの銀行口座には、いくらお金がありますか？

この質問には、多くの人が答えられるかと思います。

もし、これに答えられなかったとしたら、あなたはお金に興味がないか、お金を気にしなくてもいいよっぽどの大金持ちです。

後者ならまだいいのですが、「お金に興味がない」のは危険です

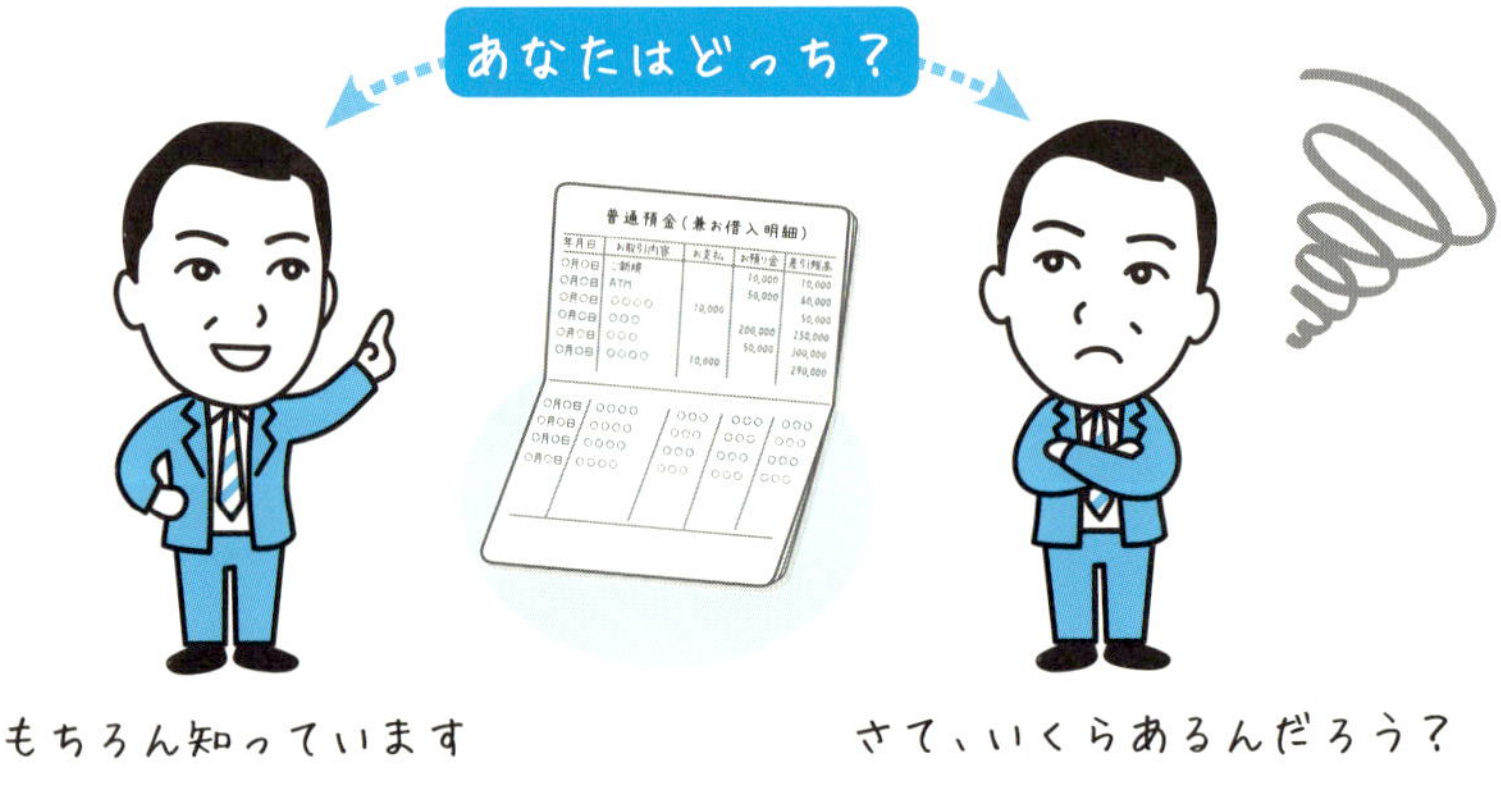

あなたはどっち？
普通預金（兼お借入明細）
もちろん知っています
さて、いくらあるんだろう？

ね。残高不足でクレジットカードの引き落としができなかった、なんていう、金融事故が起きかねません。

「事故なんて大げさな。引き落としができなくても、あとで払えば大丈夫」

確かにそうなのですが、実はコレ、立派な事故なんです。

たとえば、あなたがお金を借りようと金融機関を訪れたとします。金融機関は、あなたがちゃんと返済できる人かどうかを調査します。その調査のひとつに、「**〝信用調査機関〟に過去の実績を照会する**」ということがあります。

過去の実績、たとえば、クレジットカードの利用で問題がなかったか？　過去の借入金をきちんと返済しているか？　といったことを確認して、もし「引き落としができない」など、何らかの問題が発生していれば、それらが、あなたの信用調査に記録されることになるのです。

つまり、「**クレジットカードの引き落としができなかった場合は、あなたの信用にキズがつく**」ということです。車のキズと違って目に見えないものなのでつい軽視してしまいがちですが、立

1度失った信用は
簡単には戻らない

車のキズはすぐ直るけれど……

派な事故なんですね。

3 では、1年前の今日、あなたの銀行口座にはいくらありましたか？

これに答えられる人は、なかなかいないのではないでしょうか？　日常的に起こるお金の出し入れを、すべて記憶しておくことは難しいですよね。

「記憶」しておくことが難しいから、「記録」しておく

これが、「**簿記のはじまり**」なんですね。

つまり、通帳も帳簿のひとつ、「**お金の行動日記**」なんです。

どうですか？　簿記がちょっと身近に感じてきましたか？

もしも通帳がなかったら、いつ入金されたのか、いつ支払ったのかを覚えておくか、別に書き留めておくなど、何らかの方法で管理しておかなければなりません。

今現在の残高がわからなければ、クレジットカードの引き落と

記録に限界はない

記憶には限界がある

しができるかどうかもわかりませんよね。

最近は紙ではなく、各金融機関のWeb通帳も出てきています。

Web通帳は、閲覧期間に期限があったりするので、気をつけないといけませんね。確認したくても、気がついたら消えていた……なんてこともあり得ます。

ということで、

「簿記」のひとつ目のポイントは、「記録する」


です。

「あたりまえのことでしょ！」

そう思ったあなた！　正解です。

簿記は極々あたりまえのことなんです。

今、あなたの銀行口座には
いくらありますか？
今月末には、いくらの予定
ですか？
早速、銀行口座を確認して
みましょう！

02 値札のないお寿司屋さん、入れますか？

1 「高い」「安い」は人それぞれ

「大将、今日もおまかせで」

いつかは値札のないお寿司屋さんで、こんな感じで注文してみたいものですが、小心者の私にはなかなかハードルが高いです。

それは、いくら掛かるかわからないからにほかなりません。

「このネタはいくらなんだろう」

それはもうドキドキして味もわからない、そんなことになりそうです。

では値段はわからなくても、こう書いてあったらどうでしょうか？

大トロ　高い
アワビ　普通
ボタンエビ　安い

う～ん、これでもなかなか厳しいですよね。

高い、安いの感じ方は人それぞれです。

また、この高い、安いは何に対してなのかが、これだけではわかりません。

つまり、目安にはなっても不安感は変わらないのです。

2 100円って、いくらですか？

「値札がない」「高い、安い」

これでは、いずれも〝曖昧〟ですよね。

「不安感を取り除くためには、誰もが同じ基準で考えられる、最も客観的なもので表す必要がある」ということです。

それは何かというと、**「やっぱり〝数字〟なんですね。」**

もしも、こんな寿司屋があったら

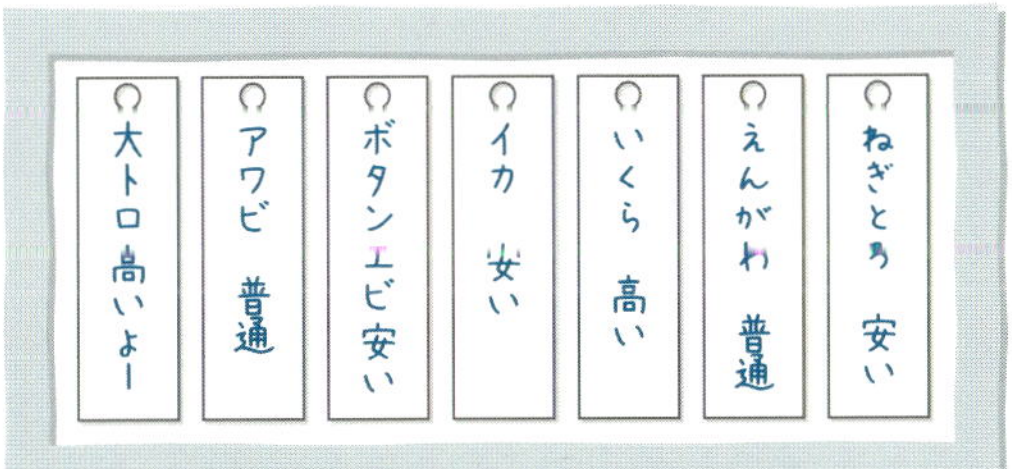
大トロ 高いよー
アワビ 普通
ボタンエビ安い
イカ 安い
いくら 高い
えんがわ 普通
ねぎとろ 安い

目安にはなるけど不安は消えない

数字の1は、誰にとっても1です。

また、100円は、誰にとっても100円です。

まぁ、子どもにとっての100円と、大人にとっての100円では、金額の持つ意味は、変わってくるかもしれませんが、100円は100円です。

「100円って、いくらですか？」とはなりませんよね。

金額の重みは違っても、100円は誰にとっても100円

「簿記＝数字」というイメージを持っている人からすると、数字の羅列、それだけでイヤだ！　となってしまうかもしれませんが、

「**簿記は〝お金の行動日記〟**」ということを思い出してください。

先ほど出てきた通帳が、数字じゃなかったら困りますよね。

たとえ数字であっても、「だいたい100円」とか、「ざっくり100円」とか記載されている通帳だったらイヤですよね。

「**お金の行動日記である〝簿記〟は、誰もが同じ基準で考えられる、客観的な数字じゃないとダメ**」なんです。

ということで、

簿記の2つ目のポイントは「数字で記録する」

です。

「これも、あたりまえでしょ！」

とまたまたツッコんだあなた！

正解です。

簿記はあたりまえのことをしているだけなんです。

だいたい、もうちょっと、
あと少し、
曖昧な言葉が出てきたら、
「それって、いくら？」と
ツッコミましょう！

03 「儲かりまっか？」「ぼちぼちでんな」の本当の意味

1 儲かってるってどういうこと？

「簿記」とは、「数字で記録すること」


ここまでは大丈夫ですね。

では、**「何を数字で記録していく」**のでしょうか？

それが、「儲かりまっか？」「ぼちぼちでんな」の会話に出てくる**「儲け」**なんですね。

ところで、みなさんは「儲け」と聞いたら、何をイメージしますか？

おそらく多くの人は、「今、手許にあるお金」をイメージするのではないでしょうか。

お金がたくさんある＝儲かっている
お金があまりない　＝儲かっていない

まぁ、これも「儲け」のひとつの定義であることに間違いはないのですが、簿記でいう「儲け」は、「＝お金」とちょっと意味が違うんですね。

「お金がある＝儲かっている」とはかぎらない

「簿記でいうところの儲けとは〝利益〟のこと」です。

たとえば、100円で買ってきたリンゴを、150円で売ったとしたら、利益はいくらですか？

簡単ですね。150円から100円引いて、50円ですよね。

「え〜、じゃあ、〝利益〟と〝お金〟は一緒になるんじゃないの？」

そう思った人もいるかもしれません。

もしも、今回のやり取りが、すべて現金で行われていたら、「利

お金がある＝儲かっているとはかぎらない！

益＝お金」になります。

しかし、今の世の中は、いつもニコニコ現金払いだけじゃないですよね。

たとえば、これが「**クレジットカードでのやり取りだったとしたら、その場では現金が動かない、つまり、〝利益＝お金〟にはならない**」んです。

2 あなたはどれぐらい稼げるか？

利益とお金は違う。

では、利益とはいったい何なのでしょうか？

「**簿記でいう利益とは、〝成績〟のこと**」なんですね。

１００円で買ってきたものを、１５０円で売ったとしたら、50円稼いだことになります。

この「**稼ぐ力を表したものが〝利益〟**」なんです。

ところで、「儲かりまっか？」「ぼちぼちでんな」の本当の意味は何なのでしょうか？

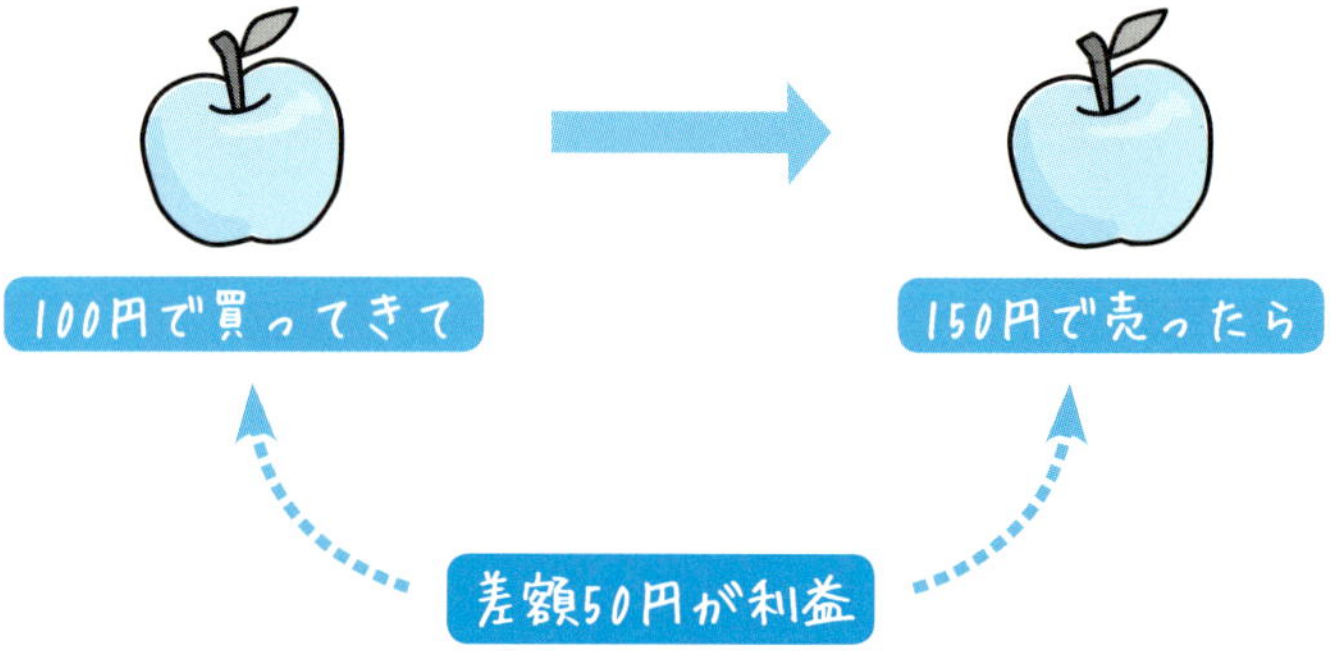

100円で買ってきて
150円で売ったら
差額50円が利益

それは、たとえ儲かっていても謙遜するという日本人特有の美学だけでなく、そもそも儲けの定義が人によって違う、あるいは、そもそも儲けの正体がよくわかっていない……。

商売をやっている人の中にも、「なんとなく儲かっているような気もするけど……、実はいくら儲かっているかはわからないんだよね」という人が意外と多いのです。

それどころか、中には、自分が儲かっているのかどうかさえもわからない人もいます。

簿記がわからない人にとっては、それだけ、「儲け」というのは曖昧で、つかみどころのないもの、ということなんですね。

だから、「儲かりまっか？」と聞かれたら、「ぼちぼちでんな」と誤魔化しているのではないか、私は密かにそう思っています…。

ということで、

簿記とは儲けを数字で記録していくこと

ちょっとややこしくなってきたかもしれませんね。

でも大丈夫です。

まずはどういったものかのイメージをつかめればＯＫです！

04

「簿記の魔法」で、見えないものを見えるようにする

1 会社名や外観からは、儲かっているかどうかはわからない

会社の成績も、学校の成績のように、テストの点数でズバッと表せればいいのですが、なかなかそうもいきません。

たとえば、その会社の成績がいいか悪いか？　つまり儲かっているかどうかは、その会社の建物やホームページを見てもわかりませんよね。

立派な建物や立派なホームページを持っていることは、ひとつの目安にはなっても、実際に儲かっているかどうかはわかりません。有名無名も関係ありません。上場している有名企業だから儲かっている、町の八百屋さんだから儲かっていない、なんてことは言い切れないですよね。

そうなんです。会社の成績、つまり儲かっているかどうかって、目には見えづらいんです。

そこで、これからあなたが学んでいく「簿記」の出番というわけです。

簿記は、「**儲けを数字で記録すること**」でした。

「**儲けとは利益のこと、〝稼ぐ力〟を表した、その会社の成績のこと**」でしたよね。

学校の成績とは違い、「**正体がつかみにくい会社の成績、つまり儲けを、数字という最も客観的なもので表現できる簿記は、〝見えないものを見えるようにしてくれる〟ひとつの魔法**」ともいうべきものなのです。

2 簿記ってなぜ必要なの？

この成績がわかる効果はとても大きいです。

たとえば、学校の成績を上げるためには、まず今の自分の成績を知ることが重要ですよね。

今の自分の力を知ることで、自分の強いところ、弱いところがわかり、何をやるべきかが明確になります。

これは会社も同じですね。

まずは「**今の会社の成績を知ることが重要**」なんです。

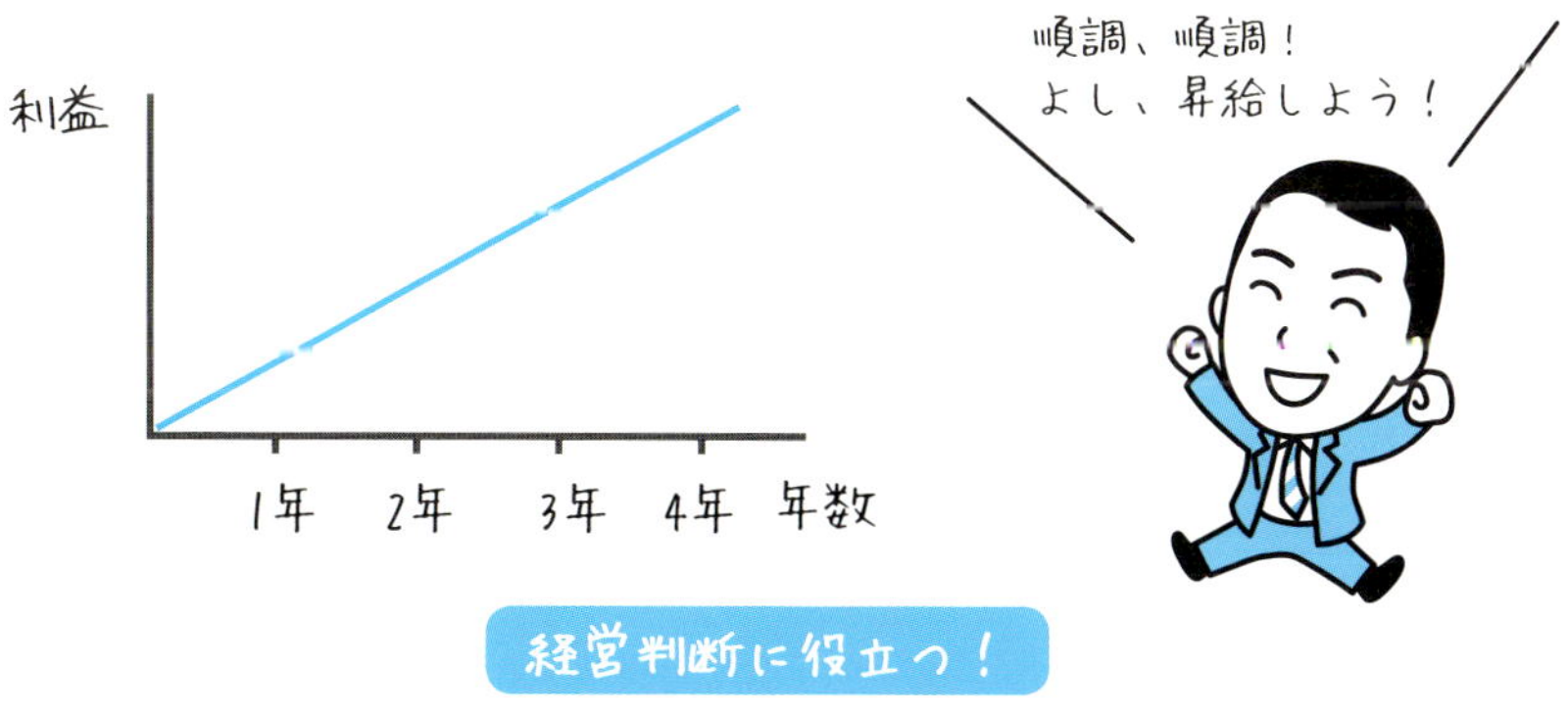
利益
1年
2年
3年
4年
年数
順調、順調！
よし、昇給しよう！
経営判断に役立つ！

成績を知ることで、どこをどう改善したらもっと利益が伸びるのかがわかるようになります。

また、従業員の昇給や新たな設備投資など、この先のいろいろな判断をするときの材料にもなるのです。自社の成績も知らずに闇雲に商売をしていたら、ただ道に迷うだけなのは容易に想像できるのではないでしょうか？

つまり、**「商売、会社経営にとってなくてはならない欠かせないもの、それが〝簿記〟」**なのです。

3 成績がいいのはどっち？

繰り返しになりますが、簿記は、**「儲けを数字で記録すること」**でした。

そして、この儲けとは利益のこと。すなわち「稼ぐ力」を表した成績のことでしたね。


では、ここに2つのお店があります。

A商店	利益	1000万円
B商店	利益	500万円

どちらの商店の成績がいいと思いますか？

簡単ですね。もちろんA商店です。

でも、この答えになるのには、忘れてはいけない大前提があります。

それは、A商店、B商店、ともに**「同じ基準で計算している」**ということです。

というのは、A商店、B商店で、それぞれ違う基準で計算していたら、利益が違ってくるのはあたりまえですよね。

「〝同じ基準〟で計算しているからこそ、単純に金額の大きさで比較できる」んです。

そして、この基準となるのが、「簿記のルール」です。

具体的には1時限目以降で学習していきますが、簿記にはさまざまなルールがあります。

このルールに基づいて計算しているからこそ、比較する意味があるのです。

この手の話は、スポーツでもよくありますよね。

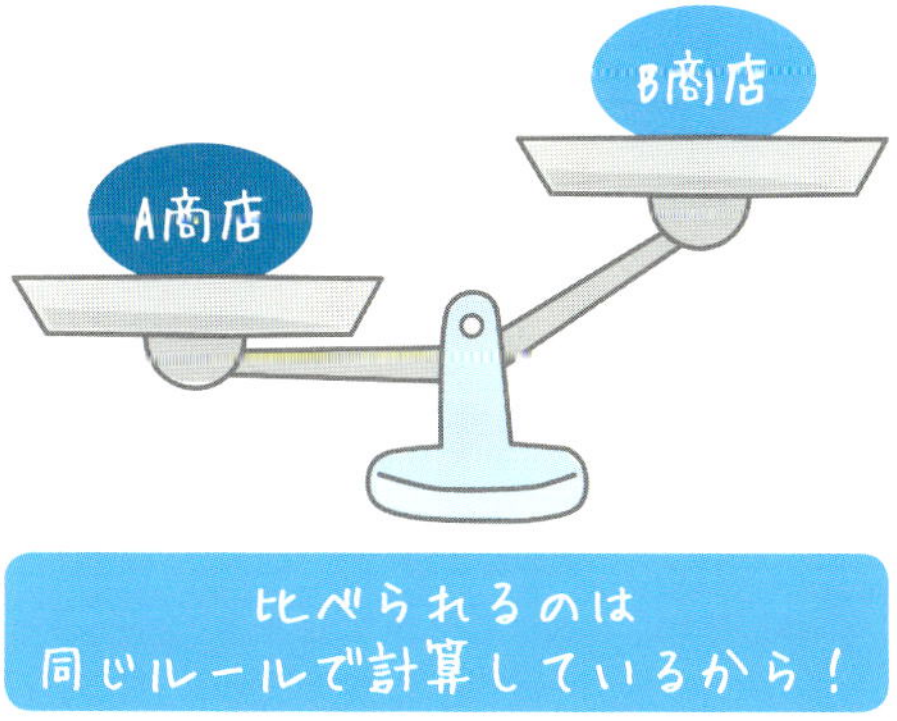

たとえば野球。

日本のホームラン王と、メジャーリーグのホームラン王を比べることはできるのか？

ホームランという点ではどちらも同じですが、球場の広さとか、試合数の違いとか。

どうしたって条件が同じでないものは、本来比較しづらいものなんですよね。

0時限目のまとめ

- 簿記とは、記憶ではなく、“記録する”こと
- 簿記では、最も客観的な“数字で記録する”
- 簿記では、“儲けを記録する”
儲けとは、収入と支出の差で計算される利益のこと
- 簿記では、「利益」＝「お金」とはかぎらない
- 利益とは、会社の稼ぐ力を表した成績のこと
- 今の成績を知ることで、改善点や従業員の昇給・投資の判断ができる
- 簿記では、“すべての会社が同じルールで記録”している
- 同じルールで記録しているので、他社との成績比較もできる
- 商売や、会社を経営していくためには、簿記が必要不可欠

1時限目

「森を見て木を見ず」からはじめよう！

簿記はパズルのようなもの。
“完成形”がイメージできないと先に進めません！
ここでは、簿記の完成形を学んでいきます。

01 簿記の目的を掘り下げてみよう！

1 簿記の目的は2つ

0時限目で、なんとなく、ぼんやりにでも「簿記」というものがイメージできましたか？
では、簿記について、もうちょっと掘り下げてみましょう。

なぜ簿記をやるのか？
その目的から話を進めていきますね。
簿記の目的は、次の2つです。

❶一定期日の財政状態を明らかにする
❷一定期間の経営成績を明らかにする

おっと、途端に難しくなってしまいました。

でも大丈夫！

簡単な言葉に言い換えてみましょう。

下図を見てください。どうですか？　難しくないですよね。「今いくら持っているか」と、「いくら儲かったか」ということだけです。儲かったら、その儲けは最終的にはお金になります。つまり、「儲けとお金には、密接な関係がある」ということです。

「簿記とは〝儲けを数字で記録すること〟ですが、〝儲け〟だけを明らかにしたのではダメで、〝お金〟についても明らかにしてい

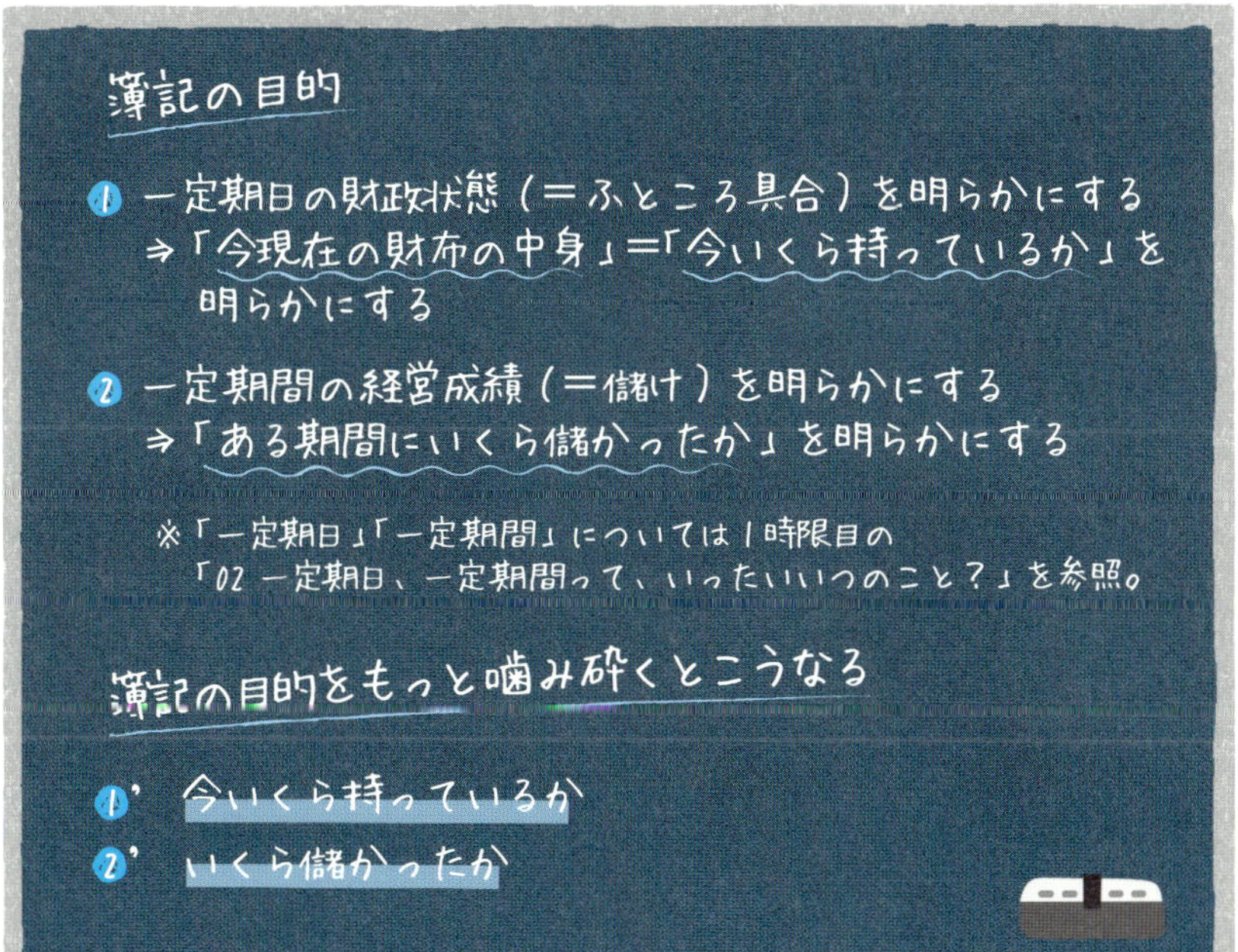
簿記の目的
❶ 一定期日の財政状態（＝ふところ具合）を明らかにする
⇒「今現在の財布の中身」＝「今いくら持っているか」を明らかにする
❷ 一定期間の経営成績（＝儲け）を明らかにする
⇒「ある期間にいくら儲かったか」を明らかにする
※「一定期日」「一定期間」については1時限目の「02 一定期日、一定期間って、いったいいつのこと？」を参照。
簿記の目的をもっと噛み砕くとこうなる
❶' 今いくら持っているか
❷' いくら儲かったか

く**必要がある**」ことを、なんとなく気にかけておいてください。

では、簡単な商売の流れで考えてみましょう。

次の流れが商売の基本です。

商品を仕入れる ⇓ **その商品を売る** ⇓ **儲かる** ⇓ **お金が入ってくる** ⇓ **そのお金でまた仕入れる**

商売はこの繰り返しです。

つまり、「儲け」と「お金」のどちらが欠けても商売は、うまくいかなくなってしまうのです。

簿記をやることで、この「儲け」と「お金」の関係が明らかになります。

「**明らかになれば、問題点や改善点が見えてくるので、商売をうまく続けていくためにも、簿記が必要**」ということになりますよね。

● **お金が先に出ていくのが商売**

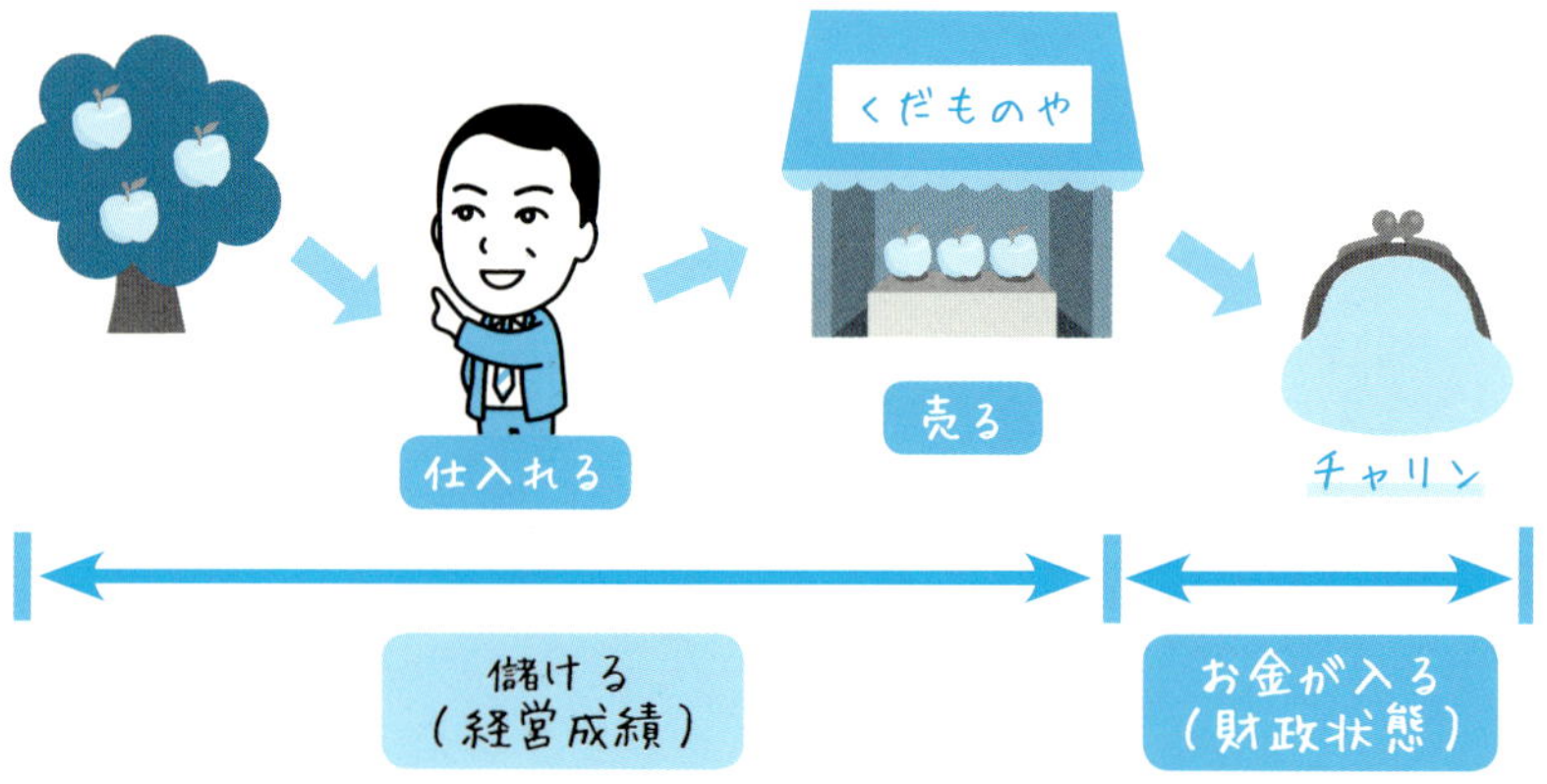

※ 詳しくは、拙著「儲かる会社の会計と経営がよくわかる本(ソーテック社)」をご覧ください。

02 一定期日、一定期間って、いったいいつのこと？

1 一定期日と一定期間の昔と今

簿記の目的は、次の2つでした。

❶ **一定期日の財政状態（＝ふところ具合）を明らかにする**
❷ **一定期間の経営成績（＝儲け）を明らかにする**

では、この一定期日、一定期間って、いったいいつのことなのでしょうか？

まぁ、それも気になるところですが、この一定期日、一定期間って、そもそも決めなければいけないのでしょうか？　まずはそのあたりから確認していきます。

1航海で、1公開

昔、昔のお話。

世界ではじめての株式会社「東インド会社」ができる前のお話です。

そのころは、1回の航海ごとに収支が計算され、その都度清算されていました。

当時の造船技術では、同じ船で何度も航海することは難しかったようです。

つまり、その都度、会社をつくって、その都度、その会社の収支を計算して、その都度、その会社をつぶす……、そんなイメージです。

1航海で、ひとつの収支を公開する、これを繰り返していたんですね。

ということで、昔の一定期日と一定期間とは、次のようになります。

● シンプルだった昔の収支計算

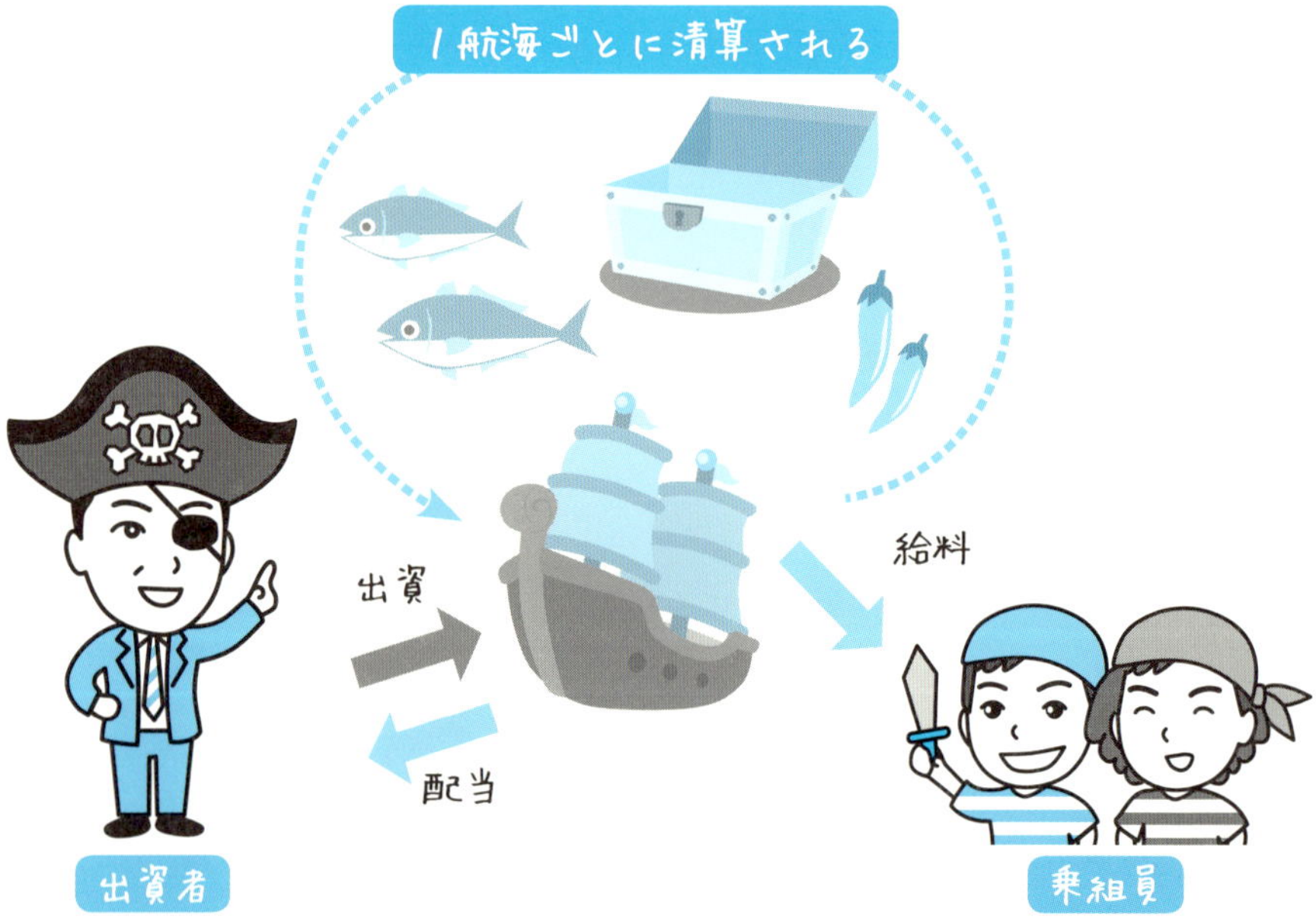

一定期日 会社をつぶした日
一定期間 会社をつくってから、会社をつぶす（倒産）日まで

1航海でひとつの収支を計算して、最後に残った財産を、船員や出資者で分配する。

これはこれで大変そうですが、もしかしたらこのやり方のほうが、収支の計算という点ではシンプルでわかりやすかったかもしれませんね。

しかし、その後の造船技術の進歩により、環境が変わってきました。

同じ船で何度も航海に行けるようになり、その都度、会社をつぶす必要がなくなったのです。

そうなると、それはそれで問題です。

昔は、「1航海で終わり！」ということで、会社をつぶす日が明確だったのですが、何度も航海に行けるようになると、「いつが終わりの日なのか？」これがわからなくなってきたのです。

2航海目で終わりなのか、それとも5航海目までなのか？ 終わりの日がわからなければ、いつまで経っても、一定期間が終わらないのです。

これは困った、一定期間が終わらなければ、簿記ができないままになってしまいます。

そこで、**会社をつくった日から、会社をつぶす日（倒産）までの期間を、人為的に区切ることにしました。**これが現代の一定期日・一定期間のはじまりです。

今の会社は、「継続企業」つまり、つぶさない、倒産しないことを前提としています。会社をつぶすために経営している人は、誰もいないですよね。

そこで、**会社をつくった日から、倒産までの日を人為的に区切って、一定期日・一定期間としているんですね。**

2 一定期日と一定期間って、具体的にはいつなの？

では、この人為的に区切った一定期日・一定期間って、具体的にはいつなんでしょうか？

実はコレ、「個人商店」と「株式会社などの法人組織」では違うんです。

個人商店の一定期日と一定期間はどうなる？

まずは、この本の前提である「**個人商店**」で確認してみましょう。「個人商店」というのは、株式会社や合同会社といった法人をつくらずに、個人で商売をしている人のことで、「個

● 現代の前提は「継続企業」

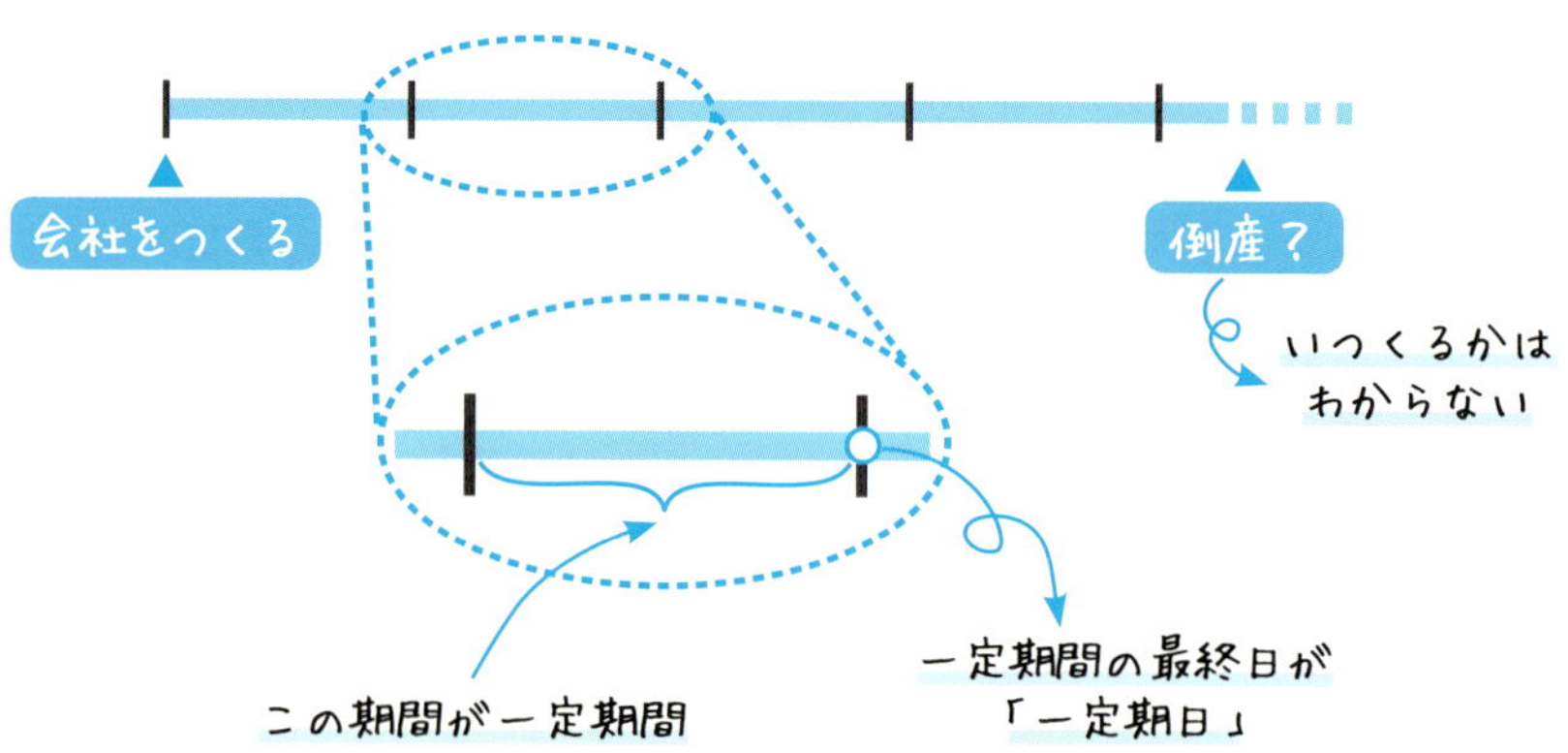

人事業主」なんていういい方もあります。　町の八百屋さんとか、魚屋さん、あるいは、フリーのカメラマンやデザイナーなどをイメージしてください。

この「個人商店」には、**「所得税」**という税金が課税されます。

毎年3月ぐらいになると、芸能人が確定申告書を税務署に提出してPRするアレです。この**「所得税は、0時限目に出てきた「利益」に対して課税されます」**（正確にいうと、利益とは若干違いますが、イメージとしては利益で捉えてください）。

そして、この「所得税」を計算する期間のことを**「課税期間」**といいます。その**「課税期間は暦の1年間、つまり、1月1日～12月31日」**となっています。

「簿記」で計算した「利益」をもとに、「所得税」が計算されるわけですから、簿記の一定期間を、所得税の課税期間とあわせたほうが、何かと合理的ですよね。

ということで、個人商店の簿記の一定期間も暦の1年間となっています（下図参照）。

つまり、個人商店の場合の「簿記の目的」は、次頁下図のようになるということですね。

● 個人商店の一定期日と一定期間

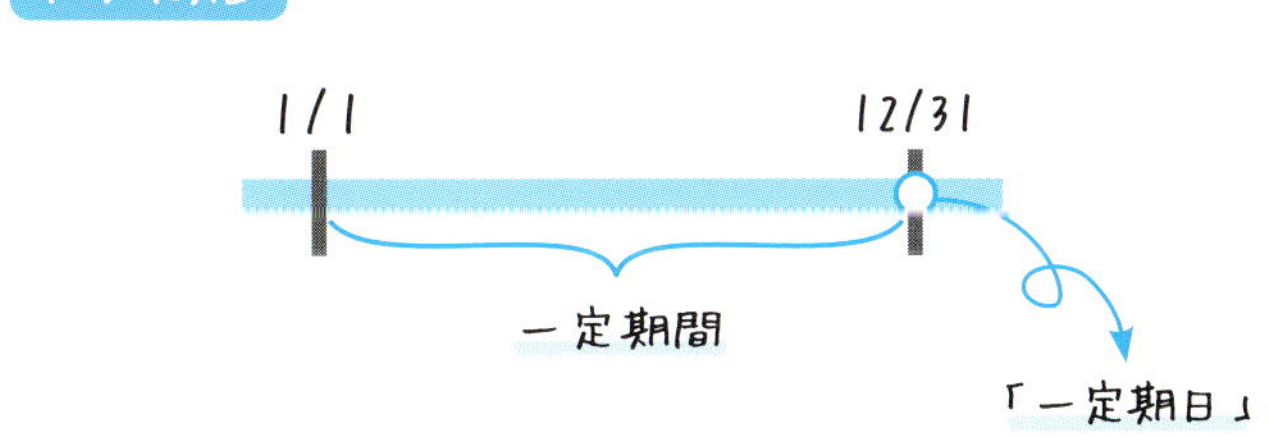

ここで、簿記用語をチェック！

ここで、ついでに次の簿記用語も覚えてしまいましょう！

簿記では、**「一定期間のことを〝会計期間〟」**といいます。

そして、**「会計期間のはじまりのことを〝期首《きしゅ》〟」**、**「会計期間の終わりのことを〝期末《きまつ》〟」**といいます。

また、会計期間中の一定日、たとえば、4月1日とか、10月31日とか、**「1月1日～12月31日の間にある日のことを〝期中《きちゅう》〟」**といいます。ちなみに、私の誕生日は6月14日ですが、これも期中ということになりますね。

ということで、**「個人商店の一定期日・一定期間は、暦の1年間」**と、覚えておいてください。

株式会社などの法人組織の一定期日と一定期間はどうなる？

これに対して、**「株式会社などの法人組織については、自由に決める」**ことができます。

「日本では、官公庁の締日《しめび》とあわせて、3月決算の会社が多い」

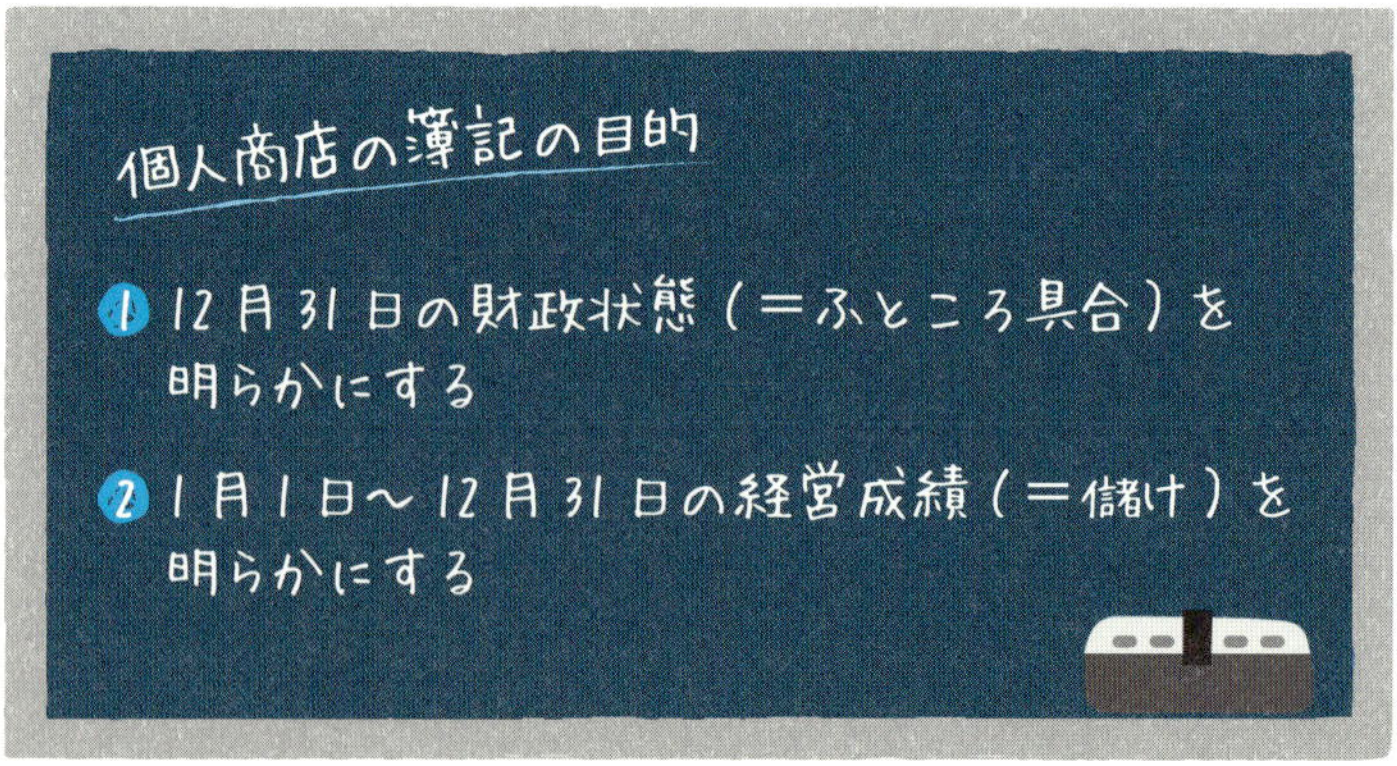

個人商店の簿記の目的
1 12月31日の財政状態（＝ふところ具合）を明らかにする
2 1月1日～12月31日の経営成績（＝儲け）を明らかにする

なんて聞いたことがありませんか？　ちなみに決算とは、**「決算＝期末＝会計期間の最終日」**を指しています。

したがって、3月決算であれば、3月が最終月になるので、4月1日〜3月31日が一定期間となり、3月31日が一定期日となるのです。また、自由に決められるということは、月初月末にこだわる必要もありません。

「誕生日を締日にしたい！」そんなことも可能です。私の場合であれば、6月15日〜翌年6月14日が一定期間となり、6月14日が一定期日となります。

ということで、「個人商店」と「株式会社などの法人組織」とでは、一定期日・一定期間が違うので注意してください。

● 一定期間＝会計期間

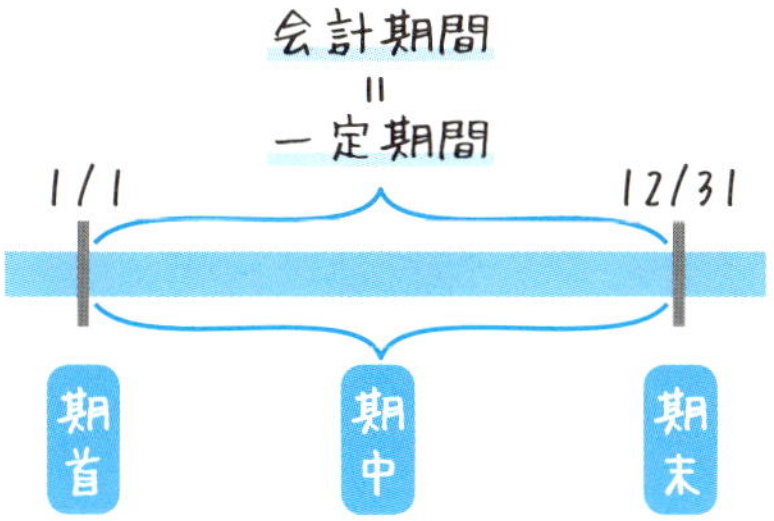

● 法人組織の一定期日と一定期間

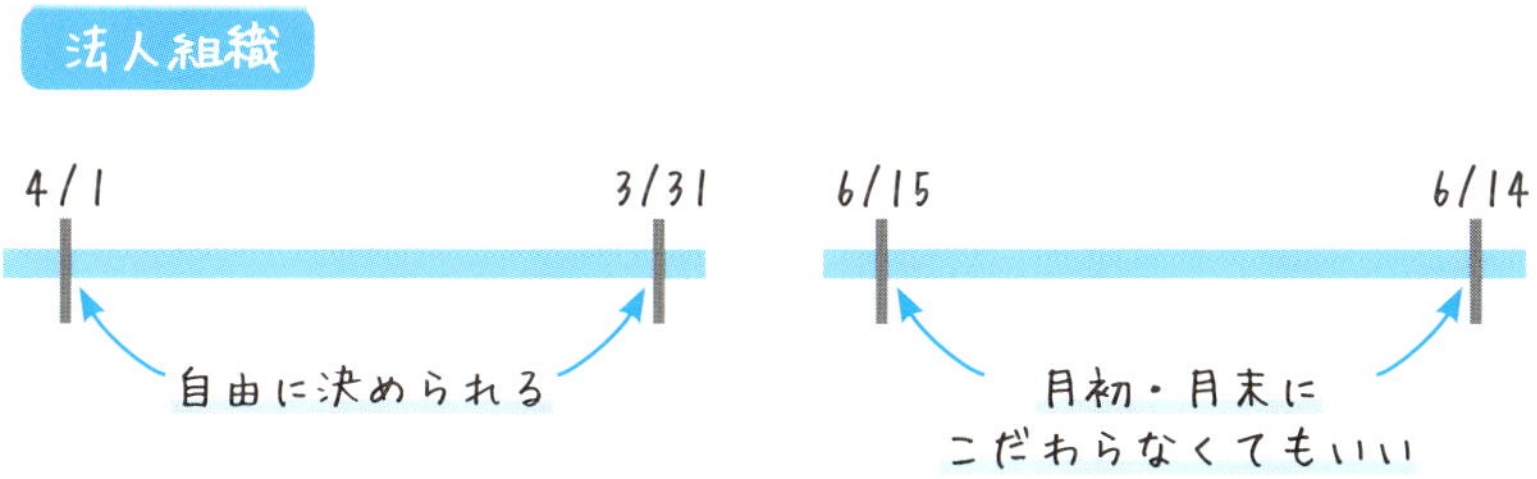

03 貸借対照表をつくってみよう！

1 財政状態を掘り下げてみよう！

「**財政状態とは〝ふところ具合〟、つまり〝今現在の財布の中身〟**」でした。

この財政状態は、「**調達源泉**」と「**運用状態**」から成り立っています。

おっと、またまた難しい言葉が出てきましたね。

でも、大丈夫！　これも難しくありません。

簡単にいうと、次のようになります。

調達源泉　**お金をどこから集めてきたか？**
運用状態　**集めてきたお金を何に使ったか？**

どうですか？　簡単ですよね。

ここで、下図をもう一度見てみましょう。

商売の基本的な流れは、「商品を仕入れて売る」でしたね。

ここでよく考えてください。

基本的に、「**商売は仕入れが先**」です。売る前に、まず仕入れなければなりません。

つまり、お金が先に出ていくのです。

商売が回りはじめたら、商品を売って入ってきたお金で、新たな商品を仕入れることができますが、商売をはじめる1番最初はそうもいきませんよね。

でも、商品を仕入れないことには商売自体がはじめられません。

そうなると、まだ売上がない1番最初は、自分でお金を集めてこなければならないということになります。

「**そのお金をどうやって集めたか？　これが〝調達源泉〟**」です。

たとえば、自分でコツコツ貯めてきたお金で調達、あるいは誰かから借りてきて調達など、調達方法にはいろいろありますが、

お金が先に出ていくのが商売

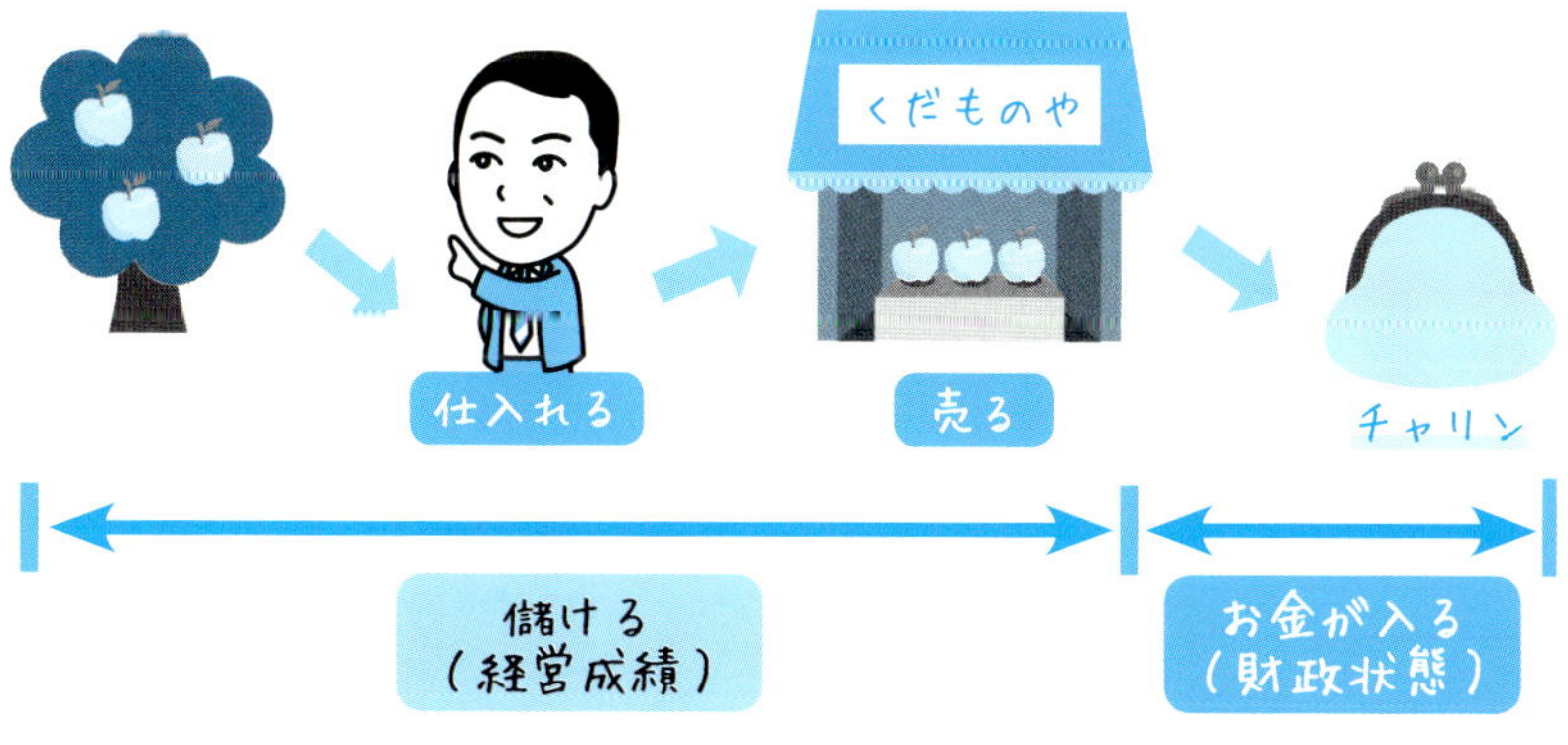

そのお金は、どうやって手に入れたものなのか？　これを明らかにすることが「調達源泉」なのです。

そして、「**その集めてきたお金を何に使ったか？　これが〝運用状態〟**」です。

商品を仕入れたり、あるいは、お店を借りるために保証金を払ったり、何にお金を使ったか？　これを明らかにすることが「運用状態」となります。

具体例で確認してみよう！

例❶

村田イチローは、長年勤めてきた会社を退職し、「ソーテックス青果店」をはじめることにしました。商売をはじめるにあたり、前職の退職金500万円、銀行から300万円を借りて、合計800万円のお金を用意しました。

さて、この場合の調達源泉はどうなりますか？

●調達源泉と運用状態

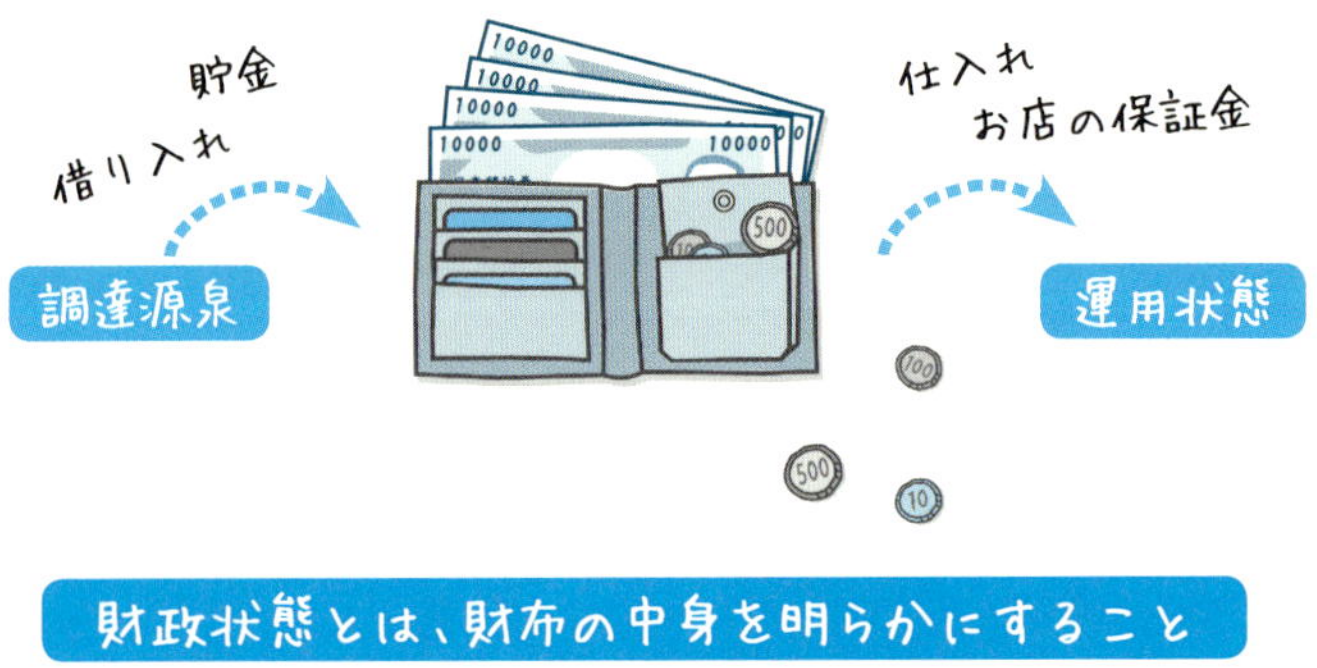

そうです、簡単ですよね。

「調達源泉」は、お金をどこから集めてきたか？　ですから、

前職の退職金を使った：５００万円
銀行から借りてきた　：３００万円

ということになりますよね。

では、これをもとに、例②へ進みましょう。

例② 村田イチローは、８００万円を元手に、陳列用の棚１００万円、配達用の車４００万円を現金で買いました。

さて、この場合の運用状態はどうなりますか？

そうです、これも簡単ですよね。

「運用状態」は、集めてきたお金を何に使ったか？　ですから、次のようになります。

陳列用の棚を買った：100万円
配達用の車を買った：400万円
残ったお金　　　　：300万円

ということになりますよね。

「財政状態」なんていわれると、ちょっと難しそうな気がしてしまうかもしれませんが、「お金をどこから集めてきたか？」と「そのお金を何に使ったか？」だけです。簡単に考えてください。

ただ、ただし！「財政状態」を、右記のような文章で表しても意味がありません。

というのも、簿記は「**帳簿記入**」の略語、財政状態も、何らかの帳簿として、つまり書類にしないといけないのです。

その「**財政状態を表す書類が〝貸借対照表〟**」となります。

2 財政状態を表す書類が「貸借対照表」

「貸借対照表」は「たいしゃくたいしょうひょう」と読みます。

これをつくって、財政状態を表していくのですが、実はフォーマットが決まっています。

❶まず、「貸借対照表」というタイトルを書く

簿記ではいろいろな書類をつくっていくので、ほかの書類と区別できるように、タイトルは必須です。

❷タイトルの下に、左から「商店名」「一定期日」「単位」を書く

商店名は、「**屋号や会社名**」を書きます。

次に、貸借対照表では一定期日の財政状態を明らかにしていくので、その一定期日はいつなのか？　具体的な日付が必要です。この一定期日は、図でいうと「点」になりますね。したがって、その点を表す「**現在**」という言葉を最後に忘れないように書きます。

そして、この書類の「**単位**」を書きます。単位は円とかドルとかユーロという通貨の種類を表すことはもちろんですが、それだけではありません。千円単位、万円単位など、円は円でも、桁数の違いを表している場合もあります。

どういうことか、ちょっと1万円で確認してみましょう。

● 貸借対照表はこんな感じでできている

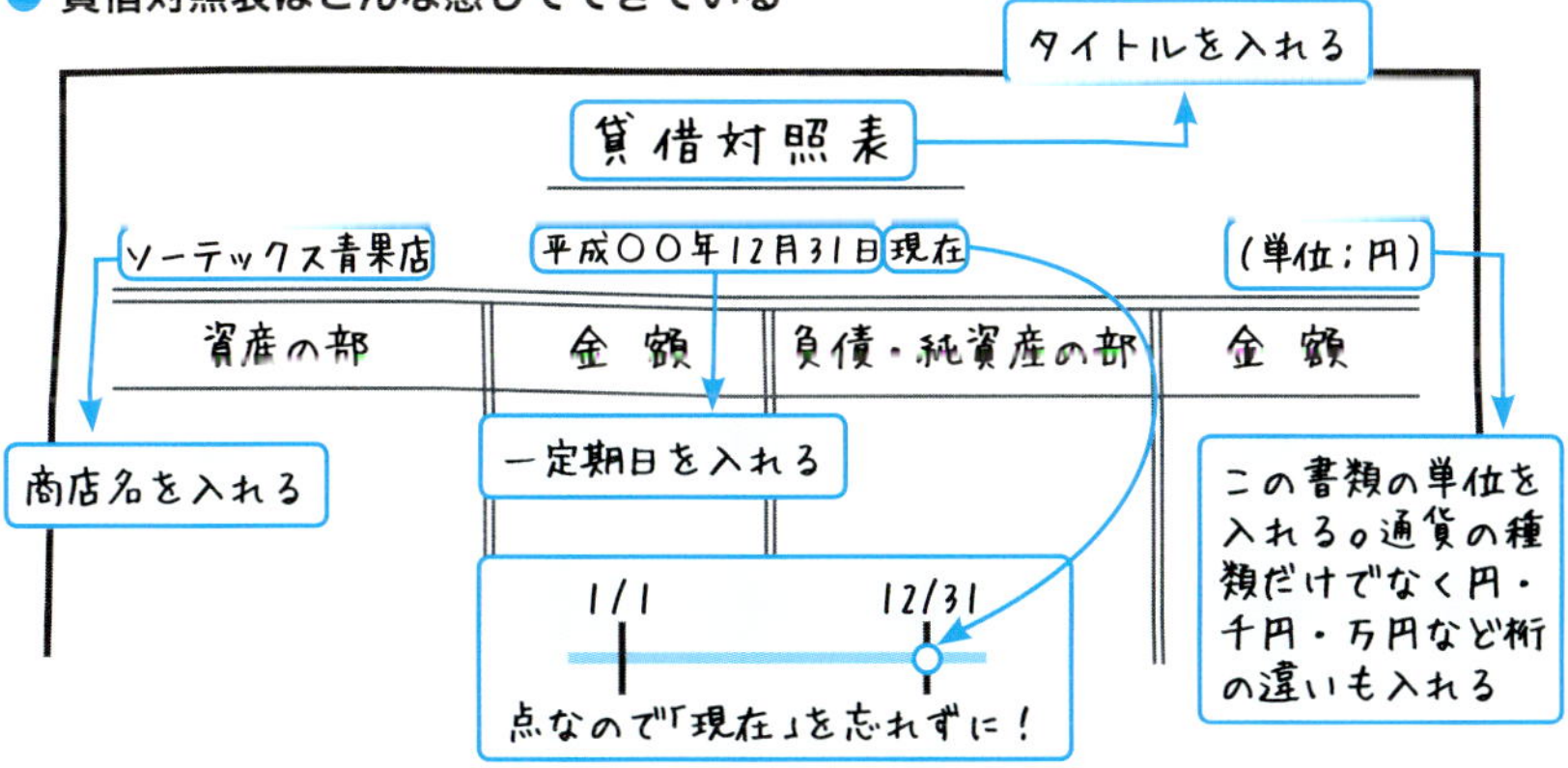

タイトルを入れる
貸借対照表
ソーテックス青果店
平成○○年12月31日
現在
(単位：円)
資産の部
金額
負債・純資産の部
金額
商店名を入れる
一定期日を入れる
この書類の単位を入れる。通貨の種類だけでなく円・千円・万円など桁の違いも入れる
1/1
12/31
点なので「現在」を忘れずに！

円単位だったら　：10000（円）
千円単位だったら：10（千円）
万円単位だったら：1（万円）

同じ1万円でも、単位によってこんなに変わります。

桁数が多くなってきて、もう全部書くのが大変！

なんてなった場合に、「**桁を省略する意味で単位を変える**」場合があります。

たとえば、上場企業などの大きな会社が、新聞に載せる場合などは、円単位ではとてもスペースに収まらないので、単位を変えています。トヨタ自動車などの大企業は「百万円単位」で表しています。新聞などを読むときにちょっと気にしてみてくださいね。

3 資産・負債・純資産とは何か？

そして、フォーマットで最も重要なのが、「**資産の部**」「**負債・純資産の部**」です（次頁下図参照）。

では、「資産」「負債」「純資産」とはいったい何なのか？　これらの定義から確認していきましょう。

❶ 資産とは

「資産」には2種類あります。

- 所有するもののうち、お金で価値を表すことができるモノ
- あとでお金を受け取ることができる権利

簡単に考えると、「〝目で見えるモノ〟と〝権利〟が資産」になります。

たとえば、次のようなものがあります。

現金（紙幣・硬貨）⇓目で見えるモノなので「資産」
建物（店舗・事務所・工場など）
⇓目で見えるモノなので「資産」
備品（机・イス・陳列棚・パソコンなど）
⇓目で見えるモノなので「資産」
貸付金（誰かにお金を貸した）
⇓あとでお金を返してもらう権利があるので「資産」

● 資産と負債と純資産

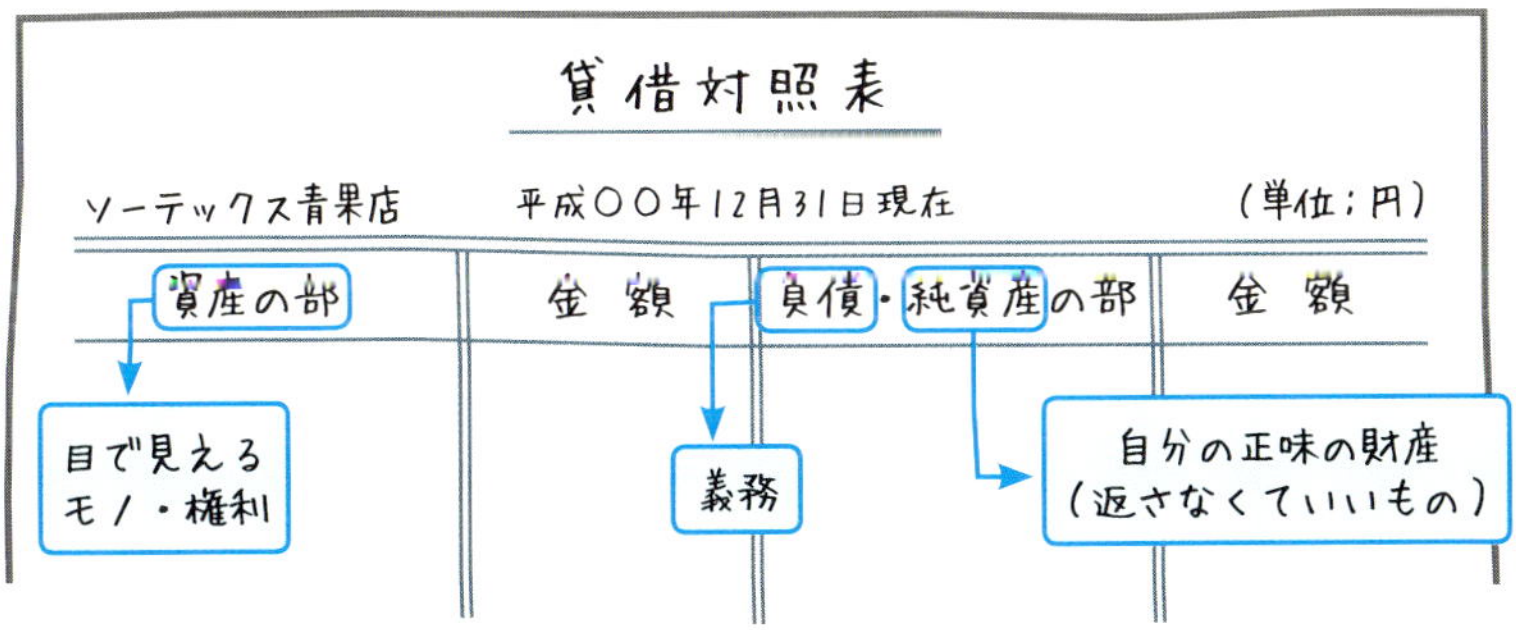

❷ 負債とは

「あとでお金を支払わなくてはいけない義務」です。簡単に考えると、**「負債は〝義務〟」**です。

たとえば、次のようなものがあります。

> **借入金（誰かからお金を借りた）⇓ あとでお金を返す義務があるから「負債」**

❸ 純資産とは

「資産から負債を差し引いたもので、自分の〝正味の財産〟」です。

これがちょっと難しいのですが、先ほどの **例❶**（50頁参照）を思い出してください。

例❶ では、お金を800万円持っていましたが、**「お金＝自分の財産ではない」**のがわかりますか？　300万円は銀行からの借入れなので、自分の正味の財産、言い方を変えると、「返さなくてもいいお金」は、前職の退職金500万円だけですよね。この**「500万円が純資産」**となります。

また、**「この返さなくてもいい、自分の正味の財産のことを〝資本金〟」**といいます。

この「資本」というのは**「元手」**という意味ですね。

「体が資本だ！」なんていう言葉があるように、「資本」には大切なものという意味あいもあります。つまり、いくらお金を持っていたとしても、それがすべて借金だったら手放しでは喜べないですよね。**「商売では、返さなくてもいいお金をどれぐらい調達できたかも大切」**なんですね。

ここでちょっとおさらいしておきましょう。

財政状態は、次の2つに分かれました。

調達源泉 **お金をどこから集めてきたか？**
運用状態 **集めてきたお金を何に使ったか？**

これに、「資産」「負債」「純資産」をあてはめると、次のようになります。

調達源泉 **お金をどこから集めてきたか？** ⇒ **「負債」「純資産」**
運用状態 **集めてきたお金を何に使ったか？** ⇒ **「資産」**

どうですか？

このつながりが、なんとなくでもわかりますか？

「調達源泉」は、お金をどこから集めてきたか？　ですよね。

誰かから借りてきた場合には、あとで返さなくてはいけない義務があるので「負債」。返さなくてもいいお金、たとえば、コツコツ貯めてきた貯金であれば「純資産」ということになります。

つまり、「**集めてきたお金は、返す必要があるのか、ないのかに分けられる**」ということですね。

そして、「運用状態」は、その集めてきたお金を何に使ったか？でしたね。

お金を使って、パソコンや陳列棚や車など、「**目に見えるモノを買うので、〝資産〟**」になります。

4 例題をフォーマットに埋めてみよう！

では、先ほどの例題（例①＋例②：50・51頁参照）で、貸借対照表をつくってみましょう。

下の 練習問題① に 例② の内容を埋めてみてください。

数字は3桁ごとにカンマを入れて、項目名は勘定科目を使う

答えは、次頁の 解答①-1 のような感じになります。

ただ、これでは問題があります。まずは金額です。これでも確かにあってはいるのですが、パッと見、ちょっとわかりづらいん

練習問題①

貸借対照表

ソーテックス青果店　平成〇〇年12月31日現在　（単位：円）

資産の部	金額	負債・純資産の部	金額

ですね。パッと見でわかるように、**「数字は3桁ごとに「,」（カンマ）を入れて、わかりやすく」**していきます。

次に、「お金」「陳列棚」などの項目名です。これでも確かにあっているのですが、各々の会社で好き勝手に名前をつけてしまうと、社内用語など、その会社の人しかわからない名前が使われる可能性があります。そうすると、税務署や取引先の人が見たときに、さっぱり意味がわからない、なんてことになってしまうので、項目名はある程度決まっています。これを「**勘定科目**」といいます。

修正すると、解答❶-2のような感じになります。

解答❶-1

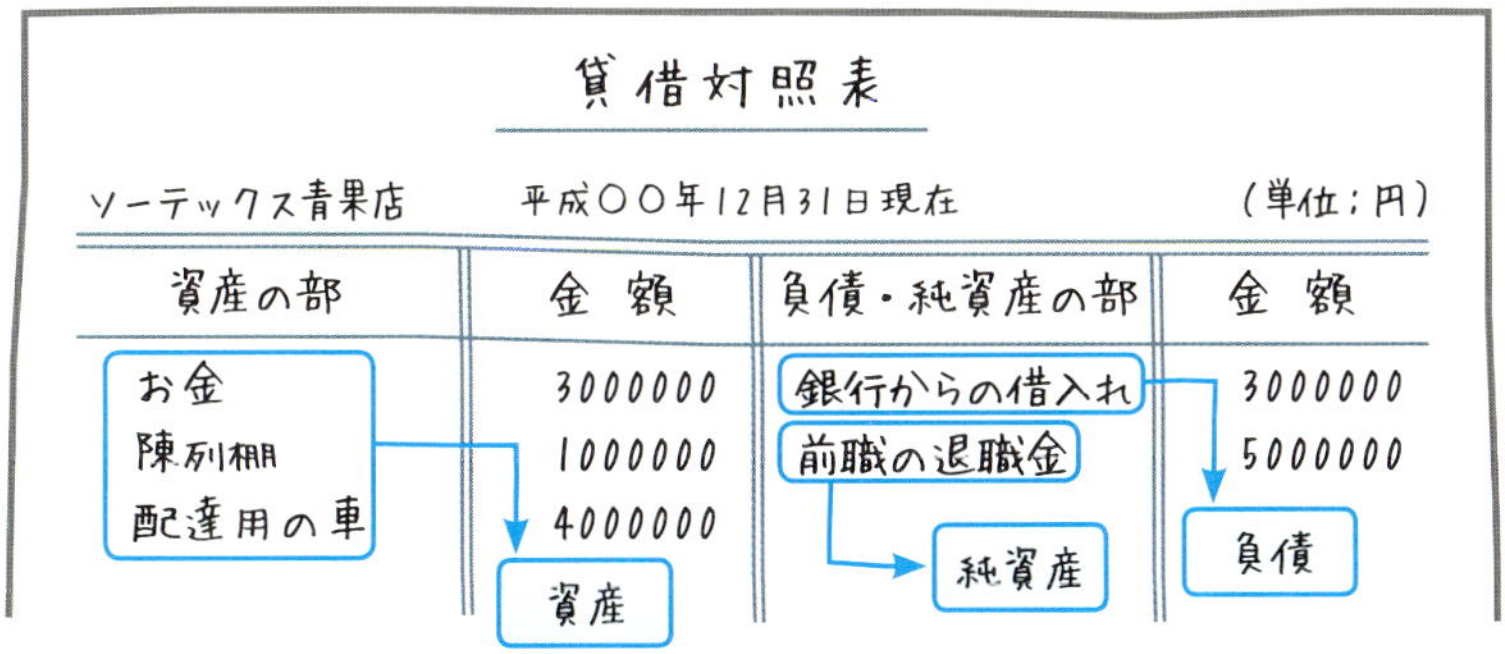

解答❶-2 数字を見やすく整えて、勘定科目を使用

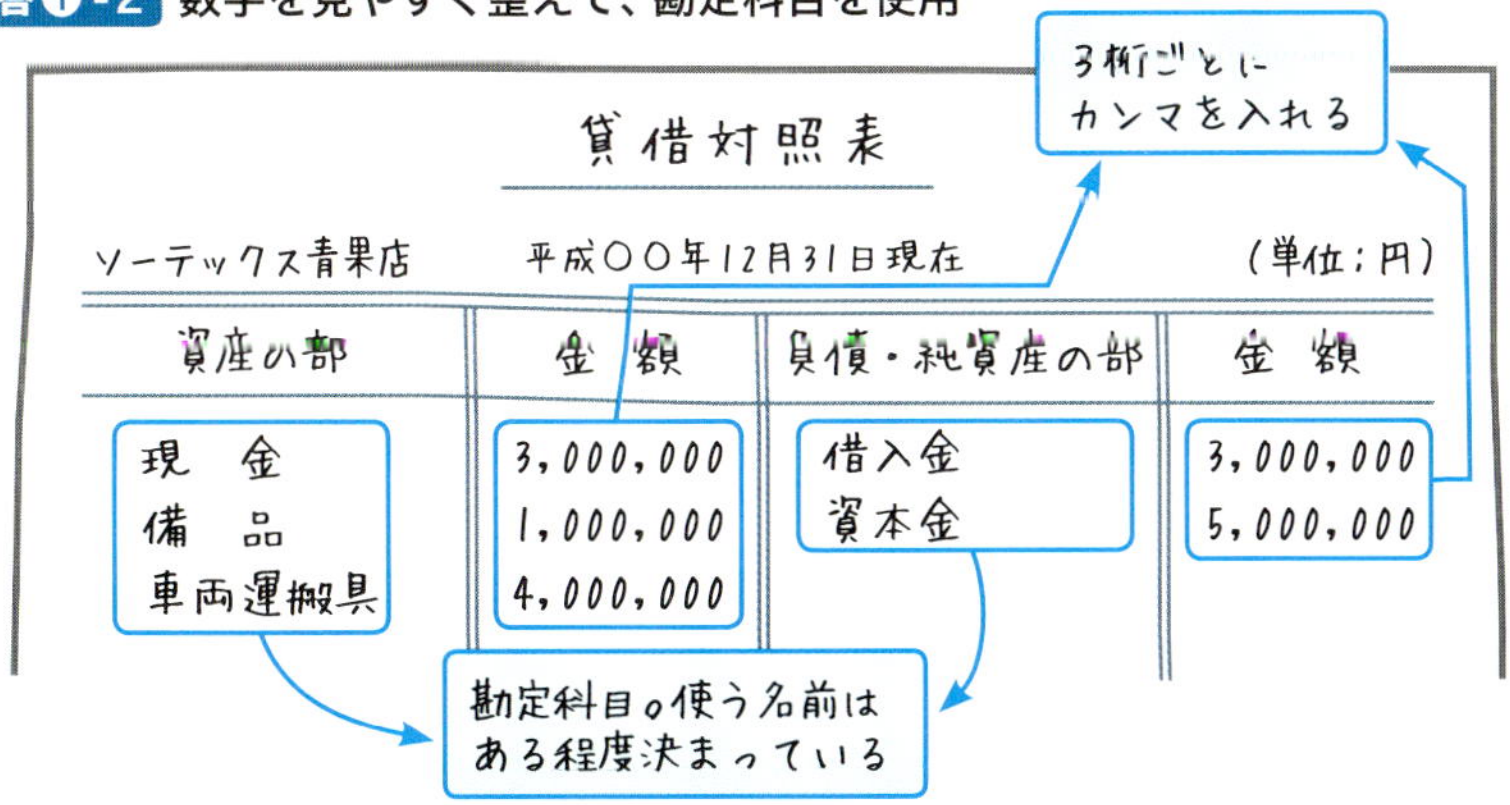

線を引いて完成させる

だいぶ見やすくなりましたね。でも、まだ終わりではありません。

この書類は、まだ途中なのか？　それとも、すでに書き終わっているのか？　今の状態では、判断ができません。

そこで、パッと見でわかるように、すべて書き終わったら、「締め切る」という作業を行います。

ここで、もう一度、貸借対照表のフォーマットを見てください。

左側が「資産の部」、右側が「負債・純資産の部」となっていますよね。

これがとても大切なのですが、「**簿記はバランスの学問**」です。簿記では、物事を必ず左右に分けて考えていきます。そして、その「**左右のバランスをそろえる作業が〝締め切る〟ということ**」です。

では、やってみましょう。

まずは金額欄を、縦に合計（縦計）します。

縦に合計する場合には、「合計線」という1本線を引きます（次頁下図参照）。

その際に、「合計線」を引く位置に気をつけてください。簿記はバランスの学問ですから、「**左右同じ位置に〝合計線〟を引きます**」。

縦に合計して、左右が同額、つまり、バランスがそろっていることが確認できたら、金額の下に二重線を引いてください。これを「**締切線**」といいます。この「**〝締切線〟が引いてあることで、〝この書類は書き終わっている〟ということになります**」。

と、通常はこれで終わりなのですが、今回のようなケースではもうひとつ必要です。

それが「**余白線**」です。今回は左側の「資産の部」に3つ、右側の「負債・純資産の部」に2つの項目が書いてありますよね。左右の項目数が違うので、右側に余白ができることになります。このような「**余白ができた場合には、余白を消す〝余白線〟が必要**」となるのです。

世の中、残念ながらいい人ばかりではありません。悪い人もいるので、余白をそのまま残しておくと、あとから「改ざん」されるなんてことも考えられるので、余白は必ず消してくださいね。

「締め切る」という作業は、左右のバランスをそろえることです。

解答❶-3 合計線、締切線、余白線を入れる

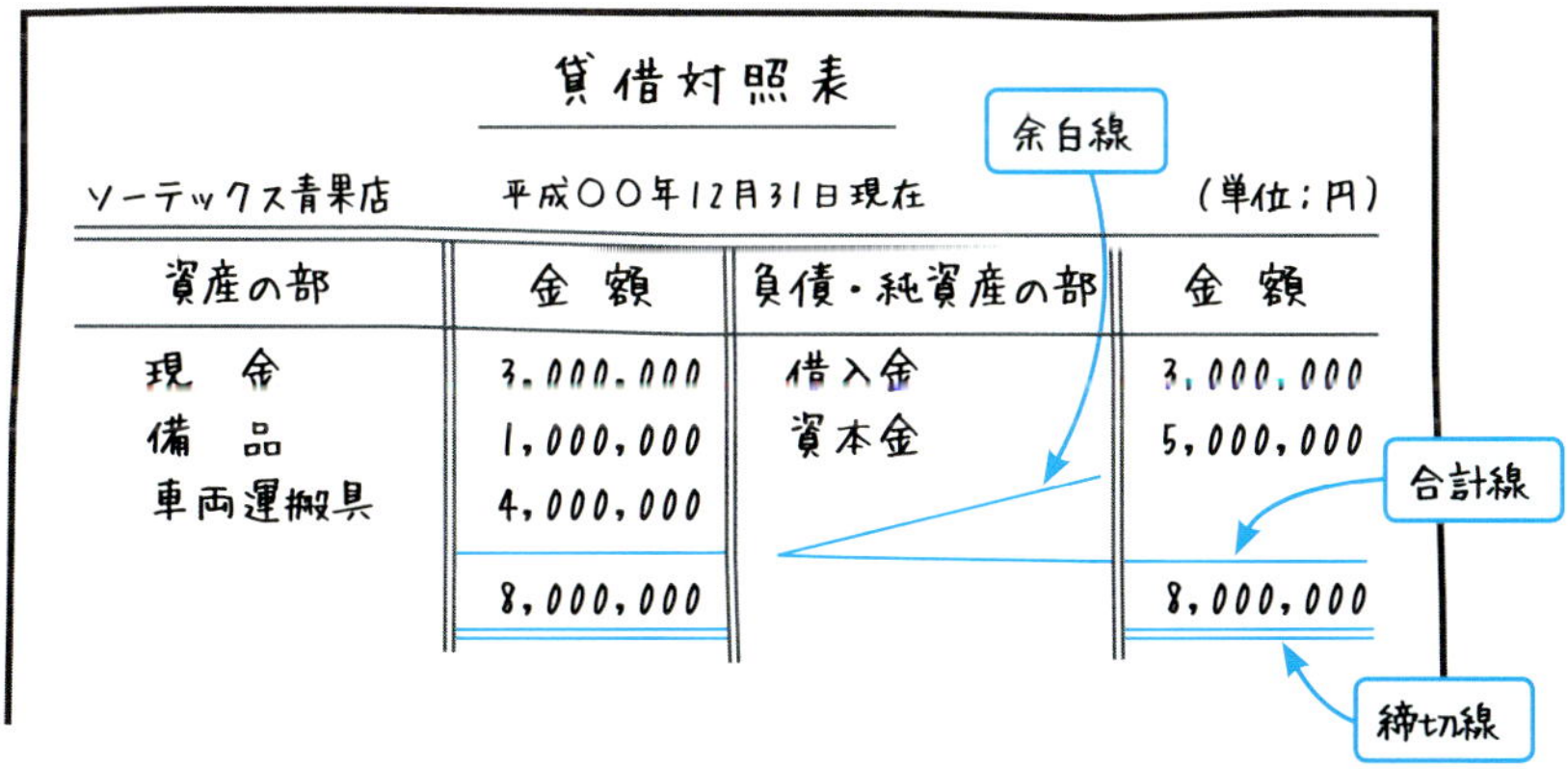

「合計線」と「締切線」は必ず引き、「余白線」は余白があるときだけ引いて、左右のバランスがそろっていることを、パッと見でわかるようにしておきます。

また、本書では、それらの線が青線になっていますが、本来「**線はすべて赤色で引く**」ようにします。

5 完成した貸借対照表を見てみよう！

これで、「貸借対照表」が完成です！ パチパチパチ！

「**貸借対照表は、〝財政状態〟を表す書類**」でしたね。その「財政状態」は、「**調達源泉**」と「**運用状態**」に分かれました。

これを頭に置いて、もう一度、完成した「貸借対照表」を見てみましょう。「**左右の大元は、〝集めてきたお金〟**」ということがわかりますか？

例題でいえば、８００万円です。

右側は８００万円をどうやって集めてきたか？

左側は８００万円を何に使ったか？

解答❶-4 完成！

貸借対照表

ソーテックス青果店　平成〇〇年12月31日現在　（単位：円）

資産の部	金額	負債・純資産の部	金額
現金	3,000,000	借入金	3,000,000
備品	1,000,000	資本金	5,000,000
車両運搬具	4,000,000		
	8,000,000		8,000,000

運用状態

調達源泉

左側にそのお金を何に使ったか？（運用状態）

右側にお金をどこから集めてきたか？（調達源泉）

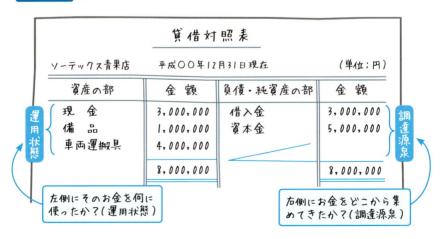

左右の大元は、集めてきた８００万円なので、左右のバランスは必ずそろいます。このことから、「**貸借対照表のことを、〝Balance Sheet〟、略してB／Sともいう**」のです。

6 こだわってはいけない点と、こだわらなければいけない点

「貸借対照表」がどんなものなのか、だいたいわかりましたか？

ここで注意点をひとつ！

「**どうして資産は左で、負債と純資産は右なの？**」ということに、こだわらないでください。

これは、「**簿記のルールとして決まっている**」のです。ルールに理屈は必要ありません。

たとえば、野球でいえば、「なぜ3回空振りしたらアウトなの？」これにこだわる人って、あまりいませんよね。「それはルールだから」と受け入れて、野球を楽しんでいる人がほとんどです。

簿記も同じです。「それはルールだから」

勉強になると、途端に理屈っぽくなってしまう人がいますが、スポーツと同じなんですね。ルールとして受け入れて、簿記を楽しんでほしいと思います。

あとは、「現金」とか「備品」とか、項目名を書く順番ですが、今のところは、あまりこだわる必要はありません。ただし、右側の「負債・純資産の部」はこだわってください。

「**〝負債・純資産の部〟ですから、まず負債を書いて、次に純資産を書く**」ようにしましょう。

04

損益計算書をつくってみよう！

1 経営成績を掘り下げてみよう！

「**経営成績とは〝儲け〟のこと**」でした。
この儲けは、「収益」と「費用」の差額として求められます。

収益 − 費用 ＝ 利益（儲け）

では、まず「収益」と「費用」の定義から確認してみましょう。

収益 資本が増加する原因となる収入
費用 資本が減少する原因となる支出

うーん、ちょっと回りくどい言い方ですよね。
ということで、とりあえず、単純に次のようにしましょう。

収益 ＝ 収入
費用 ＝ 支出

儲けについても、収入から支出を差し引いたもの、そう考えたほうがわかりやすいですよね。

収入 － 支出 ＝ 利益（儲け）

ただし！ 正確にいうと、これは若干違います。その違う点はあとでお話しします。

2 具体例で確認してみよう！

例③ **村田イチローの弟、村田ジローは、「ソーテックスカットハウス」の店主です。ある1年間の収支を計算すると、次のようになりました。**

ある1年間の収入

受取整髪料（お客さまからいただいたヘアーカット代金）：700万円

ある1年間の支出

給料：300万円

消耗品費（シャンプー・リンスなど）：200万円

水道光熱費（電気代・ガス代など）：100万円

さて、この場合の経営成績はどうなりますか？　そうです、簡単ですよね。

「**経営成績とは〝儲け〟のこと**」でした。

儲けは、「収益」と「費用」の差額、簡単に考えると、「収入」と「支出」の差額でしたね。

❶ 収入　受取整髪料：700万円

❷ 支出　給　　料：300万円

消耗品費：200万円

水道光熱費：100万円

（❷ 支出 計）600万円

❸ 儲け（❶－❷）＝100万円

収入と支出の差が儲け、つまり、利益になることがわかりますか？

今回の例で考えると、お客さまをカットしたことで、700万円のお金が入ってきて、カットするためのコストとして、給料などで600万円のお金が出ていく。

つまり、「**700万円－600万円＝100万円が経営成績（儲け）になる**」ということですね。

ただし！　今回の「経営成績」も「財政状態」同様、書類にして表さないといけません。前頁のような算式で表しても意味がないのです。

その、「**経営成績を表す書類が〝損益計算書〟**」となります。

3 経営成績を表す書類が「損益計算書」

「損益計算書」は「そんえきけいさんしょ」と読みます。

これをつくって、経営成績を表していくのですが、これも「貸借対照表」同様、フォーマットが決まっています。

❶まず、「損益計算書」というタイトルを書く

「貸借対照表」同様、ほかの書類と区別できるように、タイトルは必須です。

❷ タイトルの下に、左から、「商店名」「一定期間」「単位」を書く

商店名は、屋号や会社名を書きます。

次に、損益計算書では、一定期間の経営成績を明らかにしていくので、その一定期間はいつなのか？　具体的な日付が必要です。この一定期間は、図でいうと「線」になりますね。したがって、「はじまり」と「おわり」が必要になりますが、「**はじまりを〝自〟、おわりを〝至〟という漢字で表しておきます**」。

そして、この書類の「単位」を書きます。単位の考え方は、貸借対照表と同じです。

4 損益計算書も左右に分かれる

損益計算書のフォーマットをよく見てください。

「簿記はバランスの学問」です。「損益計算書」も「貸借対照表」同様、左右に分かれていますよね。損益計算書では、「**左側に費用の部＝支出**」を書いて、「**右側に収益の部＝収入**」を書いていきます。

● 損益計算書はこんな感じでできている

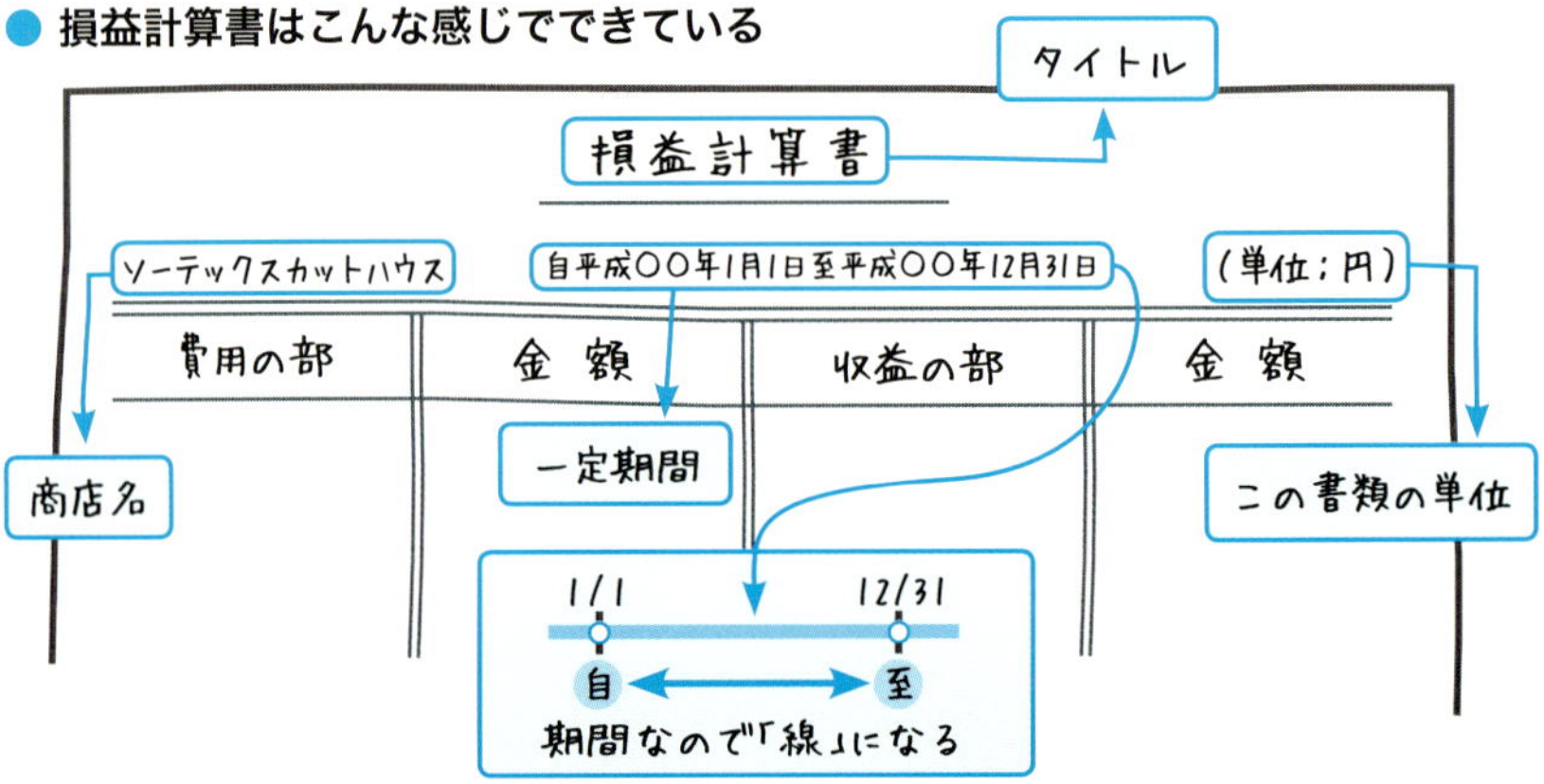

ここでも、「なんで費用は左なの？　収益は右なの？」とこだわっちゃダメですよ。「それはルールだから」と受け入れましょう。

では、ここであらためて「収益」と「費用」とはいったい何だったのか？　おさらいしていきましょう。

❶ 収益とは

正確にいうと「**資本が増加する原因となる収入**」です。これは、「**自分の財産が増える収入**」という意味です。

たとえば、お金が入ってくるという点では、借入金も一種の収入ですが、自分の財産は増えないので収益にはなりません。

収益の例としては、次のようなものがあります。

受取手数料 ⇒ 何かの取引を仲介した場合などに受け取る手間賃収入。収入だから「収益」

受取利息 ⇒ 誰かにお金を貸した場合に得られる利息収入。収入だから「収益」

受取整髪料 ⇒ 例題にもあったカットハウスなどのヘアーカット収入。収入だから「収益」

● 収益と費用

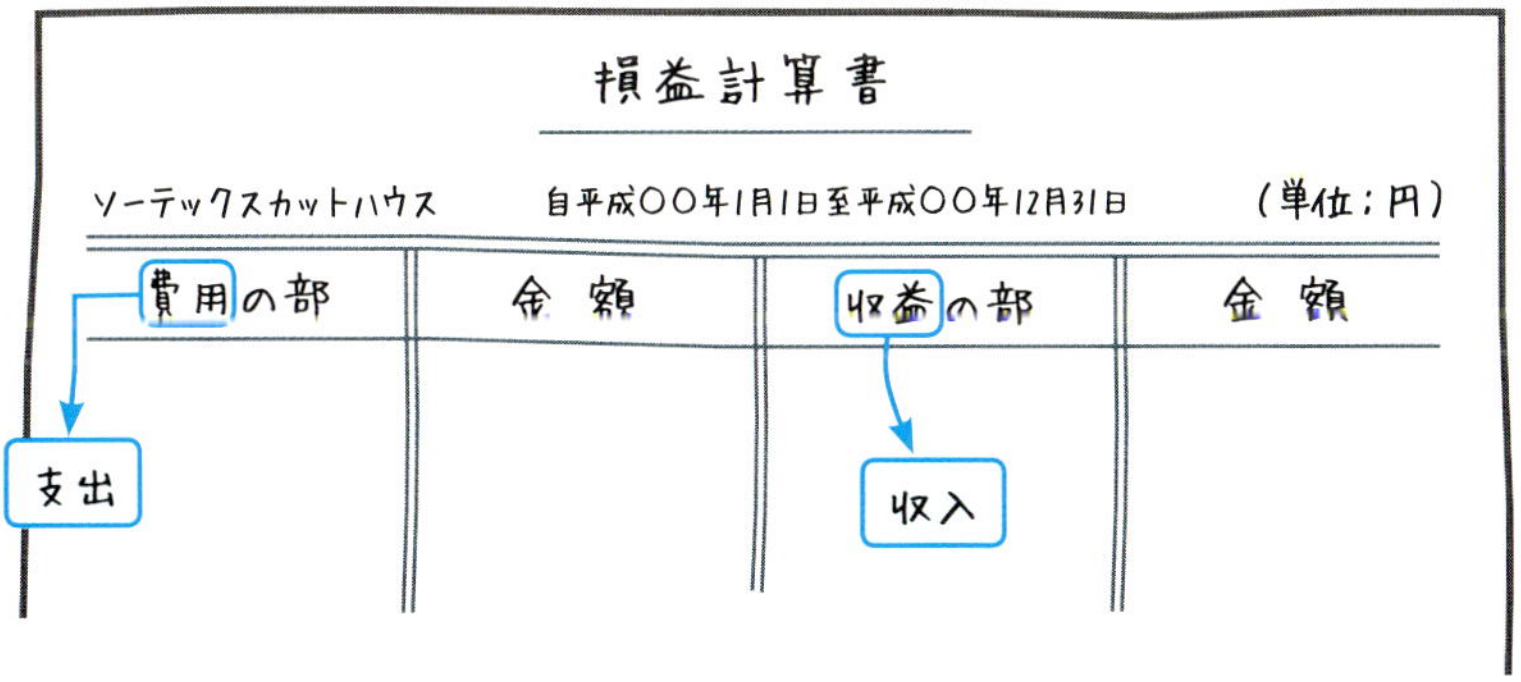
損益計算書
ソーテックスカットハウス
自平成○○年1月1日至平成○○年12月31日
(単位：円)
費用の部
金額
収益の部
金額
支出
収入

❷費用とは

正確にいうと「**資本が減少する原因となる支出**」です。

これは、「**自分の財産が減る支出**」という意味です。たとえば、お金が出ていくという点では備品の購入も一種の支出ですが、自分の財産は減らないので費用にはなりません。

費用の例としては、次のようなものがあります。

給　　料 ⇓ 簿記をやるときは、みなさんが経営者の立場に！　つまり、給料を支払う側。支出だから「費用」
水道光熱費 ⇓ 電気代・ガス代・水道代の支払い。支出だから「費用」
消 耗 品 費 ⇓ 業種によっても違いますが、ボールペンなど事務用品の支払い。支出だから「費用」
支払手数料 ⇓ 何かの取引を仲介してもらったときに支払う手数料。支出だから「費用」
支 払 利 息 ⇓ お金を借りたときに支払う利息。支出だから「費用」

5 例題をフォーマットに埋めてみよう！

では先ほどの例題（例③：65頁参照）で、損益計算書をつくってみましょう。練習問題②に例③の内容を埋めてみてください。

「金額には3桁ごとに「,」（カンマ）」を入れ、項目名は**「勘定科目」**を使って、ある程度統一します。

答えは、下図解答②-1のような感じになります。

経営成績が書かれていない！

ここで、肝心なことが書かれていないことに、あなたは気がつきましたか？　そうです！「**経営成績である利益が書かれていない**」のです。

では、利益をつけ足してみましょう。おっと、その前に、ここで問題です！「利益」は、左側に書くのか？

練習問題②

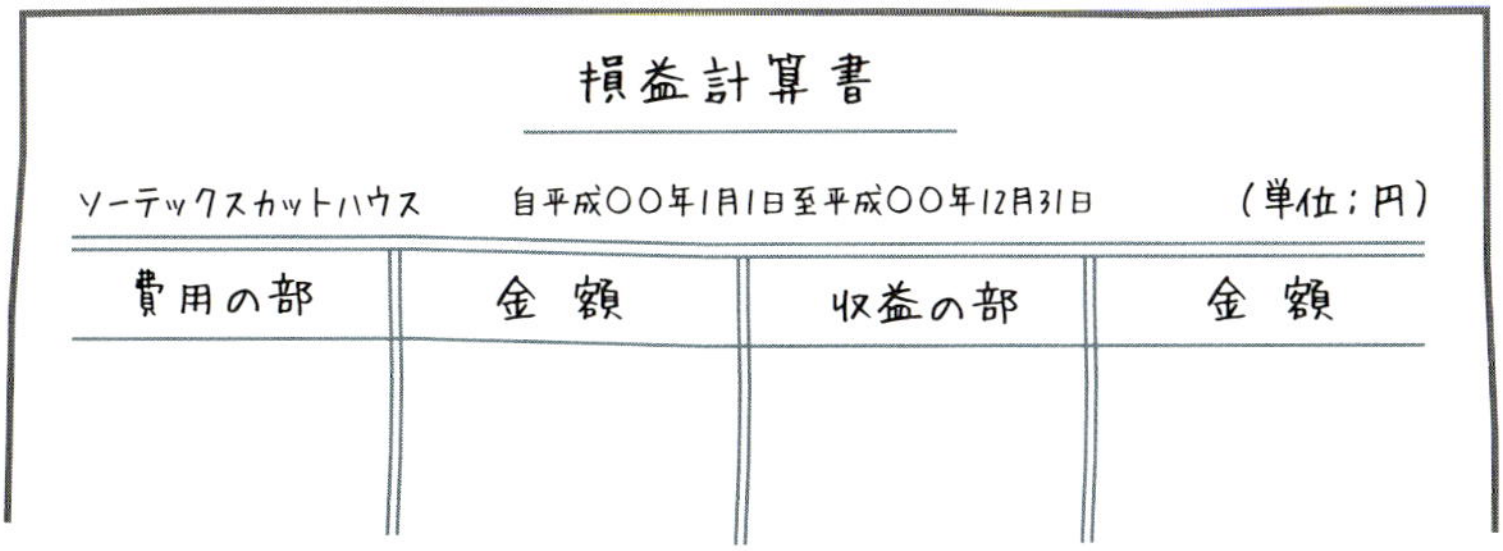

解答②-1 (ザッとこんな感じ)

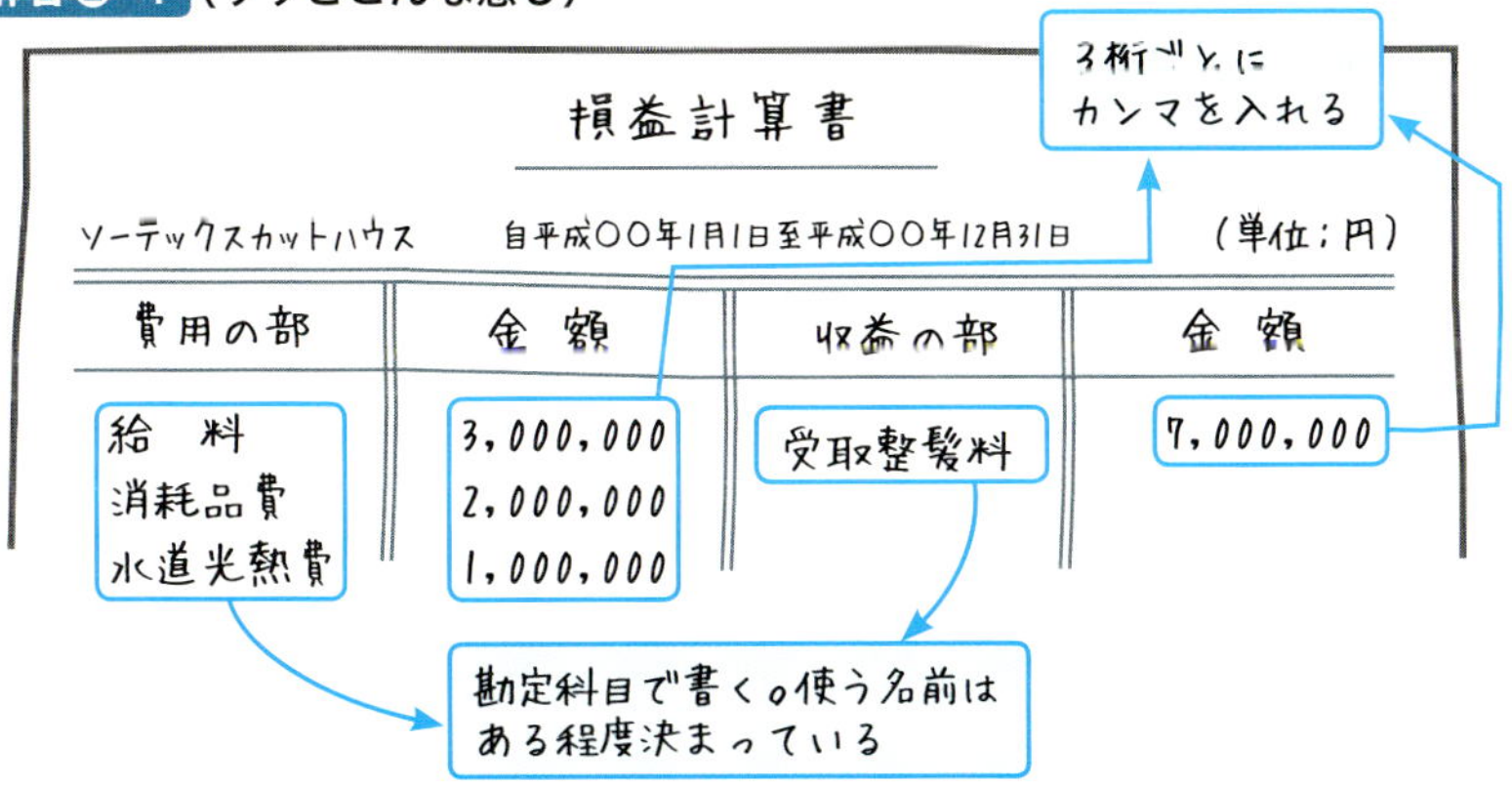

右側に書くのか？　どちらでしょうか？　右側の「収益の部」

「利益」は「益」がついているから、右側の「収益の部」だ！

そうですよね。そう思った人が多いと思うのですが、実は左側の「**費用の部に書く**」んですね。なぜかというと、「**簿記はバランスの学問**」だからです。

仮に、右側の「収益の部」に利益を書くと、下図のような感じになります。ちなみに、「**利益は〝当期純利益〟という名前で載せます**」。

「当期」というのは、今年のこと、「純利益」というのは、収入から支出を差し引いた純粋な利益ということですね。つまり、「**当期純利益＝今年の儲け**」ということです。この利益である当期純利益を、右側の「収益の部」に書いてしまうと、左右のバランスが取れないのがわかりますか？

そこで、「**本当は収益の仲間なんだけど、あえて、左側の〝費用の部〟に書く**」のです（次頁下図参照）。

ただし費用ではないので、「本当は、費用じゃないんで

解答❷-2　**「利益」を右側の「収益の部」に入れても左右のバランスが取れない**

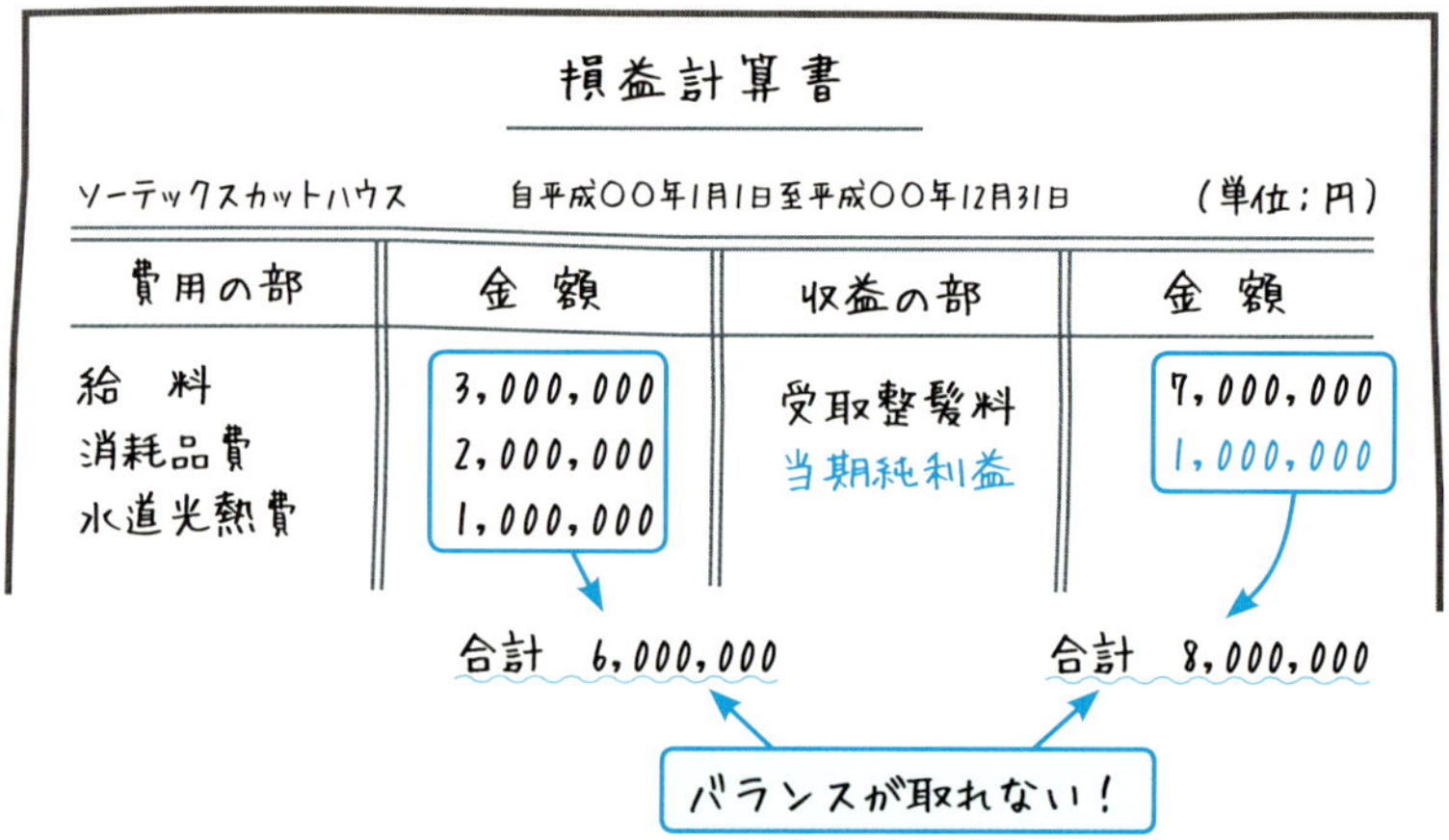

損益計算書
ソーテックスカットハウス
自平成○○年1月1日至平成○○年12月31日
（単位：円）
費用の部
金額
収益の部
金額
給料
消耗品費
水道光熱費
3,000,000
2,000,000
1,000,000
受取整髪料
当期純利益
7,000,000
1,000,000
合計　6,000,000
合計　8,000,000
バランスが取れない！

すよ！」というのを強調するために、「**赤色**」で書いていきます（本書では先ほど同様青色になっています）。

あえて、左側の「費用の部」に書くことで、「簿記はバランスの学問」という大前提を守っているのです。そして、「**当期純利益を赤色で書くことによって、結果的に、損益計算書の作成目的である経営成績が目立つ**」ようになっています。

また「**締め切りのやり方は、貸借対照表と同じ**」です。

6 今回も、こだわってはいけない点がある！

これで、「損益計算書」も完成です！　パチパチパチ！

「損益計算書」がどんなものなのか、だいたいわかりましたか？　ここでも注意点をひとつ！

「**なぜ費用は左で、収益は右なの？**」ということにこだわらないでください。

これも、「**簿記のルールとして決まっている**」のです。

解答②-3 「利益」を左側の「費用の部」に入れると左右のバランスが取れる

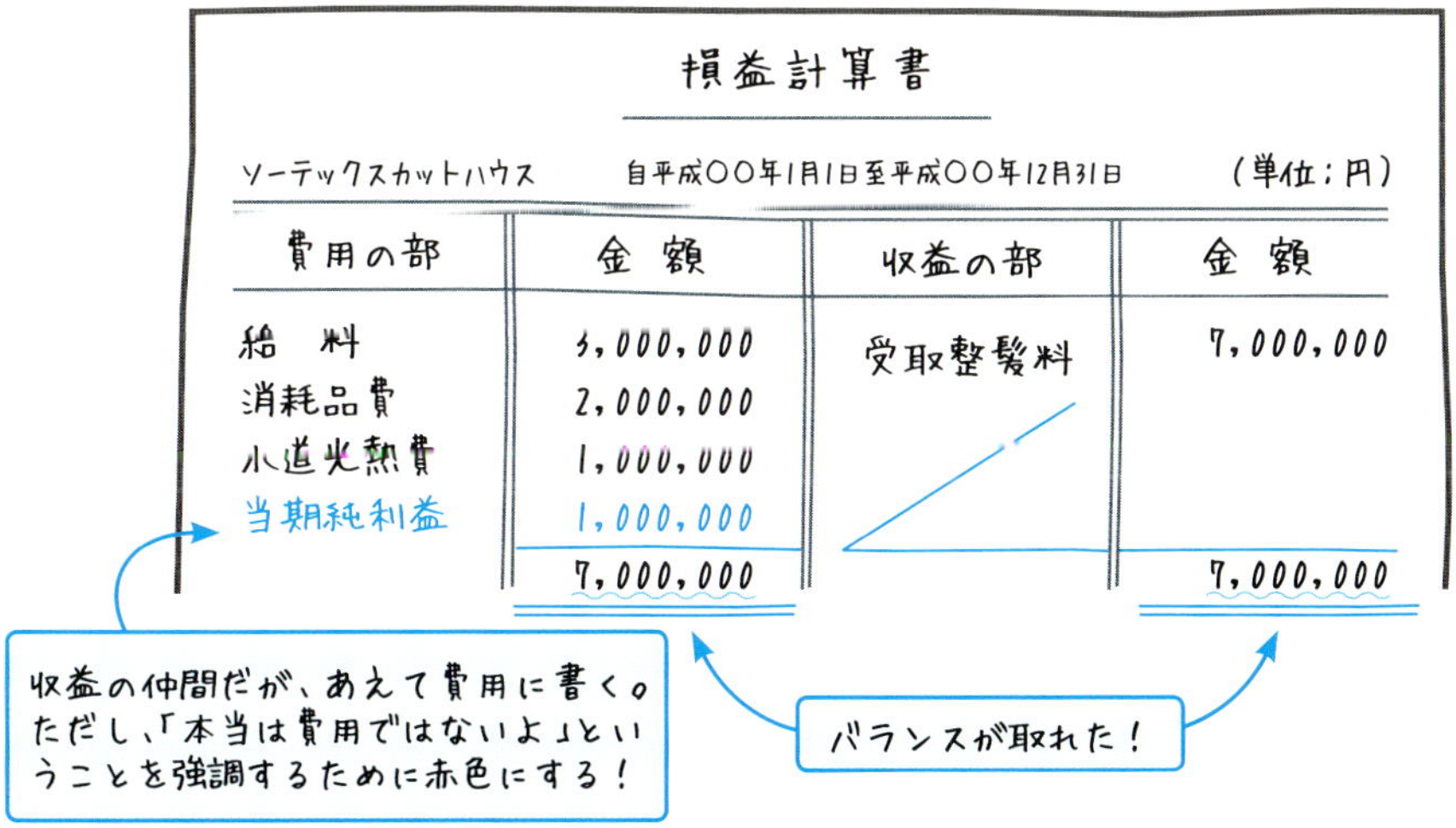

ソーテックスカットハウス　　自平成○○年1月1日至平成○○年12月31日　　（単位：円）

費用の部	金額	収益の部	金額
給料	3,000,000	受取整髪料	7,000,000
消耗品費	2,000,000		
水道光熱費	1,000,000		
当期純利益	1,000,000		
	7,000,000		7,000,000

あとは、「給料」とか「消耗品費」とか、項目名を書く順番ですが、今のところは、あまりこだわる必要はありません。ただし、左側の「費用の部」の順番は気をつけてください。まず「**〝費用〟を書いて、最後に〝当期純利益〟を書く**」ようにしましょう。

7 でも、損するときもあるよね

商売は水物、当然うまくいかないときもありますよね。その場合は、下図のような損益計算書になります。儲かるのも商売、損するのも商売、正確にいえば、「**経営成績＝儲けとはかぎらない**」のです。ちなみに、「損益計算書」のことを、「**Profit and Loss Statement**」略してP／Lともいいます。利益か（＝**Profit**）、損失か（＝**Loss**）、どちらの状態かを表す書類ということですね。

● 赤字の場合、損益計算書はどうなる？

損益計算書

ソーテックスカットハウス　　自平成〇〇年1月1日至平成〇〇年12月31日　　（単位：円）

費用の部	金額	収益の部	金額
給料	3,000,000	受取整髪料	5,000,000
消耗品費	2,000,000	当期純損失	1,000,000
水道光熱費	1,000,000		
	6,000,000		6,000,000

支出（給料・消耗品費・水道光熱費）

収入（5,000,000）

損失（1,000,000）

費用の仲間だが、あえて収益に書く。ただし、「本当は収益ではないよ」ということを強調するために赤色にする！

05 簿記の流れを確認してみよう！

1 「貸借対照表」「損益計算書」は毎日つくらない！

「貸借対照表」と「損益計算書」、2つの書類を確認しましたが、この**「2つの書類をつくる理由は〝簿記の目的〟を明らかにするため」**でしたね。

では、このことを頭に置いて、簿記の流れを確認してみることにしましょう。

簿記には、大きく分けて2つの流れがあります。

❶ 日々の流れ
❷ 決算の流れ

決算とは、期末のこと。個人商店でいうと、12月31日のことでしたね。

下図を見てください。まだ知らない用語が出てきて、意味がわからないところもあると思いますが、ポイントは、「**〝貸借対照表（B／S）〟と〝損益計算書（P／L）〟は、決算の流れでつくるもので、1年に1度、1番最後につくるもの**」ということを押さえてください。

2 森を見て木を見ず

簿記の学習のポイントは、「木を見て森を見ず」ではなく、「**森を見て木を見ず**」からはじめることです。

簿記は、ジグソーパズルと同じなんです。

「**ジグソーパズルは、完成形（森）がわかっているからこそ、適切な場所に、ピース（木）を埋めることができるんです**」よね。

ピースだけを、穴があくほど見たところで、なかなか先には進めません。

● 簿記には2つの流れがある

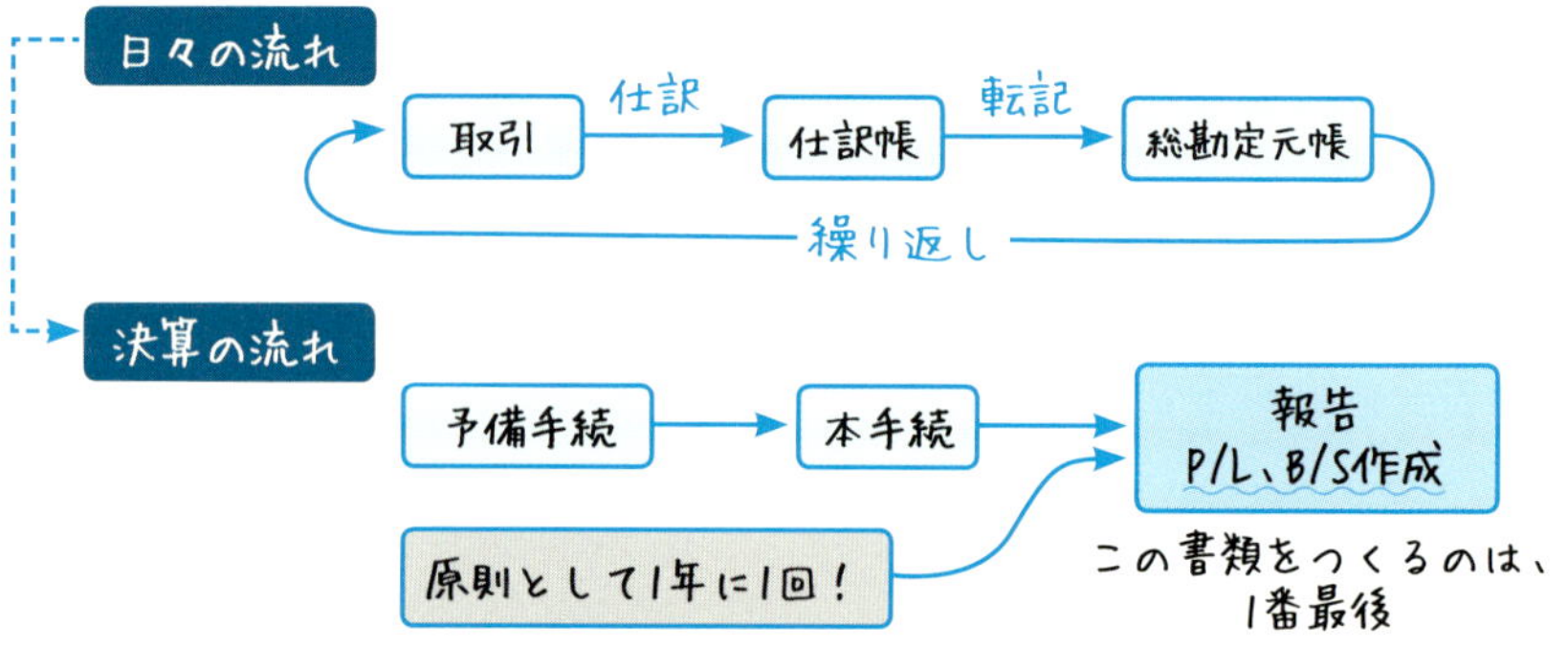

まずは、「**簿記の〝森〟である、〝貸借対照表〟と〝損益計算書〟をしっかり押さえること**」これが重要なんです。順番を間違えないでくださいね。

では、ちょっと復習してみましょう！

次の質問に答えてください（ページ戻っちゃダメですよ！）。

- **貸借対照表は、何を表す書類でしたか？**
- **貸借対照表に記載する3つの要素と、その定義を覚えていますか？**
- **貸借対照表の左側には何を、右側には何を記載しましたか？**
- **損益計算書は、何を表す書類でしたか？**
- **損益計算書に記載する2つの要素と、その定義を覚えていますか？**
- **損益計算書の左側には何を、右側には何を記載しましたか？**

もし答えられなかったり、答えが曖昧だったら、もう一度1時限目を読み返してくださいね。

焦りは禁物ですよ！

「森を見て木を見ず」

「**〝最終的には、これをつくるんだ！〟という森がわかっている**」ことで、2時限目以降の内容も理解しやすくなるのです。

貸借対照表科目

資産（目で見えるモノ・権利）	負債（義務）
現金	支払手形
小口現金	買掛金
当座預金（当座）	前受金
普通預金	借入金
定期預金	手形借入金
受取手形	当座借越（当座）
売掛金	未払金
貸倒引当金（※評価勘定）	仮受金
有価証券	商品券
商品	未払○○
繰越商品	（○○は費用名；未払利息など）
消耗品	前受○○
貸付金	（○○は収益名；前受地代など）
手形貸付金	預り金
従業員貸付金	従業員預り金
立替金	所得税預り金
従業員立替金	社会保険料預り金
前払金	
未収金（未収入金）	
仮払金	
他店商品券	**純資産（自分の財産）**
前払○○	資本金
（○○は費用名；前払保険料など）	引出金（※評価勘定）
未収○○	
（○○は収益名；未収家賃など）	
建物	
備品	
車両運搬具	
減価償却累計額（※評価勘定）	
○○減価償却累計額（※評価勘定）	
（○○は資産名；建物減価償却累計額など）	
土地	

※評価勘定とは、ある勘定科目の現在価値を評価するときに使うもので、
マイナスさせる性質を持つ
- 貸倒引当金（売掛金・受取手形のマイナス項目）
- 減価償却累計額（建物など有形固定資産のマイナス項目）
- 引出金（資本金のマイナス項目）

● 基礎レベル（3級）で押さえておきたい勘定科目一覧

損益計算書科目

費用（自分の財産が減る支出）	収益（自分の財産が増える収入）
仕入	商品売買益
売上原価	売上
発送費	有価証券売却益
給料	受取家賃
広告宣伝費	受取地代
支払手数料	受取手数料
支払利息	受取利息
旅費交通費	有価証券利息
貸倒引当金繰入	雑益
貸倒損失	貸倒引当金戻入
減価償却費	償却債権取立益
通信費	固定資産売却益
消耗品費	○○売却益
水道光熱費	（○○は資産名；備品売却益など）
支払家賃	
支払地代	
保険料	
租税公課	
修繕費	
有価証券売却損	
雑費	
手形売却損	
雑損	
固定資産売却損	
保管費	

その他
現金過不足
損益
当座（当座預金と当座借越の混合勘定）

1時限目のまとめ

- 簿記には、2つの目的がある。
  1. 一定期日の財政状態（＝ふところ具合）を明らかにすること
  2. 一定期間の経営成績（＝儲け）を明らかにすること
- 個人商店の一定期日・一定期間は、暦の1年間で考える
- 株式会社などの法人組織については、一定期日・一定期間は自由に決められる
- 財政状態は、「調達源泉」と「運用状態」から成り立つ
- 財政状態を表す書類が「貸借対照表」で、「資産」「負債」「純資産」で構成される
- 経営成績とは「儲け」のことで、「収益－費用」で計算される
- 経営成績を表す書類が「損益計算書」で、「収益「費用」で構成される
- 「貸借対照表」と「損益計算書」のフォーマットを覚える
- 「簿記はバランスの学問」、物事を左右に分けて考えて、バランスをそろえる
- 「貸借対照表」と「損益計算書」は、1年に1度だけつくる
- 簿記で使用する項目名を「勘定科目」という
（78・79頁の「基礎レベル（3級）で押さえておきたい勘定科目一覧」参照）

2時限目

森を覚えたら、「木」を見てみよう！

完成形がイメージ
できたら、
次は、そこにたどり
着くまでの過程を
押さえていきます。
この時限は、とても
重要ですよ！
居眠り厳禁！！

01 簿記は取引からはじまる！

1 取引って何？

1時限目の最後で、簿記の流れを確認しました。

簿記の流れには、「日々の流れ」と「決算の流れ」がありましたが、ここからは「日々の流れ」について確認をしていきます。

つまり、毎日毎日何をやるのか？　ということの確認ですね。

下図「日々の流れ」を見てもわかるように、「**簿記は取引からスタート**」します。

では、「取引」とは何なのか？　その定義から確認していきましょう。

● 簿記の「日々の流れ」

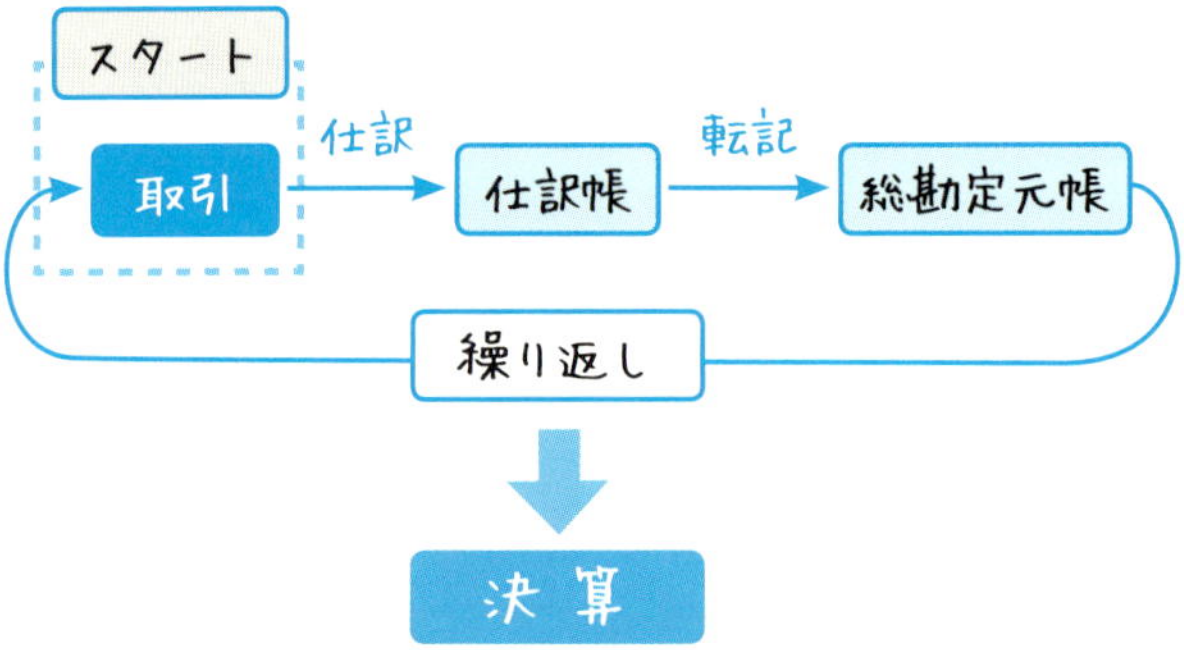

さっそくですが、問題です。
次の例題のうち、「取引」になるものはどれでしょうか？

例❶ 村田サブローは、新しく開店するお蕎麦屋さんの店舗について、本日、不動産業者と売買契約を結び、手付金を現金で支払った。

例❷ 村田リブローは、お蕎麦屋さんの広告宣伝用チラシを制作するにあたり、以前から取引のある印刷業者に見積もりを依頼した。

例❸ 村田サブローは、開店前だというのに、火事で店舗を失ってしまった……。

さて、どうでしょうか？
「う〜ん、取引だから、やっぱり、例❶と例❷じゃない？」
そう思った人が多いのではないでしょうか。
確かに、一般的には「取引＝やり取り」、そんなイメージだと思います。「やり取り」と考えれば、やはり例❶と例❷ですよね。私もそう思います。

2 え〜！ 火事が取引!? 簿記上の取引って何？

では、先ほどの例題のうち、**「簿記上の取引」**はどれでしょうか？

さあ、どうですか。
「簿記上の」という言葉がつきましたが、先ほどと答えは変わりましたか？
「いや、変わらないでしょ！　例❶と例❷が取引ですよ」
そう思うかもしれませんが、実は、例❶と例❸が簿記上の取引になるんです。
なぜかというと、一般的な取引と、簿記上の取引とでは、定義が違うからなんです。
簿記上の取引の定義は、次のとおりです。

簿記上の取引とは、資産・負債・純資産・収益・費用が増減変化すること

これが簿記上の取引の定義です。
この定義を頭に置いて、先ほどの例題をもう一度確認してみましょう。

例❶　村田サブローは、新しく開店するお蕎麦屋さんの店舗について、本日、不動産業者と売買契約を結び、手付金を現金で支払った。
⇓　売買契約を結ぶために、現金を支払っていますね。現金は、目で見えるモノになるので「資産」でした。「資産」が減少しているので、簿記上の取引になります。

例②

村田サブローは、お蕎麦屋さんの広告宣伝用チラシを制作するにあたり、以前から取引のある印刷業者に見積もりを依頼した。

⇓ 一般的には「取引」というかもしれませんが、これは簿記上の取引にはなりません。ただ単純に見積もりを依頼しただけなので、資産、負債、純資産、収益、費用のいずれにも動きがないからです。

例③

村田リブローは、開店前だというのに、火事で店舗を失ってしまった……。

⇓ 最悪なスタートとなってしまった村田サブローさん。火事は一般的には取引とはいいませんよね。でも、簿記上は取引になるんです。店舗は、目で見えるモノだから「資産」になります。その「資産」が火事で焼失してしまった。つまり「資産」が減少しているので、簿記上の取引になるのです。

簿記上の取引は「資産」「負債」「純資産」「収益」「費用」が増えたり、減ったりすること

ということで、一般的な取引のイメージからすると、取引とはいわないものも、簿記では取引となる場合があります。

まずは、簿記上の取引の定義をしっかりと押さえましょう。「**簿記上の取引とは、資産・負債・純資産・収益・費用が増減変化すること**」です。

簿記は、「取引」からはじまります。正確にいうと、「簿記上の取引」からはじまります。

ということは、「**この取引の考え方を間違ってしまったら、すべてを間違ってしまうことになる**」ので、注意してくださいね。

日常生活で起こる
さまざまな事柄について、
「コレって簿記上の取引
になるのかな？」
という視点で見てみると
面白いかも！

02 増減のルールを覚えよう！

1 簿記は不合理がキライ！

「簿記上の取引」の定義がわかったところで、次に進みましょう。

「日々の流れ」を見ると、取引が発生したら、次にやることは「**仕訳**《しわけ》」です。この仕訳を理解するためには、覚えなければならないルールがあります。このルールこそ、簿記の最大のポイントといっても過言ではありません！　重要なポイントになるので、何度も読み返してくださいね。

まずは、次の連続する3つの例題を見てください。

● 取引が発生したら仕訳する

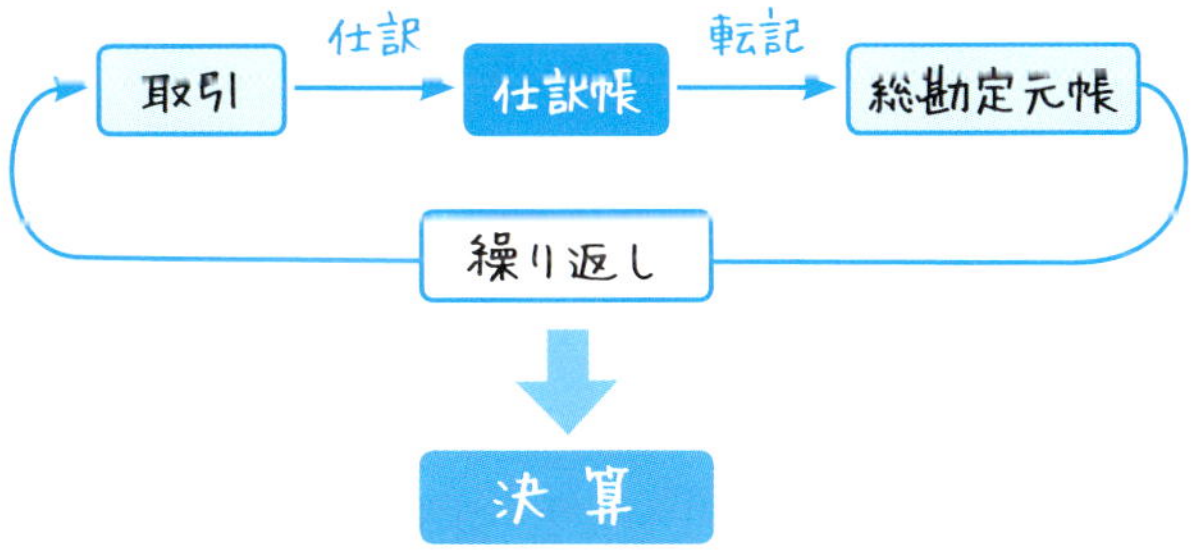

例④ 村田シローは、商売をはじめるにあたり、現金100円を※元入れした。

例⑤ 元入れの100円では足りなかったので、銀行より現金50円を借り入れた。

例⑥ 商売で使う備品60円を現金で購入した。

※元入れ：もともとあった自分の財産をお店に入れること。つまり、返済不要の自己資金で調達したということ。

この3つの例題は、いずれも、「簿記上の取引」に該当します。

この取引について、ここまで学んできた知識で考えると、「貸借対照表」をつくることができますね。

では、簡単に貸借対照表をつくって考えてみましょう（下図参照）。

どうですか？　できましたか？

● 上記の例題をもとに簡単な貸借対照表をつくってみよう

例④

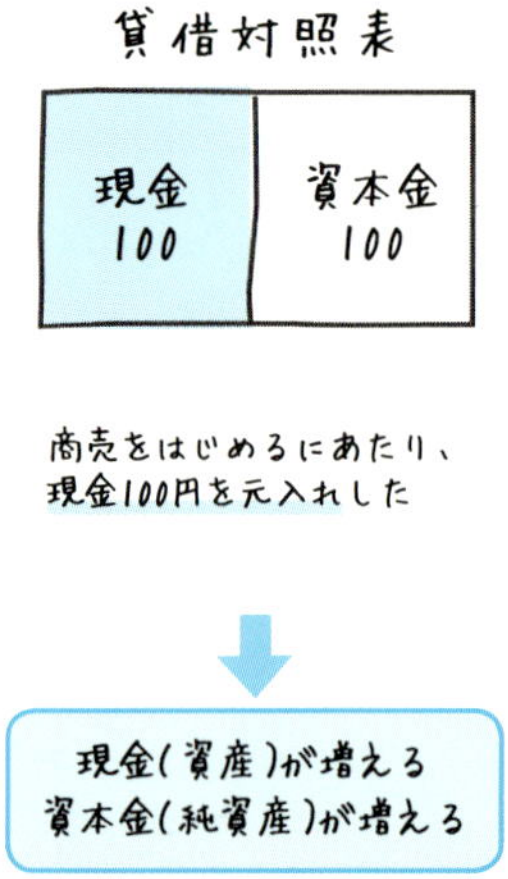
貸借対照表
現金
100
資本金
100
商売をはじめるにあたり、現金100円を元入れした
現金(資産)が増える
資本金(純資産)が増える

例⑤

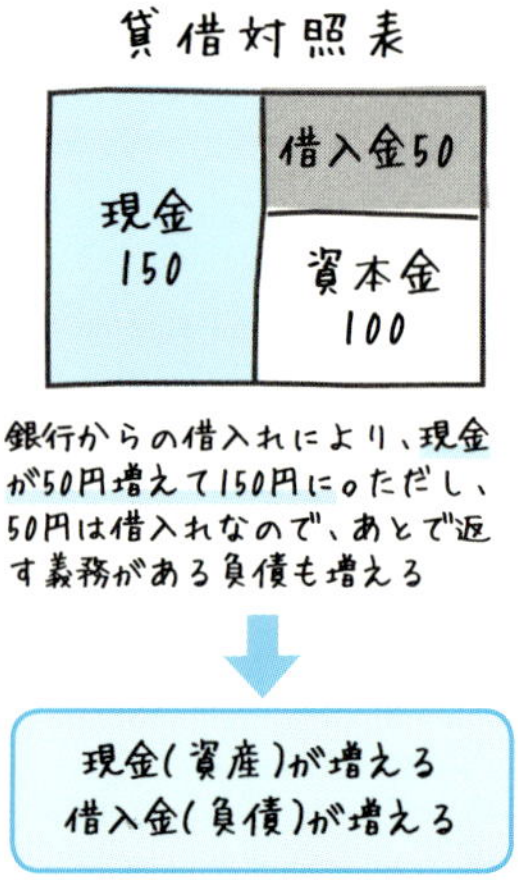
貸借対照表
現金
150
借入金50
資本金
100
銀行からの借入れにより、現金が50円増えて150円に。ただし、50円は借入れなので、あとで返す義務がある負債も増える
現金(資産)が増える
借入金(負債)が増える

例⑥

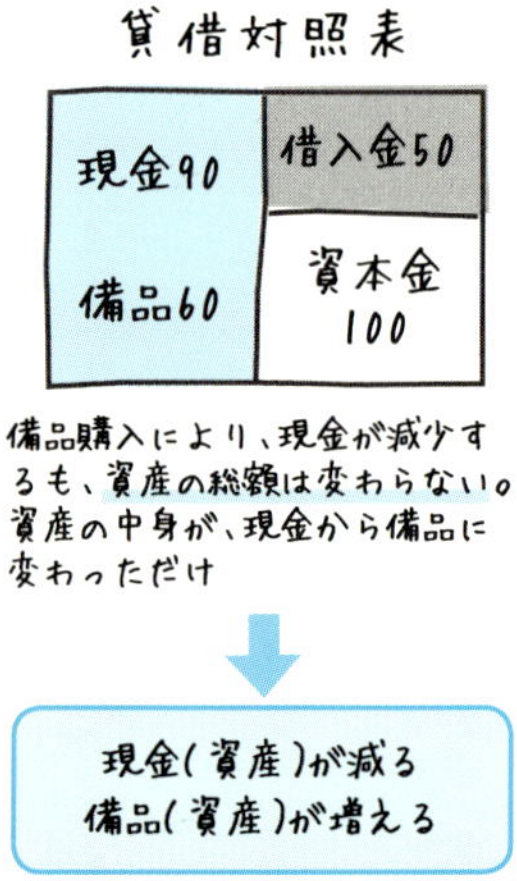
貸借対照表
現金90
備品60
借入金50
資本金
100
備品購入により、現金が減少するも、資産の総額は変わらない。資産の中身が、現金から備品に変わっただけ
現金(資産)が減る
備品(資産)が増える

このように、日々の取引一つひとつについて、「貸借対照表」をつくることができます。

ただし！　よ～く見てください。

とても不合理だと思いませんか？

たとえば、例④例⑤例⑥で、「**資本金の数字は変わっていません**」。変わっていないにもかかわらず、「貸借対照表」をつくるときには書かないといけない。

「借入金」もそうですよね。

例⑤例⑥で「**変わっていないにもかかわらず、書かないといけない**」。

これはとても不合理です。

まぁ、今回は簡単な例題なので、書いたところで手間はかかりませんが、実務では、たくさんの勘定科目が出てきます。毎回毎回変わっていないところまで書くとなると、それはもう大変です。

そこで、「**〝変わったところだけを書けるようにする〟ために、バラバラにしていく**」のです。

2 バラバラにしてみよう！

では、バラバラにしてみましょう。

こんな感じになります（次頁下図参照）。

勘定科目ごとにバラバラにして、T字型で管理をしていきます。**「このT字型のことを〝勘定〟といって、これが簿記の正式な記録場所」**になります。

先ほどの例題を勘定科目に分けたのが次頁です。**とても重要なのでゆっくり確認してみてください。**

ここまでは大丈夫ですか？

ポイントは、次の2点です。

> **❶ 貸借対照表と同じように書く**
> **❷ 変わったところだけを書く**

では、最後に残った例❻現金の「？」を解決しましょう。

ここで、改めて「現金」の動きを考えてください。

● バラバラにする＝勘定科目ごとにT字型にバラバラにする

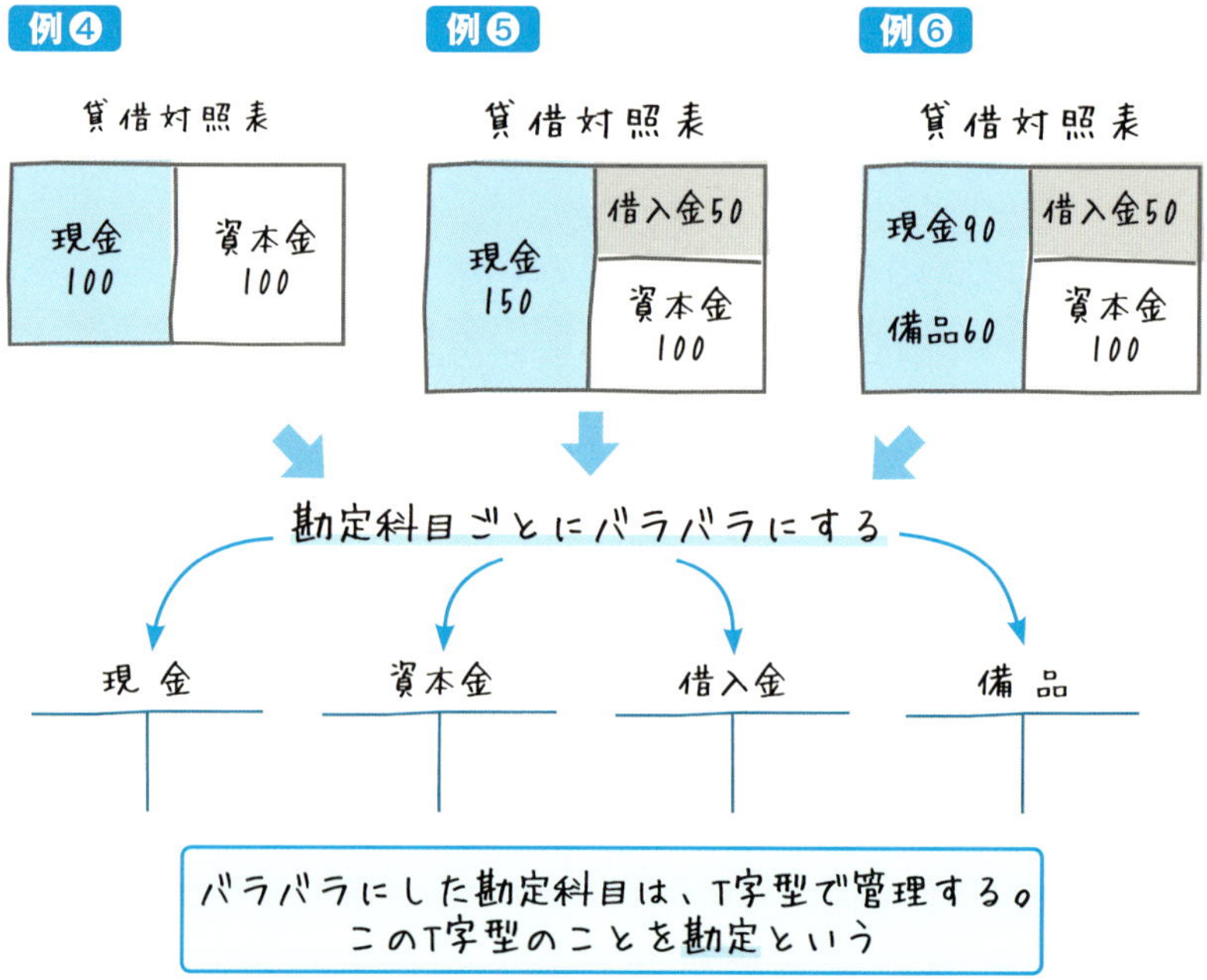

● それぞれの取引を勘定に書いてみる

例④

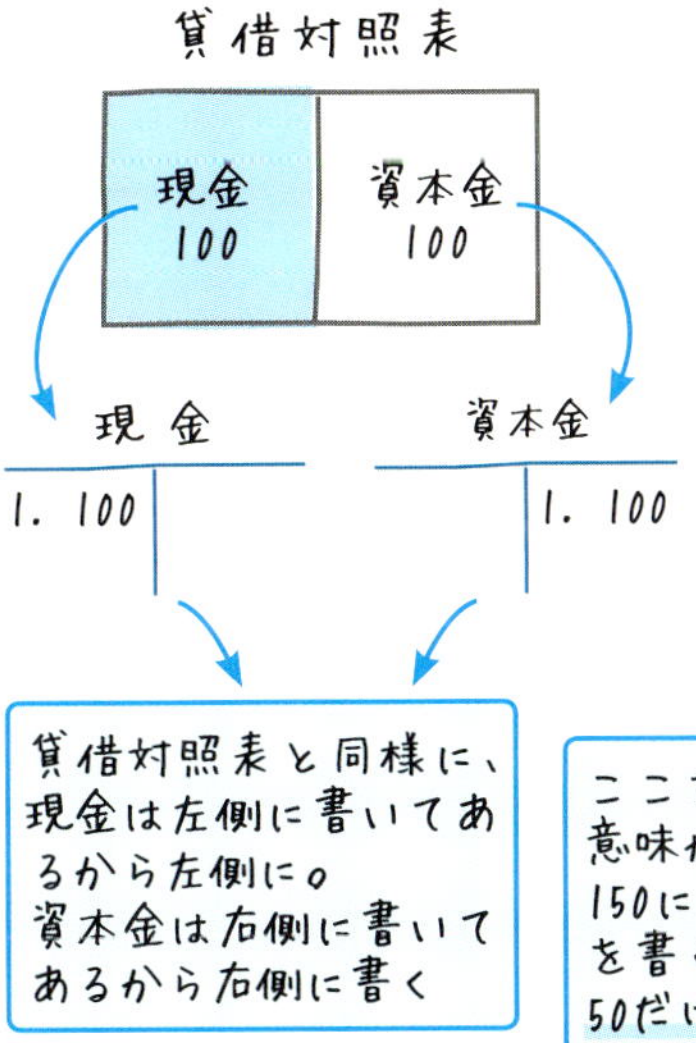

例⑤

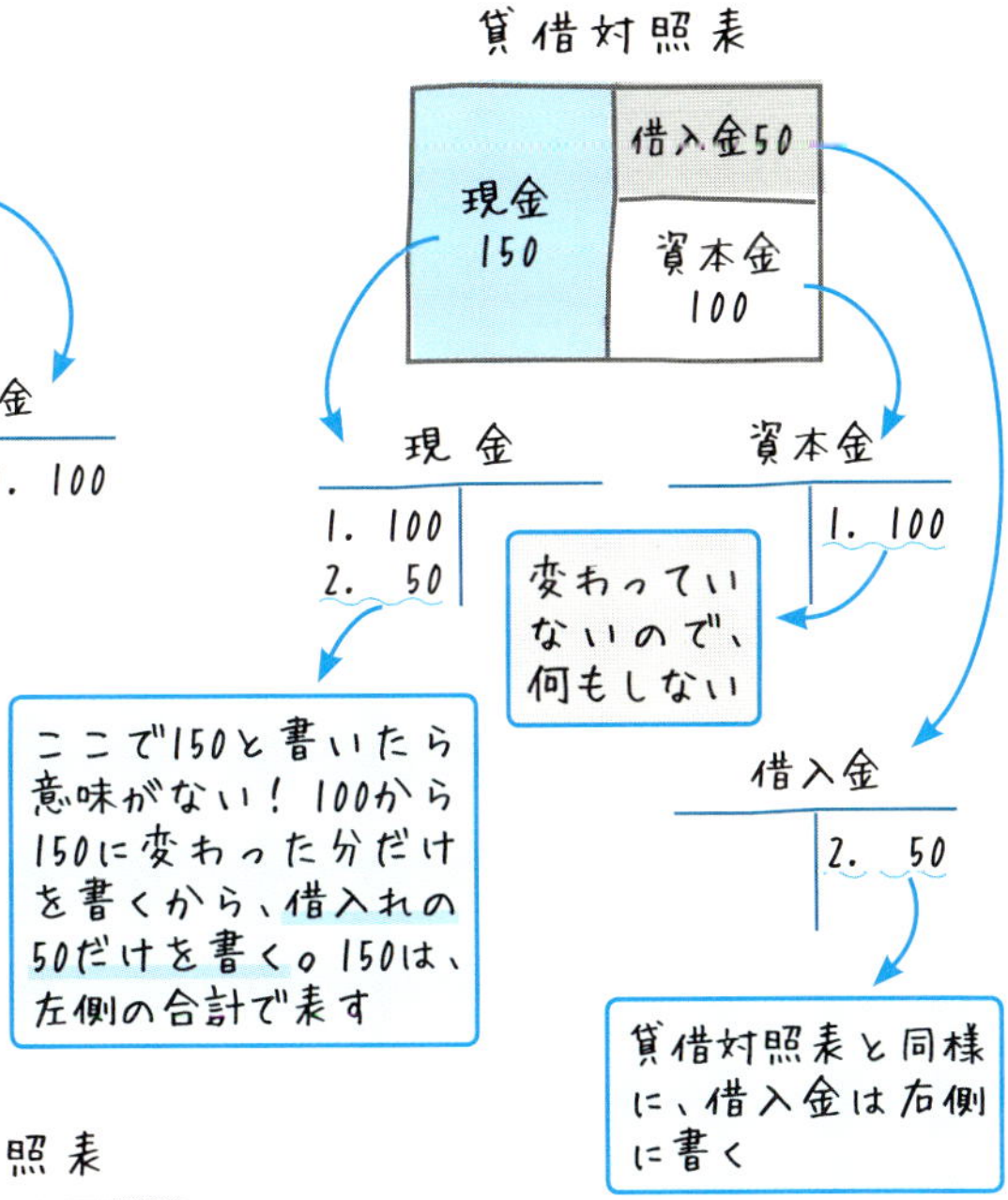

例⑥

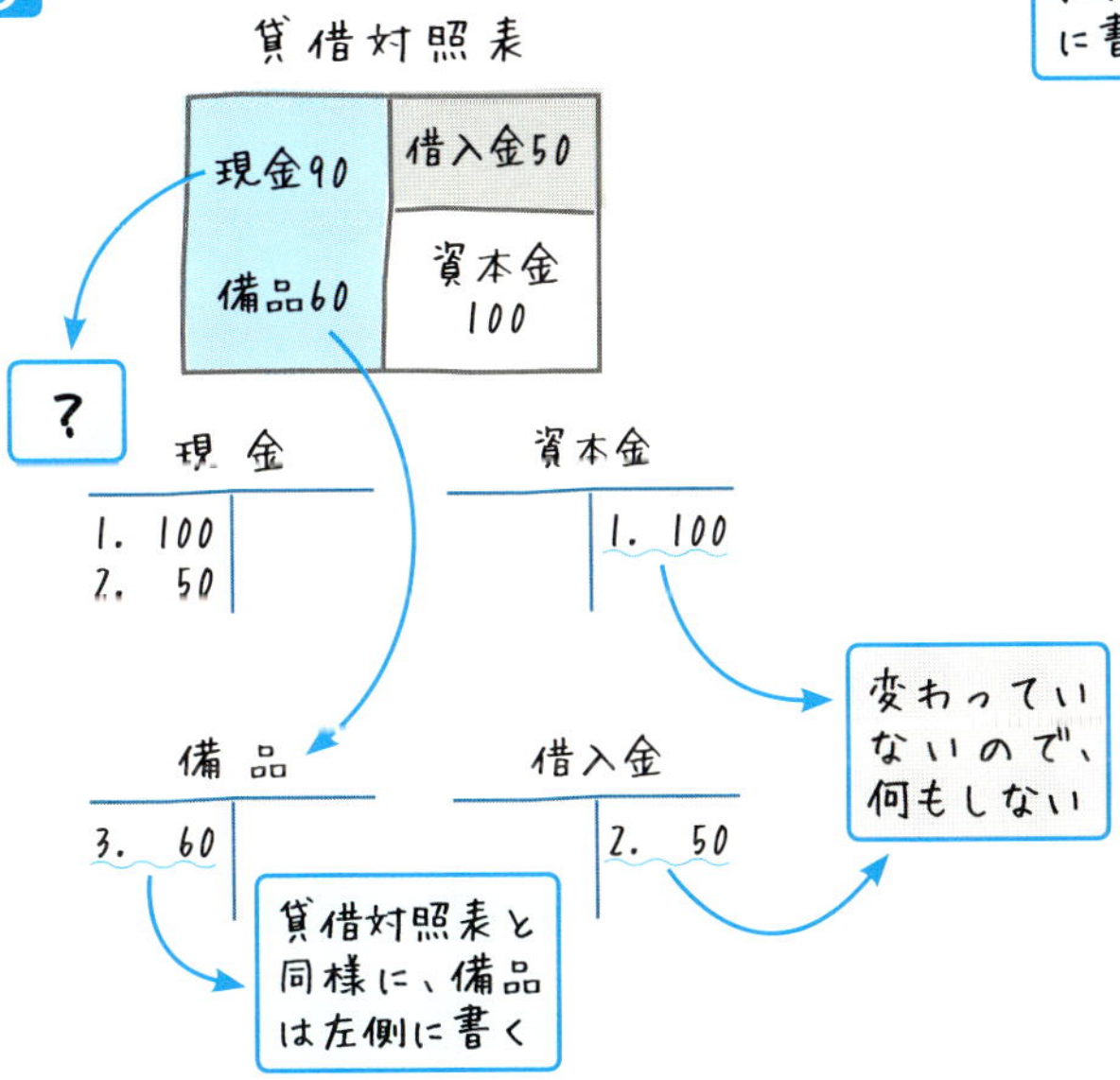

「現金」だけに着目すると、例④と例⑤は「現金」が増えてますよね。

それに対して、例⑥はどうですか？

お金を使って備品を購入した、つまり「現金」は減っています。

そうなんです、例⑥は、例④と例⑤とは反対の性質なんです。

ということで、例⑥の「現金」は下図のように書きます。

3 ＋－ではなく、左右で増減を表す

簿記では、＋－の符号で増減を表すのではなく、左右に分けて増減を表していきます。これが「簿記はバランスの学問」といわれるゆえんでもあります。

「現金」を例にとると、次頁下図のようになります。

「現金の場合は、増えたら左側に、減ったら右側」に書いて、その**「左右の差額が今現在の残高」**というこ

● 例⑥ の「現金」勘定を書いてみる

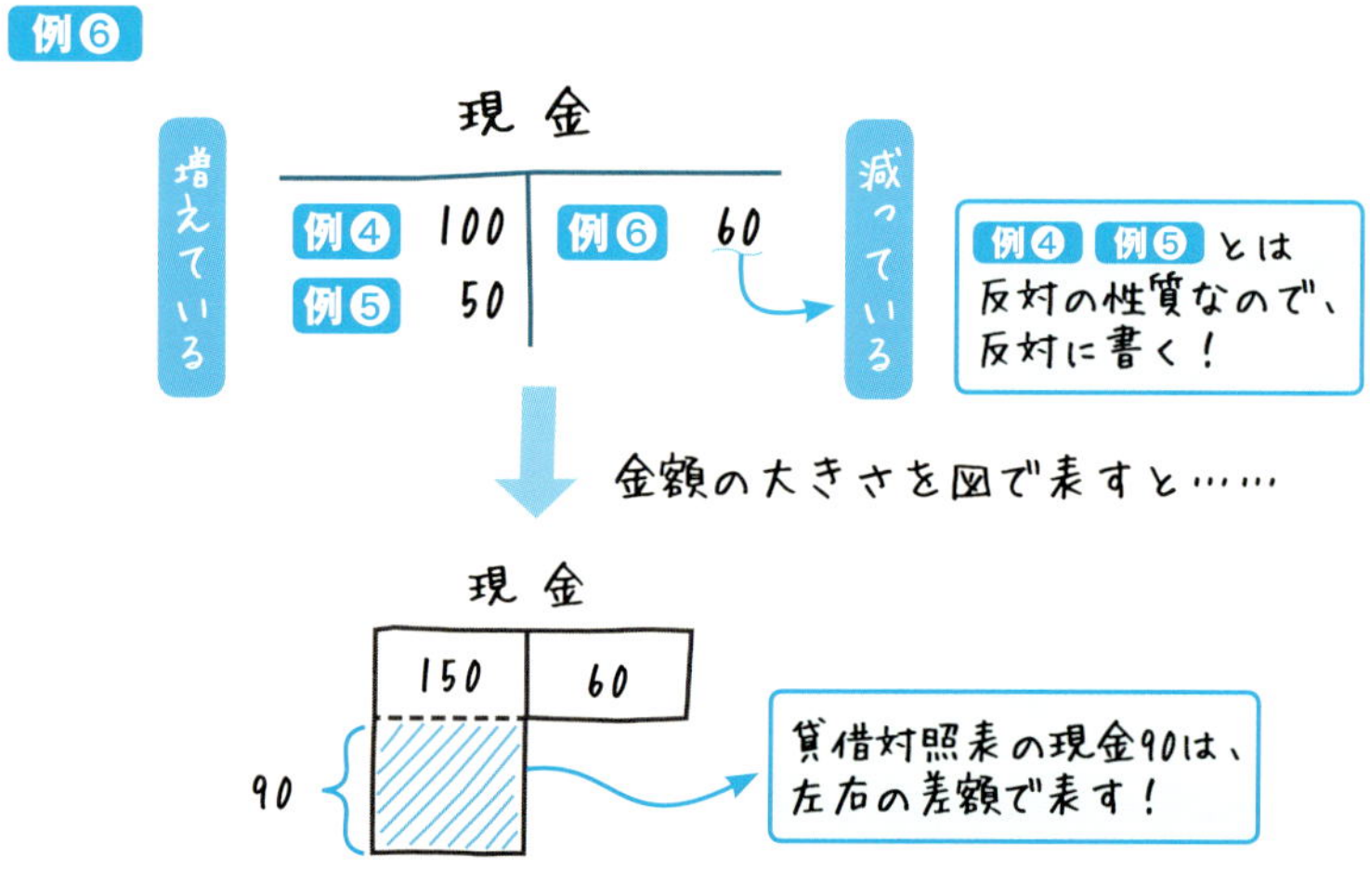

例⑥
現金
増えている
減っている
例④ 100
例⑤ 50
例⑥ 60
例④ 例⑤ とは反対の性質なので、反対に書く！
金額の大きさを図で表すと……
現金
150
60
90
貸借対照表の現金90は、左右の差額で表す！

とになります。

増えたら左、減ったら右と覚えてしまえば楽なのですが、注意してほしいのは、**「必ず左側が増加、右側が減少になるわけではない」**ということです。

これは、「資産」「負債」「純資産」「収益」「費用」の種類ごとに、増加と減少のルールが決まっているのです。

4 左右増減のルールを覚えよう！

ということで、種類ごとに、増加と減少のルールが決まっています（下表参照）。

これは、「**〝必ず〟覚えてくださいね**」。

表だけだとなかなかイメージしづらいので、これを箱で書いてみましょう（次頁下図参照）。

● 種類ごとの増減ルールはこうだ！

	左側	右側
資産	増加	減少
負債	減少	増加
純資産	減少	増加
収益	取消	発生
費用	発生	取消

● 現金勘定の増減ルール

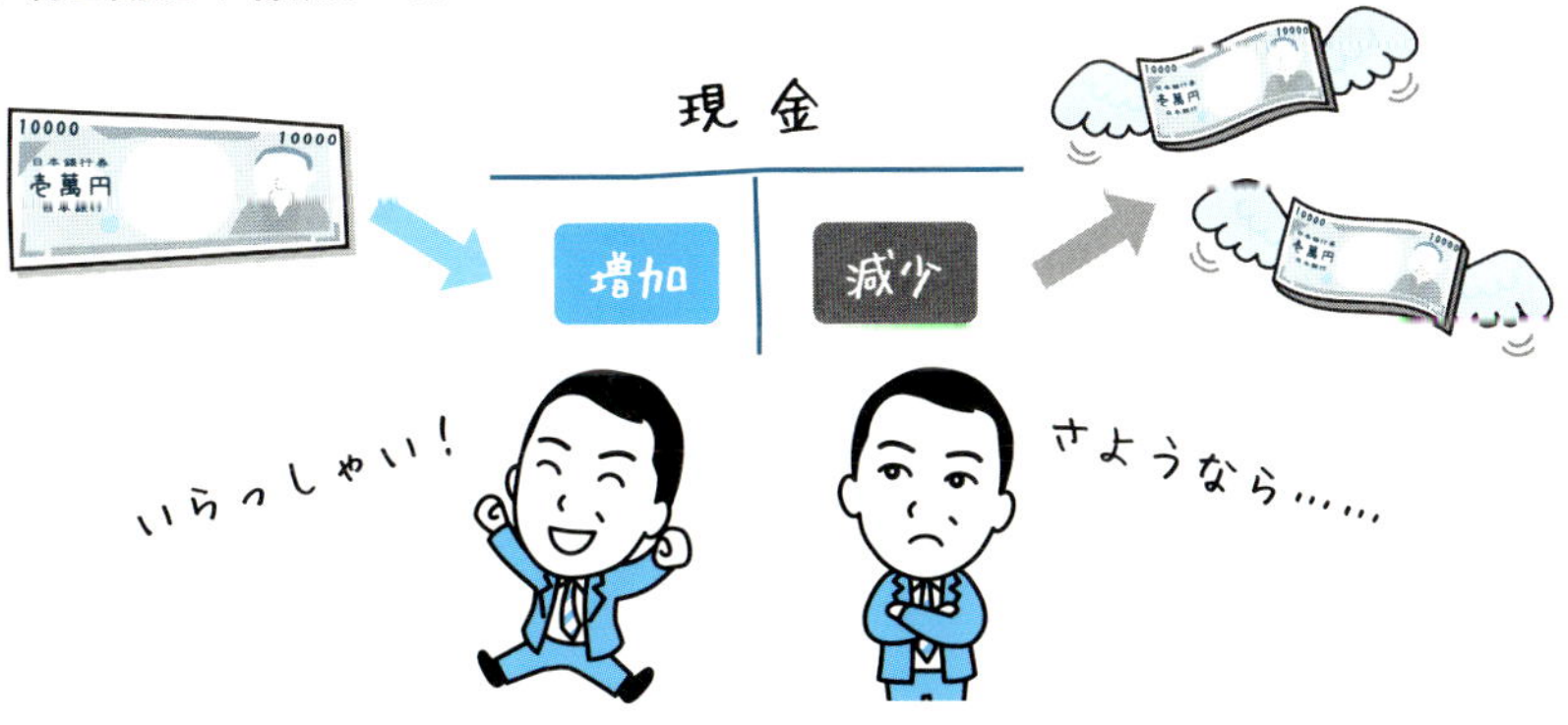

どうですか？
表よりも、図のほうがイメージしやすいですよね。

あと、細かい話ですが、「**〝資産〟〝負債〟〝純資産〟については、増加・減少**」という言い方をしているのに対して、「**〝収益〟〝費用〟は、発生・取消**」という言い方をしていますよね。

これは、「収益」「費用」について、「**発生主義**」という考え方をしているためです。

そのため、増加・減少ではなく、発生・取消という言い方になっています。

たとえば、費用の中で「水道光熱費」というのがありましたよね。

具体的には、水道代・電気代・ガス代のことですが、これって、〝使ってし

● 「資産」「負債」「純資産」「収益」「費用」の左右増減のルール

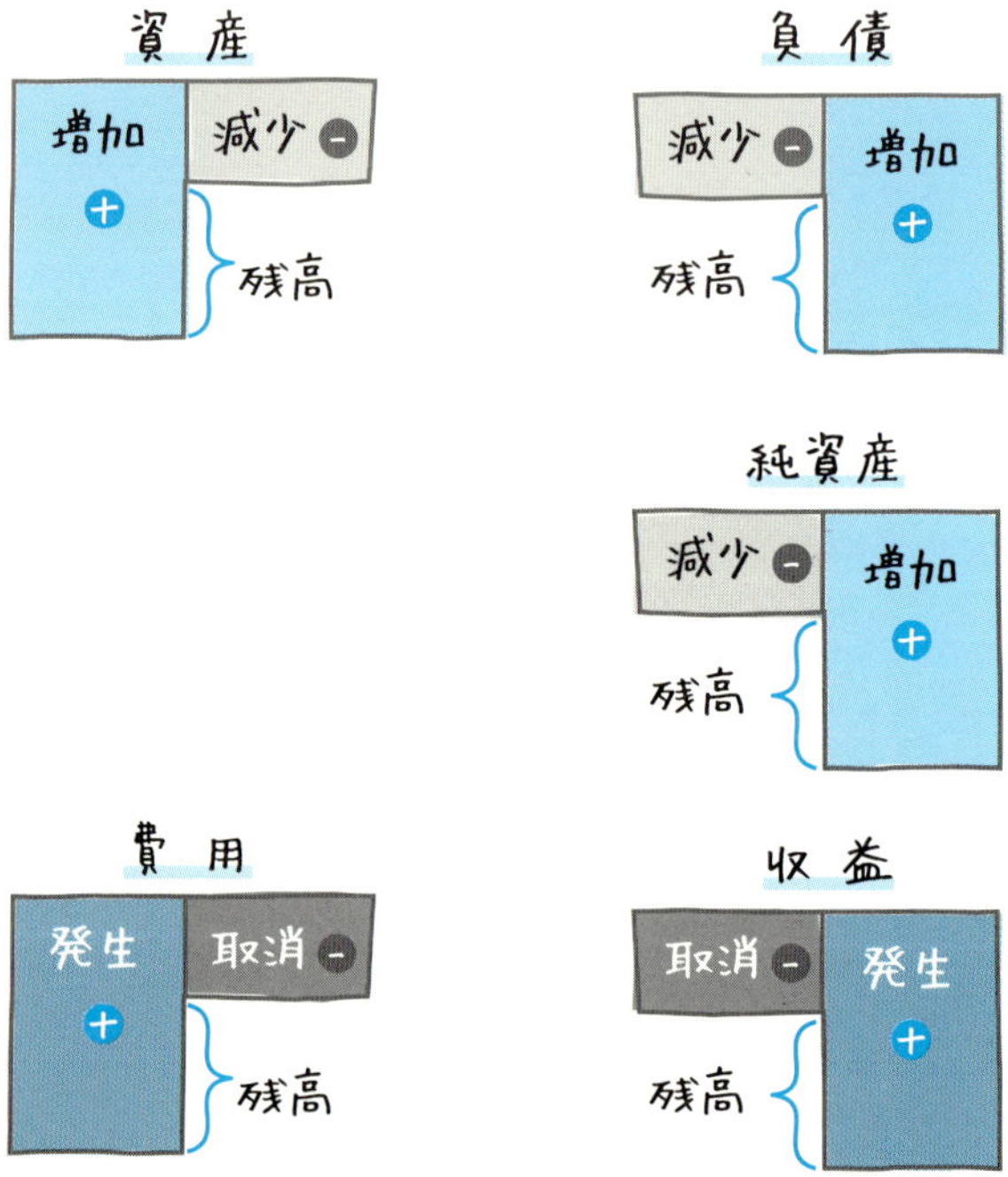

まったら最後〟増加減少のコントロールを使用者側ではできません。どういうことかというと、電気のスイッチを入れたら、その瞬間から電気代が発生しています。その使ってしまった電気を「やっぱりナシナシ！」と、あとからなかったことにはできませんよね。**「電気のスイッチを入れたら最後、電気代はかかってしまう、つまり発生してしまう」**のです。1度発生してしまった電気代は、あとからなかったことにはできません。

これに対して、資産のひとつである「現金」は違いますよね。「現金」は、たとえ使ってしまったとしても、商売をがんばってあとから増やすこともできるし、誰かから借りて増やすこともできます。もちろん、その増やしたお金を使えば当然減ってしまいます。つまり、**「使ってしまったとしても、あとから増加・減少のコントロールができる」**ものなのです。ということで、正確には言い方が違いますが、それはひとまず置いておいてかまいません。

増加と減少、＋－が左右のどちらになるかを、しっかりと覚えてください！

5 実はすでに覚えている左右増減のルール！

左右増減のルールは絶対に覚えなければなりませんが、実はもう覚えているんです！

ここで、「貸借対照表」と「損益計算書」のフォーマットを思い出してみてください。

このフォーマットの、**「〇〇の部は、その〇〇の増加（または発生）、つまりプラスを表してい**

る」のです。

たとえば、貸借対照表の左側は「資産の部」でしたよね。これは、資産の増加が左側であることを表しているのです。（94頁下図参照）。

そして、簿記はバランスの学問でした。その増加の反対側、資産で考えれば右側が減少を表すことになります。（次頁参照）。

つまり、「**増加さえ押さえてしまえば、結果的にすべて覚えたことと同じになる**」ということです。意外と簡単ですよね。

このルールが、簿記の最大のポイントです。

これは、「**〝必ず〟覚えてくださいね！**」

● 貸借対照表と損益計算書を思い出そう

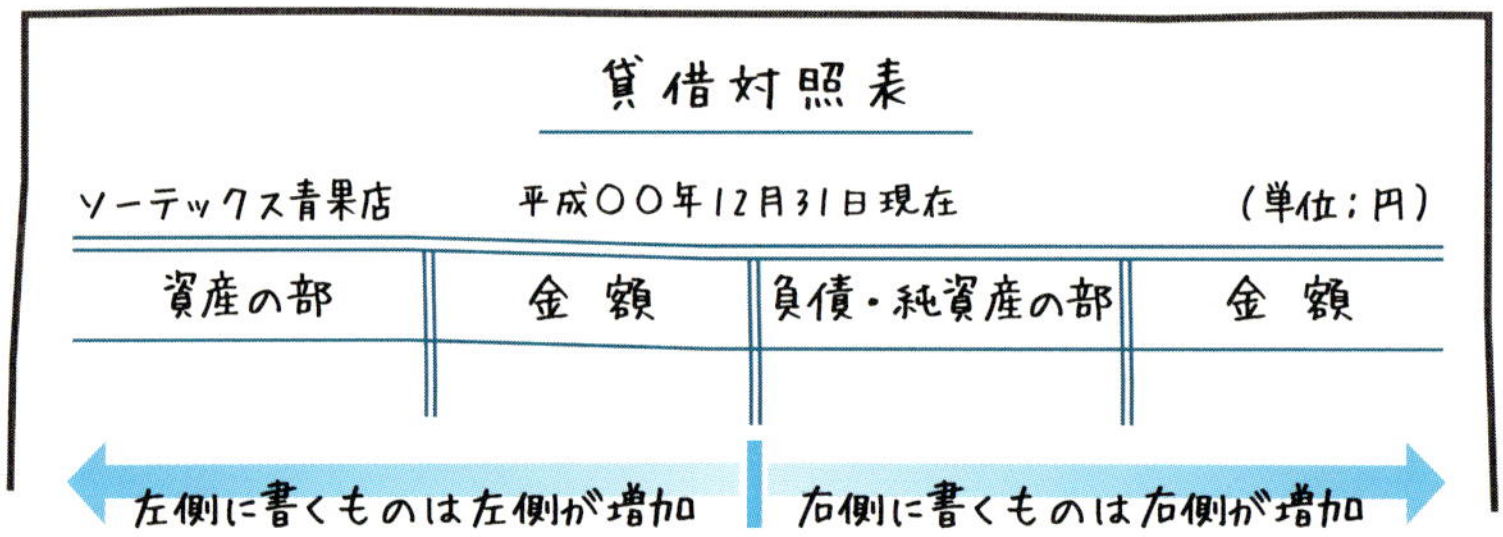

貸借対照表
ソーテックス青果店
平成○○年12月31日現在
（単位：円）
資産の部
金額
負債・純資産の部
金額
左側に書くものは左側が増加
右側に書くものは右側が増加

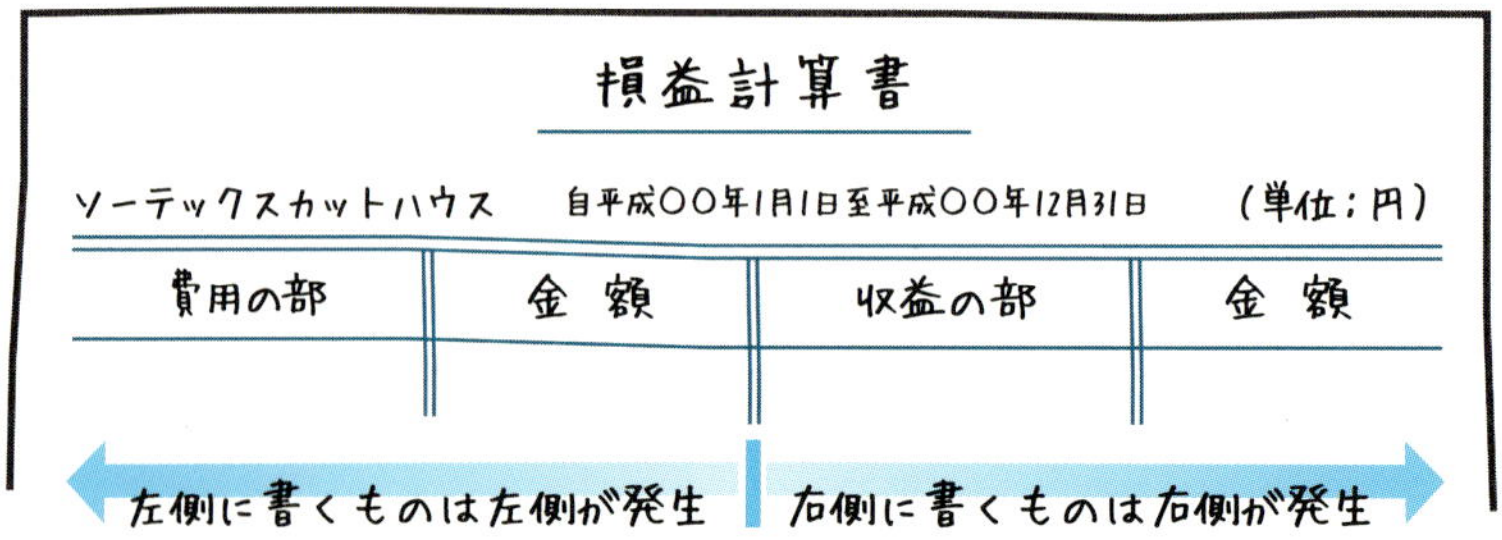

損益計算書
ソーテックスカットハウス
自平成○○年1月1日至平成○○年12月31日
（単位：円）
費用の部
金額
収益の部
金額
左側に書くものは左側が発生
右側に書くものは右側が発生

●「○○の部」と書いた側が増加

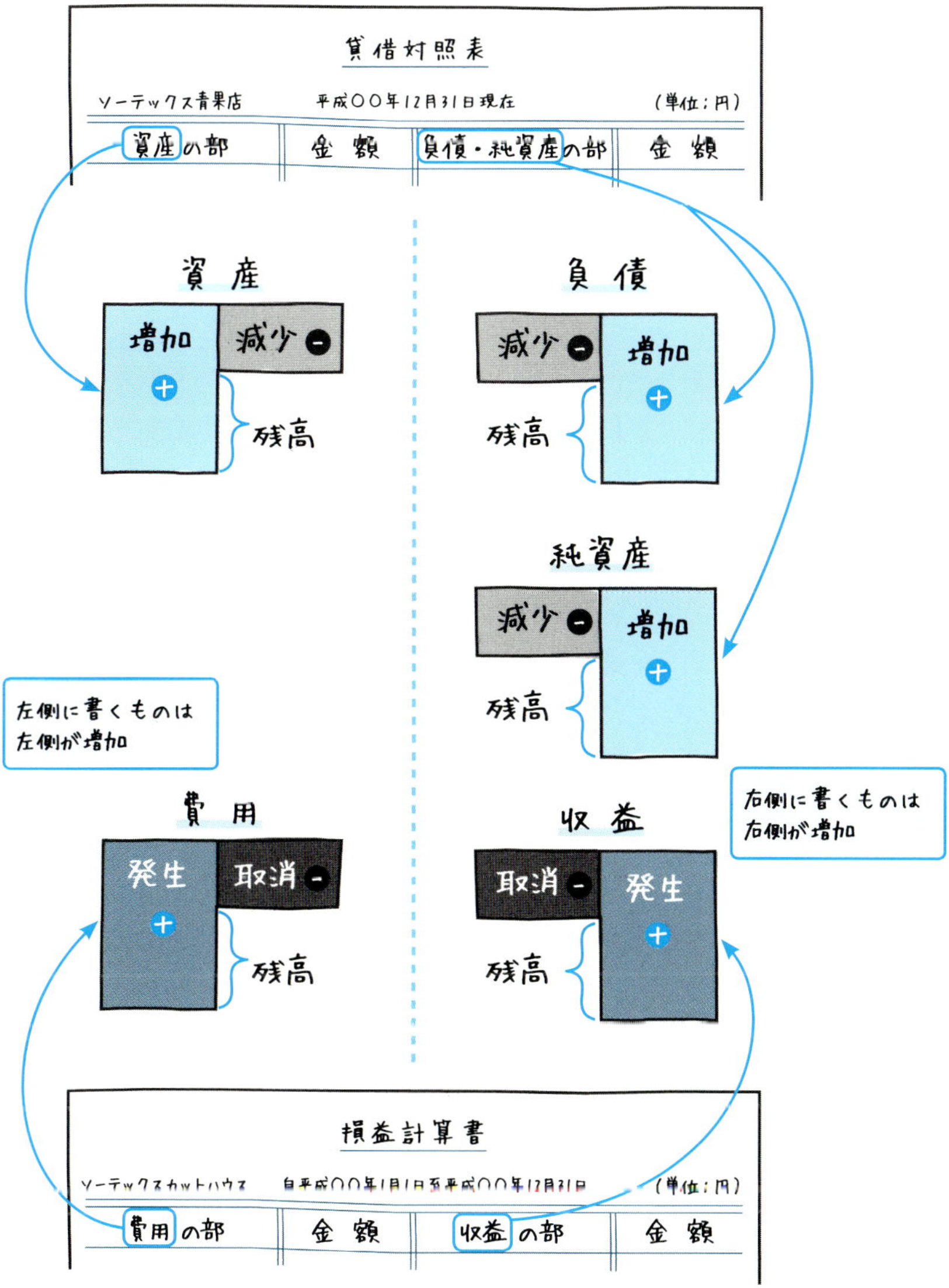

「○○の部」と書いた側が増加！　その反対が減少！

03 左右にスパスパ分ける！それが仕訳！

1 簿記の正式な記録場所って、どこ？

「**バラバラにして、変わったところだけを、合理的に記録していく**」この繰り返しが簿記の毎日です。そして、その記録場所がT字型をした「勘定」でしたね。この「**勘定が簿記の正式な記録場所**」となり、毎日毎日「貸借対照表」や「損益計算書」をつくることはありません。ここまでは大丈夫ですね。

簿記用語をチェックしよう！

勘定科目　勘定口座　総勘定元帳

これまでも何度か出てきた「**勘定科目**」という言葉。これは、T字型のタイトルのことなんですね。そして、このT字型一つひとつを、「勘定口座」といいます。

「**勘定口座**」には、現金・資本金・借入金などいろいろなものがありますが、これらの「勘定口座」を1冊の帳簿にまとめたものを「**総勘定元帳**」といいます。

借方　貸方

そして簿記用語の中で、最もよく使うのが「借方《かりかた》」「貸方《かしかた》」です。これは左右を表す言葉です。

この「**借方、貸方には、意味がありません。単純に左右を分ける言葉として覚えてください**」。

ここでもこだわりはいりません。「なんで左のことを左っていうの？　右のことを右っていうの？」と疑問に思わないのと同じで、単純に覚えてくださいね。

● 「借方」「貸方」を覚えよう

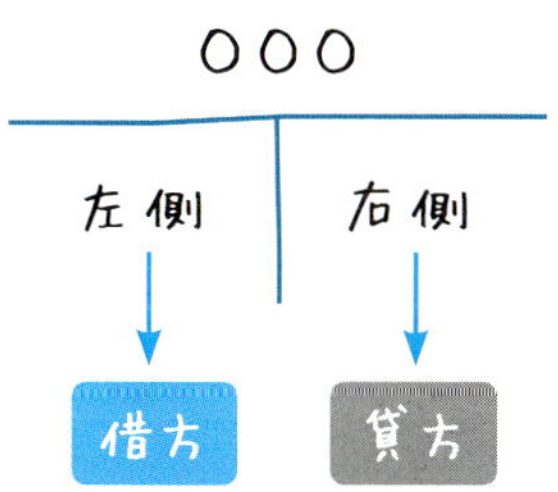

● 「勘定科目」「勘定口座」「総勘定元帳」を覚えよう

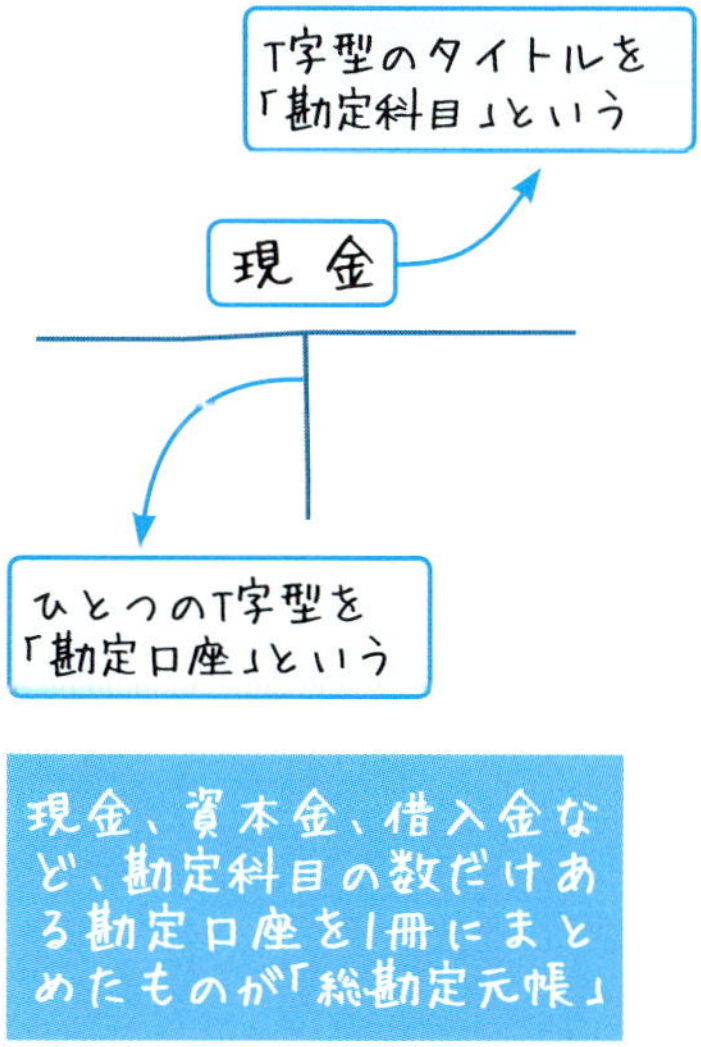

おそらく、すぐに覚えてしまって慣れると思うのですが、覚え方が一応あります。

「借方」「貸方」と、漢字で考えるから難しいので、ひらがなにしてみましょう。

借方の〝借〟を、貸方の〝貸〟を、それぞれひらがなで書いてみると、どちらに伸びるのか？　もうおわかりですね。**「その伸びた方向を表している」**のです。

ちなみに、カタカナでもできるのでやってみてくださいね。

● 「かり方」「かし方」で覚える

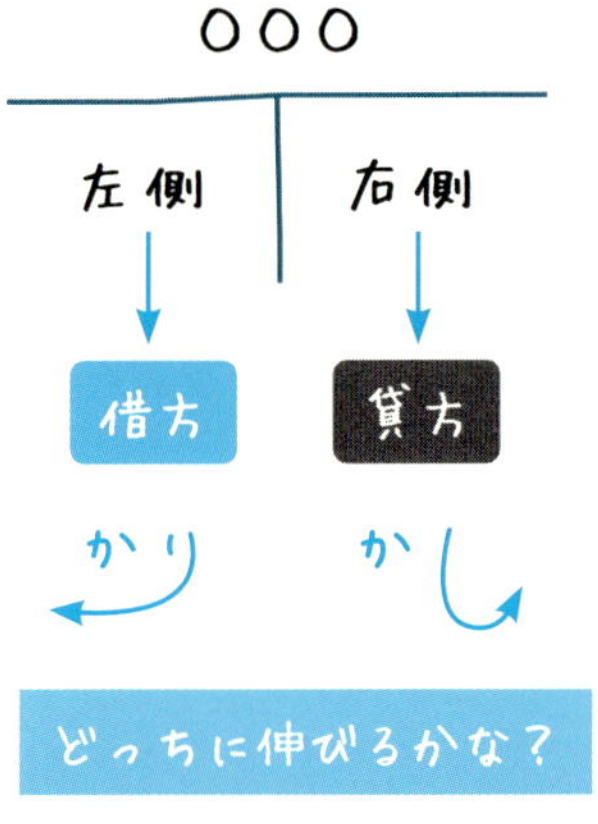

2 まずは下書きをしよう！

ここで改めて簿記の流れを確認してみましょう。

簿記の「正式な」記録場所は「勘定」でしたね。「総勘定元帳」とは、その「勘定」をまとめた帳簿のことでした。

みなさんも「正式な何か」を書くとき、たとえば履歴書とか婚姻届とか、大事なものを書く前って、下書きしませんでしたか？

まず下書きをしてみて、問題がなければ、清書する。

これって、簿記も同じなんですね。

簿記では、取引が発生したら、まずは「**仕訳**」を行いますが、これが、その「**下書き**」にあたります。次に、その下書きしたものを、正式な記録場所である「**総勘定元帳**」に「**清書**」していきます。その清書する作業を「**転記**」といって、下書きしたものを写す作業になります。

3 仕訳とは、左右に分けること

仕訳とは、正式な記録場所である「総勘定元帳」に記入しやすいように、勘定科目を左右に振り分ける前段階の作業のことです。

左右に振り分ける際には、先ほどの「種類ごとの増減ルール」（93頁参照）にしたがっていきます。

下書きですから、当然、清書である「総勘定元帳」と同じルールで書かないとダメということですね。つまり、左右に振り分ける仕訳の組みあわせは、勘定科目の増減ルールと同じということになります（次頁下図参照）。

● 総勘定元帳に転記（清書）する

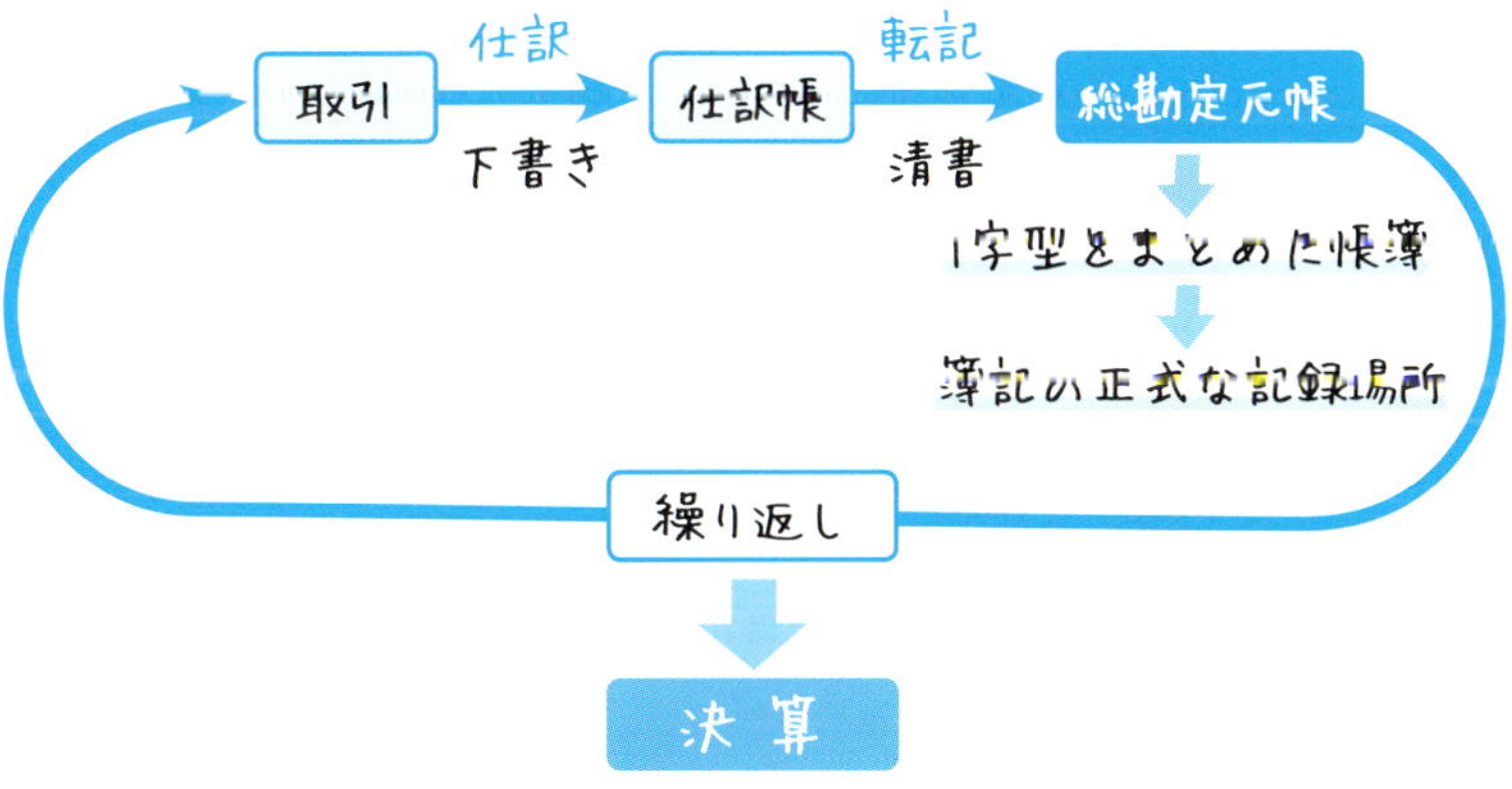

例題を仕訳してみよう！

では、簡単な例題で仕訳を確認してみましょう。

例⑦ 村田ゴローは、現金10万円を元入れして、商売をスタートした。

まずは、「勘定科目」をピックアップすることからはじめましょう。78・79頁の「基礎レベル（3級）で押さえておきたい勘定科目一覧」を参考にしてください。

どうですか？

2つの「勘定科目」をピックアップすることができましたか。現金10万円をお店に入れたので、「**現金**」が出てきますね。そして、その現金は「元入れ」、つまり、もともとあった自分の財産を使っています。これは返済不要の自己資金で調達したことになるので、「**資本金**」が出てくるのです（**解答⑦-1**参照）。

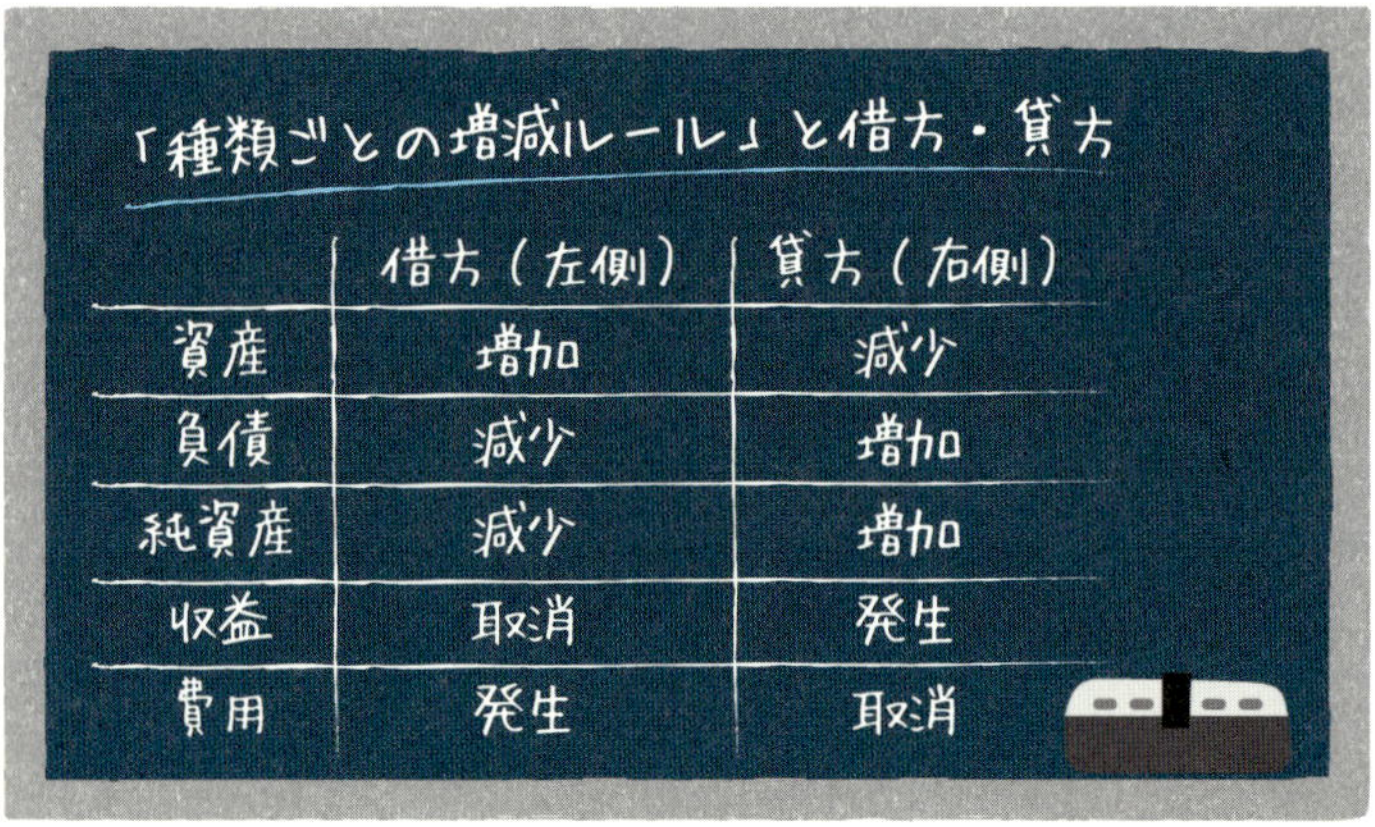
「種類ごとの増減ルール」と借方・貸方
借方（左側）
貸方（右側）
資産 増加 減少
負債 減少 増加
純資産 減少 増加
収益 取消 発生
費用 発生 取消

次に、その「勘定科目」が増えたのか？　減ったのか？

考えてみましょう。

現金をお店に入れたので、**「現金が増えます」**。

そして、この「現金」は、自己資金で調達したので**「資本金が増えます」**ね（**解答⑦-2**参照）。

増減がわかったら、いよいよ左右に振り分けます。

左右の振り分けは、前頁下図の組みあわせにしたがいます（**解答⑦-3**参照）。

解答⑦-1 勘定科目をピックアップする

村田ゴローは、現金10万円を元入れして、商売をスタートした。

現金 → 現金
元入れ → 資本金

解答⑦-2 その勘定科目は増えたのか？　減ったのか？

村田ゴローは、現金10万円を元入れして、商売をスタートした。

現金 → 「現金」が増えた
元入れ → 「資本金」が増えた

解答⑦-3 仕訳を行う

村田ゴローは、現金10万円を元入れして、商売をスタートした。

現金 → 「現金」が増えた → 「現金」は「資産」 → 「資産」の増加は借方（左側）
元入れ → 「資本金」が増えた → 「資本金」は「純資産」 → 「純資産」の増加は貸方（右側）

これが仕訳だ！

（現金）	100,000	（資本金）	100,000

仕訳の流れをまとめると、下図のようになります。

あとは、左右に振り分ける際の書き方にも注意点があります。

「勘定科目には（）カッコをつけて、金額との区別をわかりやすくする」ということです。

それでは、紙と筆記用具を出してください。

次の例題を、仕訳してみてください。

例⑧ 銀行より現金5万円を借り入れた。

例⑨ 給料3万円を現金で支払った。

例⑩ 取引の仲介手数料7万円を現金で受け取った。

例⑪ 借入金のうち1万円と、その利息200円を現金で支払った。

● 仕訳における勘定科目の書き方に注意

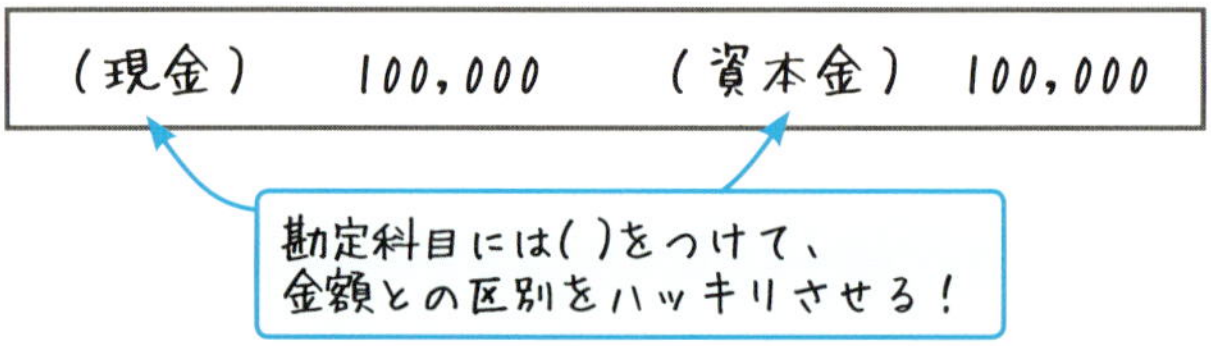

（現金） 100,000 （資本金） 100,000
勘定科目には( )をつけて、
金額との区別をハッキリさせる！

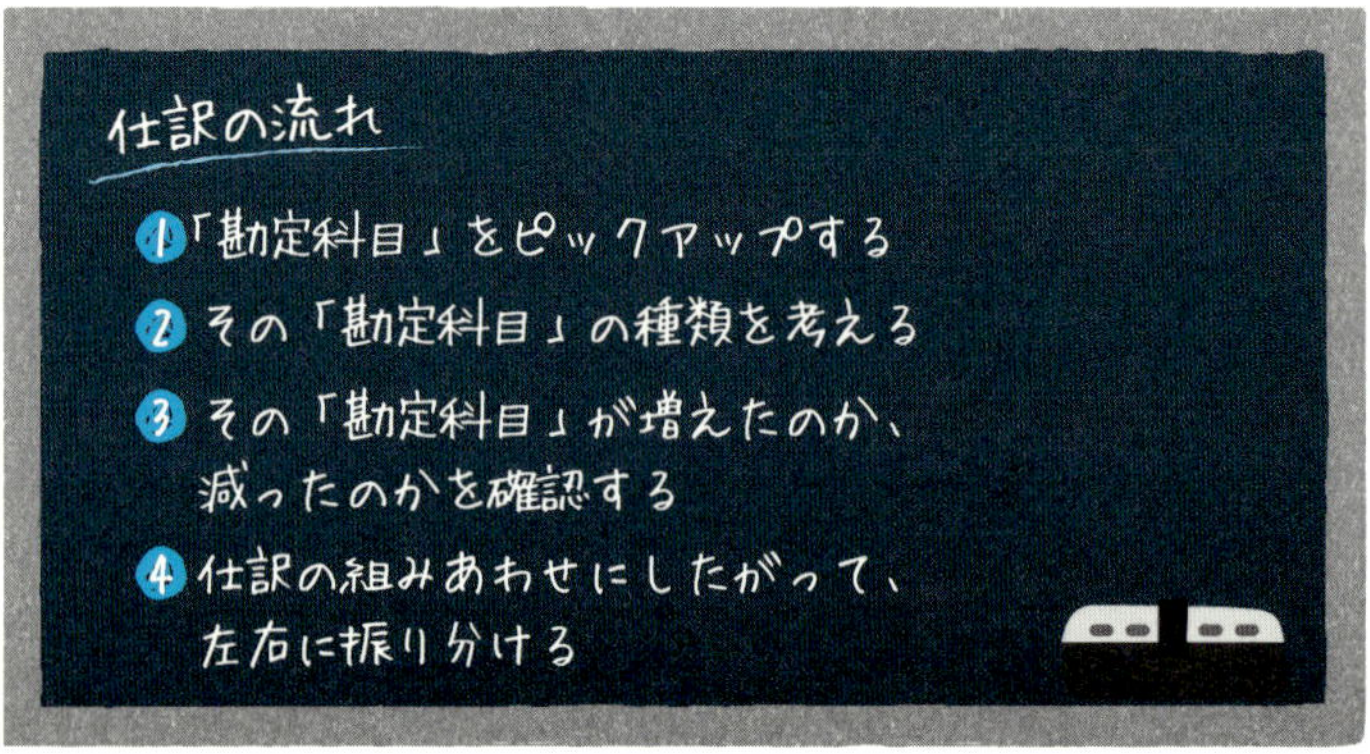

仕訳の流れ
①「勘定科目」をピックアップする
②その「勘定科目」の種類を考える
③その「勘定科目」が増えたのか、減ったのかを確認する
④仕訳の組みあわせにしたがって、左右に振り分ける

解答⑧

銀行より現金5万円を借り入れた。

ピックアップ!	「現金」	「借入金」
種類は？	「現金」は「資産」	「借入金」は「負債」
増減は？	「現金」が増えた	「借入金」が増えた
左右どっち？	「資産」の増加は借方（左側）	「負債」の増加は貸方（右側）

仕訳は？

（現金）	50,000	（借入金）	50,000

解答⑨

給料3万円を現金で支払った。

ピックアップ!	「給料」	「現金」
種類は？	「給料」は「費用」	「現金」は「資産」
増減は？	「給料」が発生（増えた）	「現金」が減った
左右どっち？	「費用」の発生は借方（左側）	「資産」の減少は貸方（右側）

仕訳は？

（給料）	30,000	（現金）	30,000

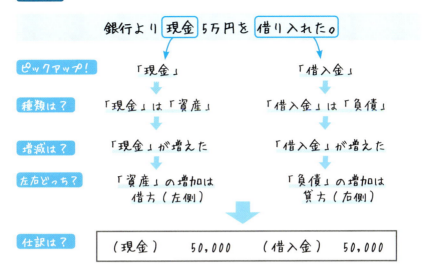

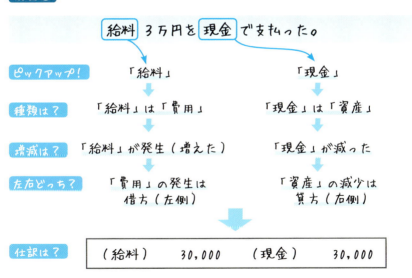

解答⑩

取引の仲介手数料7万円を現金で受け取った。


ピックアップ！

「現金」　「受取手数料」


種類は？

「現金」は「資産」　「受取手数料」は「収益」


増減は？

「現金」が増えた　「収益」が発生（増えた）

左右どっち？

「資産」の増加は借方（左側）　「収益」の発生は貸方（右側）

仕訳は？

（現金）	70,000	（受取手数料）	70,000

解答⑪

借入金のうち1万円と、その利息200円を現金で支払った。


ピックアップ！

「借入金」　「支払利息」　「現金」


種類は？

「借入金」は「負債」　「支払利息」は「費用」　「現金」は「資産」


増減は？

「借入金」が減った　「支払利息」が発生（増えた）　「現金」が減った

左右どっち？

「負債」の減少は借方（左側）　「費用」の発生は借方（左側）　「資産」の減少は貸方（右側）

仕訳は？

（借入金）	10,000	（現金）	10,200
（支払利息）	200		

同じ側に2つ以上の勘定科目が出てくる場合、縦に続けて書く。今のところは書く順番は気にしなくてもOK！

終わったら、解答を確認してみてください。

前節「02 増減のルールを覚えよう！」で学んだ増減ルールとあわせて、しっかりと押さえておきましょう。

4 2つある仕訳の法則

下書きである「**仕訳**」。これが簿記の出発点なので、絶対に間違ってはいけません！

ところで、仕訳にある2つの法則に気がつきましたか？

その2つの法則とは……、おっと、またまた難しい言葉が出てきますが、安心してください。これも簡単です。

> **❶ 取引の二重性**
> **❷ 貸借平均の原則**

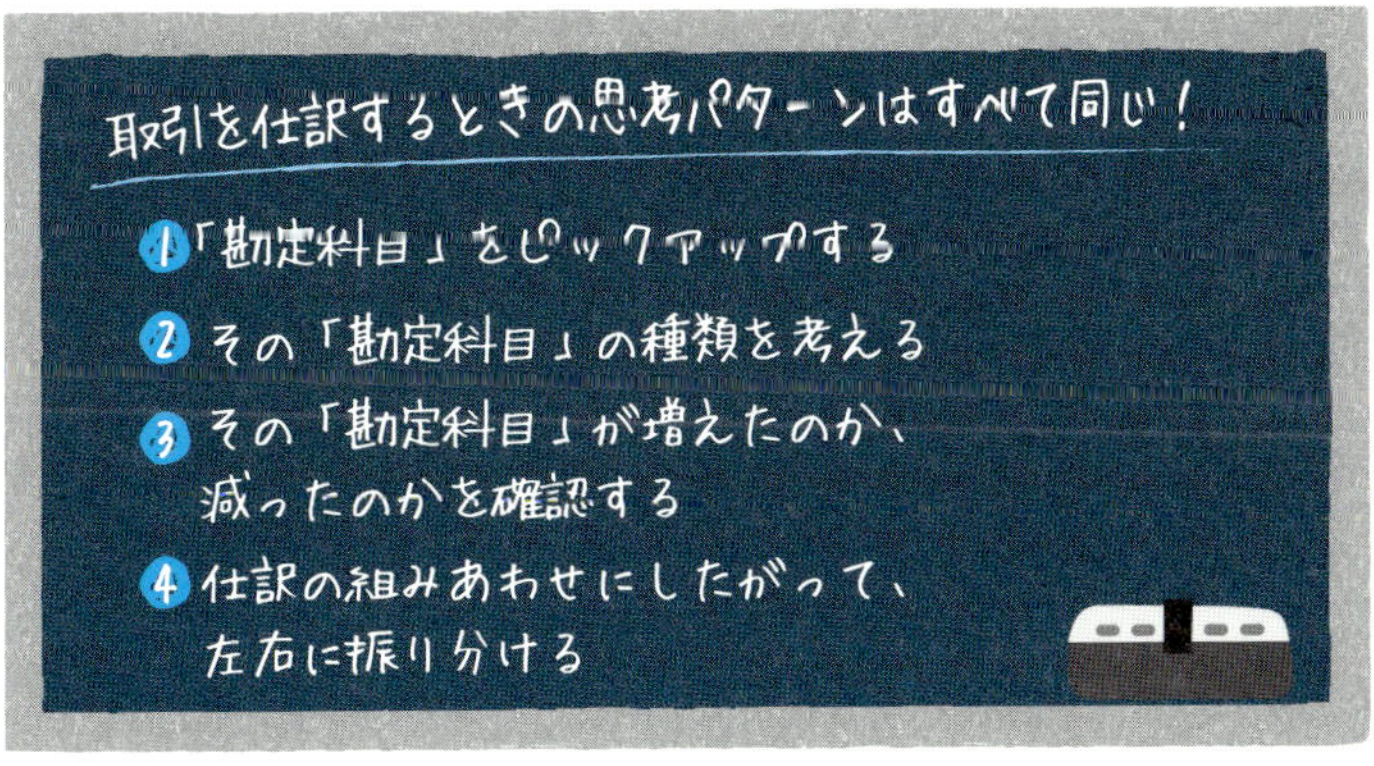
取引を仕訳するときの思考パターンはすべて同じ！
1「勘定科目」をピックアップする
2 その「勘定科目」の種類を考える
3 その「勘定科目」が増えたのか、減ったのかを確認する
4 仕訳の組みあわせにしたがって、左右に振り分ける

❶ 取引の二重性

「**ひとつの取引は、必ず2つ以上の勘定科目に記録される**」ということです。

そうですよね。

ここまで解いてきた例題の仕訳をもう一度見てください。ひとつの取引で、必ず2つ以上の勘定科目がありましたよね。

❷ 貸借平均の原則

「**その2つ以上の勘定科目は、必ず左右に分かれて、さらに、その左右の金額は同額になる**」ということです。つまり、「**簿記はバランスの学問**」ということですね。

仕訳をやったときに、この法則にあてはまっているかを必ず確認してくださいね。

そうすれば、間違いが減ります。

● 仕訳の2つの法則

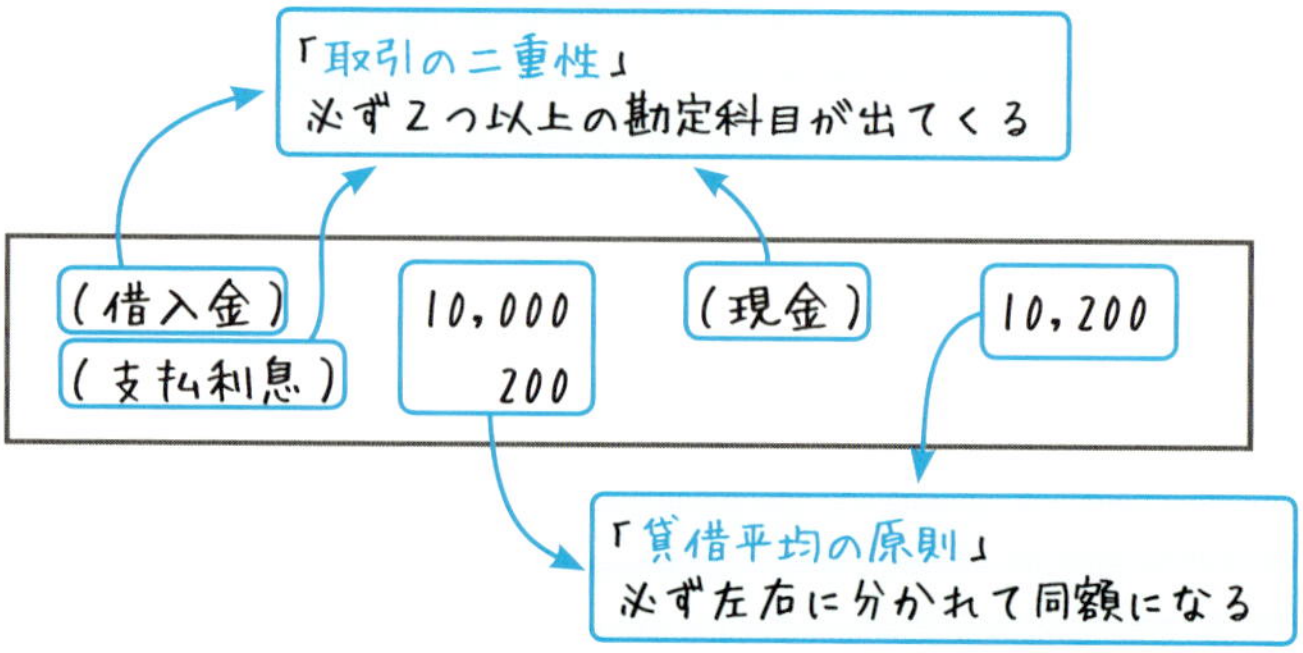

04 下書きのあとは清書。それが転記！

1 転記は写すだけ。でも、写すにもルールがある！

下書きである仕訳ができたら、次はいよいよ清書です。

この清書のことを「**転記**」といいますが、これは基本的に下書きを写すだけです。

では、前節の「03 左右にスパスパ分ける！ それが仕訳！」の例題に日付を追加したもので、「**仕訳を総勘定元帳に転記**」してみましょう。

例7 1月1日、村田ゴローは現金10万円を元入れして、商売をスタートした。

ポイントは、「**下書きを写す**」ということです。

「**〝転記〟は、あくまで清書ですから、下書きと同じように写してください**」。

前節の例題をよく思い出してください。現金は借方（左側）に仕訳をしていました。資本金は貸方（右側）に仕訳をしていましたね。

つまり「**現金は現金勘定の借方に**」「**資本金は資本金勘定の貸方に**」、それぞれ転記します（下図参照）。

ではここで、転記した現金勘定を見てください（次頁❶参照）。

現金勘定の借方（左側）に、日付と金額が書いてあります。現金は「資産」でしたね。「資産」の借方は増加を表していました。

ということは、この現金勘定を見ることで、「1月1日に、現金が10万円増えた！」ということがわかるのです。でも、これだけの情報だと使い勝手があまりよくありません。それは、現金が増えたことはわかっても「なぜ増えたのか？」、その原因まではわからないからです。そこで「なぜ増えたのか？」、その理由までもわかるように、もうひと工夫します。

それが、「**仕訳の相手勘定科目を書く**」ということです。

ちょっとやってみましょう（次頁❷参照）。

日付と金額だけだと、増えたことしかわかりませんが、「**〝相手勘定科目〟を書くことによって、なぜ増えたのか？ という理由までわかるようになる**」のです。

例⑦' 1月1日、村田ゴローは現金10万円を元入れして、商売をスタートした。

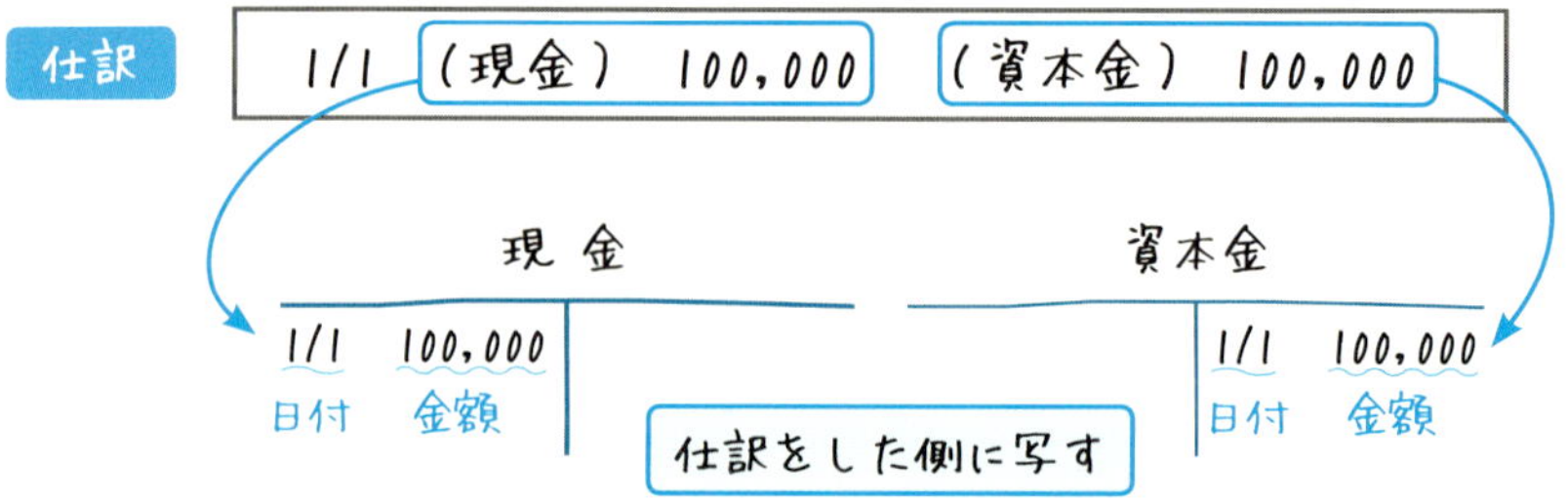

仕訳
1/1 （現金） 100,000
（資本金） 100,000
現 金
資本金
1/1 100,000
日付 金額
1/1 100,000
日付 金額
仕訳をした側に写す

この場合、相手勘定科目は「資本金」です。ということは、**「返済不要の自己資金をお店に入れたから、現金が増えたんだな！」**となり、お金が増えた理由までもがわかるようになるのです。

ということで、「**〝転記〟は、仕訳をした側に、日付・相手勘定科目・金額を書いていきます**」。

ちなみに、「**転記の場合は、スペースの問題から、勘定科目に（）をつける必要はありません**」。

では、あらためて前節の例題の転記をやってみましょう。

「転記」は清書だから、下書きである「仕訳」を写すだけです。そして、日付・相手勘定科目・金額を書いていきます。

❶ 転記した現金勘定

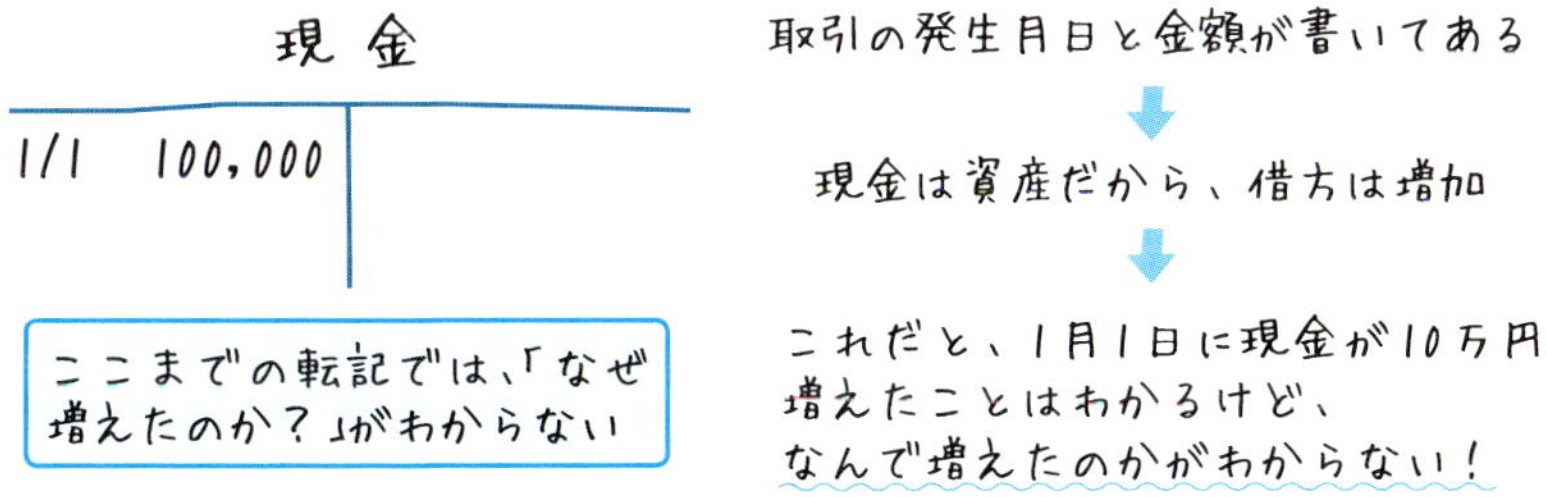
現 金
1/1 100,000
取引の発生月日と金額が書いてある
現金は資産だから、借方は増加
これだと、1月1日に現金が10万円増えたことはわかるけど、なんで増えたのかがわからない！
ここまでの転記では、「なぜ増えたのか？」がわからない

❷ わかりやすくするための"ひと工夫"

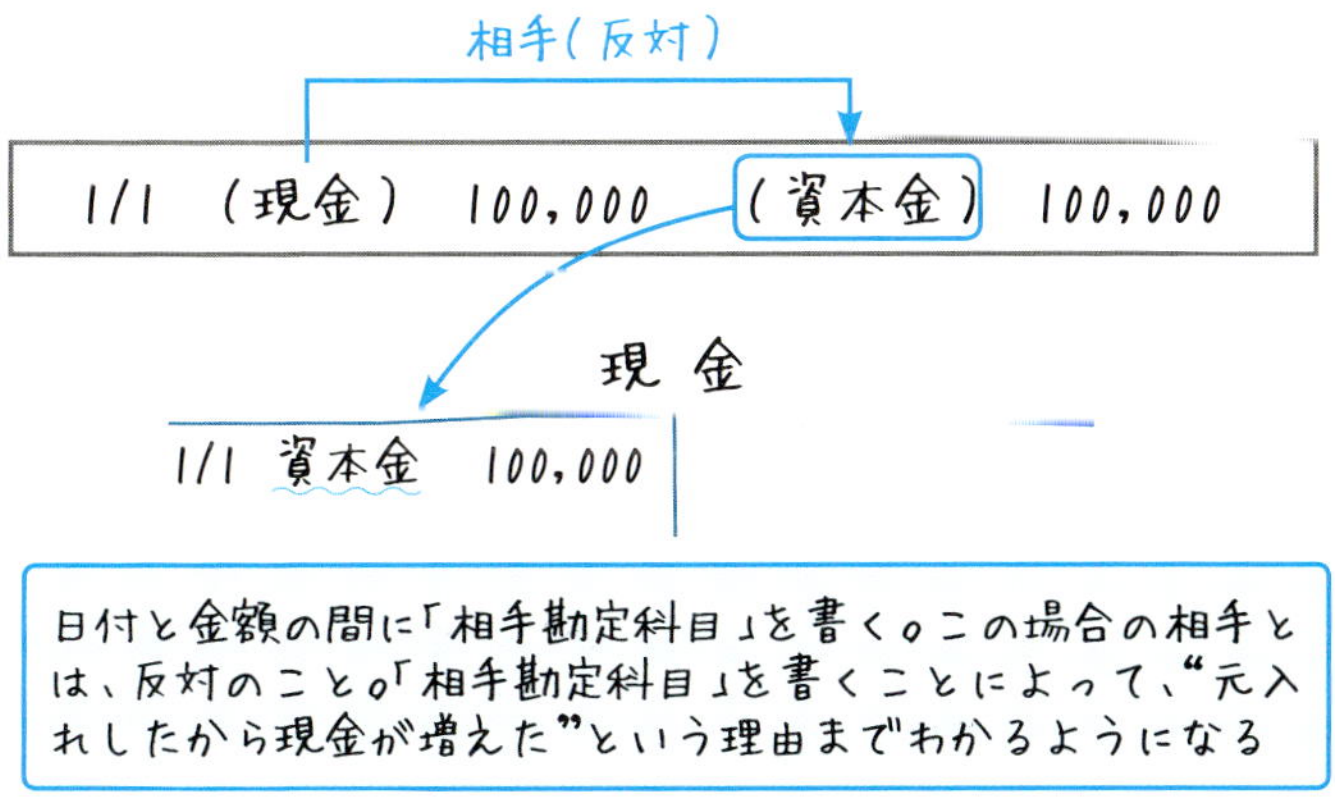
相手（反対）
1/1 （現金） 100,000 （資本金） 100,000
現 金
1/1 資本金 100,000
日付と金額の間に「相手勘定科目」を書く。この場合の相手とは、反対のこと。「相手勘定科目」を書くことによって、“元入れしたから現金が増えた”という理由までわかるようになる

転記 **例⑦'** 1月1日、村田ゴローは現金10万円を元入れして、商売をスタートした。

仕訳

1/1	（現金）	100,000	（資本金）	100,000

現 金

1/1 資本金 100,000	

資本金

	1/1 現 金 100,000

転記 **例⑧'** 1月20日、銀行より現金５万円を借り入れた。

仕訳

1/20	（現金）	50,000	（借入金）	50,000

現 金

1/1 資本金 100,000	
20 借入金 50,000	

上と同じ月だったら日にちだけでOK！

資本金

	1/1 現 金 100,000

借入金

	1/20 現 金 50,000

転記 **例⑨'** 1月25日、給料３万円を現金で支払った。

仕訳

1/25	（給料）	30,000	（現金）	30,000

現 金

1/1 資本金 100,000	1/25 給料 30,000
20 借入金 50,000	

資本金

	1/1 現 金 100,000

給 料

1/25 現金 30,000	

借入金

	1/20 現 金 50,000

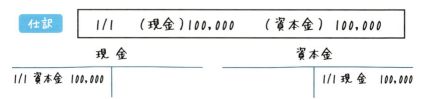

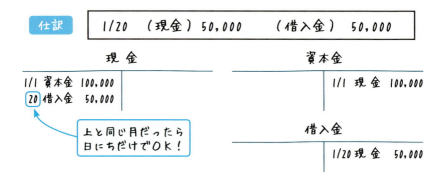

転記 例⑩' 2月10日、取引の仲介手数料7万円を現金で受け取った。

仕訳

2/10	(現金)	70,000	(受取手数料)	70,000

現金

1/1 資本金 100,000	1/25 給料 30,000
20 借入金 50,000	
2/10 受取手数料 70,000	

資本金

	1/1 現金 100,000

給料

1/25 現金 30,000	

借入金

	1/20 現金 50,000

受取手数料

	2/10 現金 70,000

転記 例⑪' 2月15日、借入金のうち1万円と、その利息200円を現金で支払った。

仕訳

2/15	(借入金)	10,000	(現金)	10,200
	(支払利息)	200		

現金

1/1 資本金 100,000	2/15 ? 10,200
20 借入金 50,000	
2/10 受取手数料 70,000	

資本金

	1/1 現金 100,000

給料

1/25 現金 30,000	

借入金

2/15 現金 10,000	1/20 現金 50,000

支払利息

2/15 現金 200	

受取手数料

	2/10 現金 70,0000

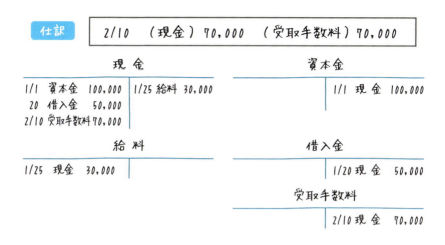

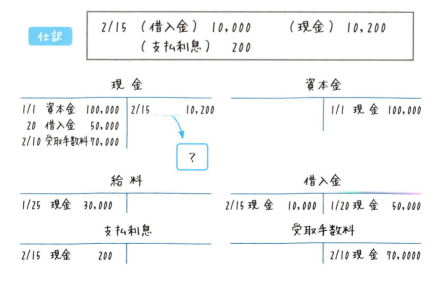

2 現金勘定の「?」部分はどうなる?

では、最後の注意点にいきましょう。それが現金勘定の「?」部分です（次頁上図参照）。

ここはどうすればいいのでしょうか?

というのは、「現金」の「相手勘定科目」が2つあるんですよね。

「仕方ない、一つひとつ小さく書く!」

確かに今回は2つだけなのでそれもわかるのですが、「相手勘定科目が10コ」とかになったら、それも難しいですよね。

ということで、これもルールで決まっています。

「相手勘定科目が2つ以上あったら、一つひとつ小さく書かずに、そのほかもろもろ、いくつかあるよ、という意味で〝諸口〟と書いてください」。

ということで、「転記」のルールをまとめてみましょう（次頁下図参照）。

ここまでが、簿記の「日々の流れ」です（116頁上図参照）。取引が発生したら、下書きである仕訳をして、そのあと勘定に清書する。

これを毎日毎日繰り返していくのです。

転記 **例⑪'** 2月15日、借入金のうち１万円と、その利息200円を現金で支払った。

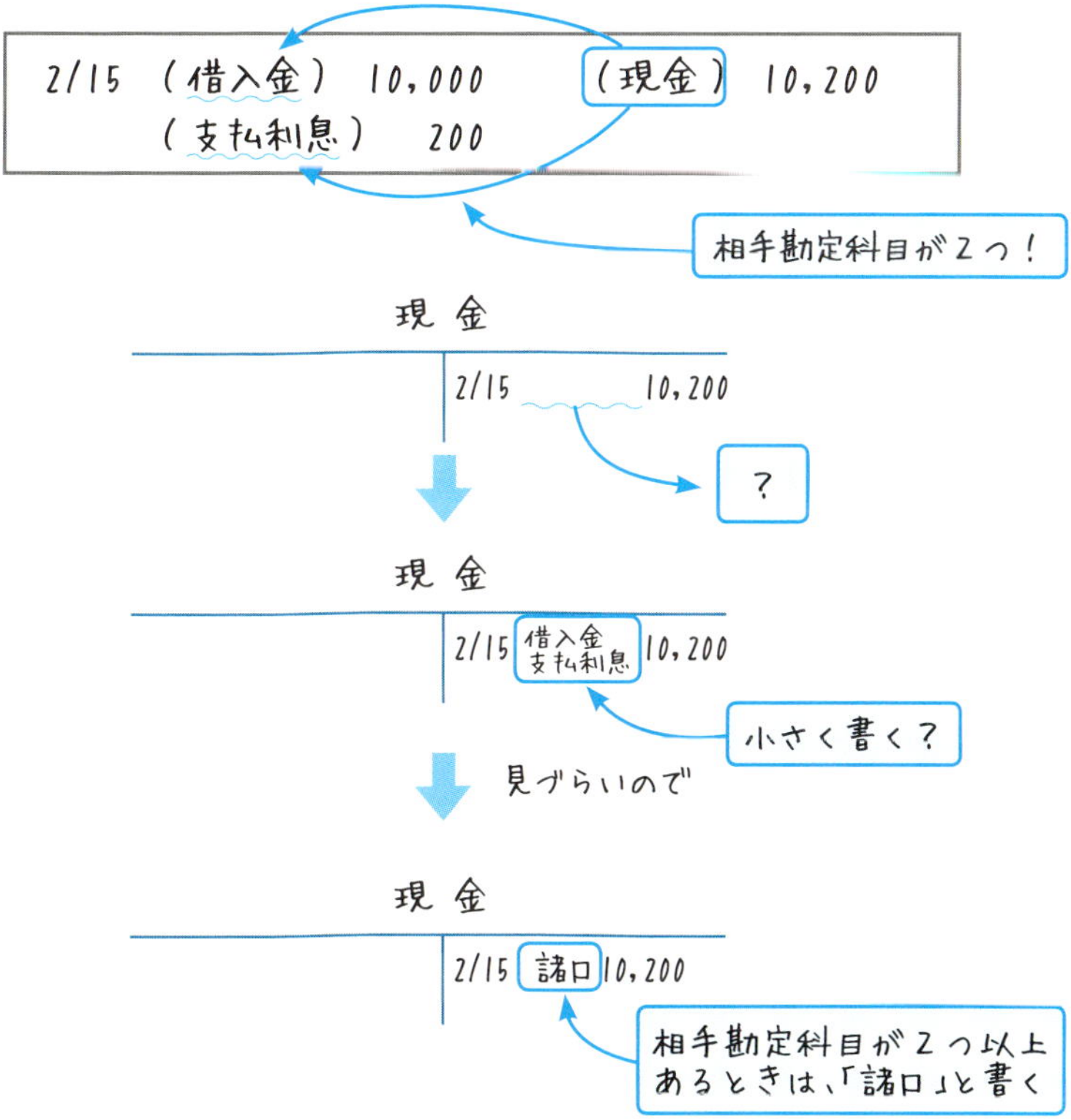

「転記」のルール

1. 仕訳をした側に写す
2. 日付・相手勘定科目・金額を書く
3. 相手勘定科目に( )はつけない
4. 相手勘定科目が2つ以上あるときは、「諸口」と書く

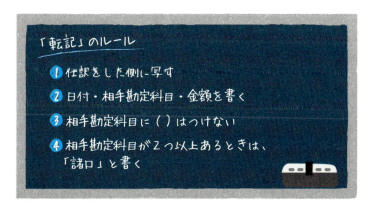

● 簿記の日々の流れ

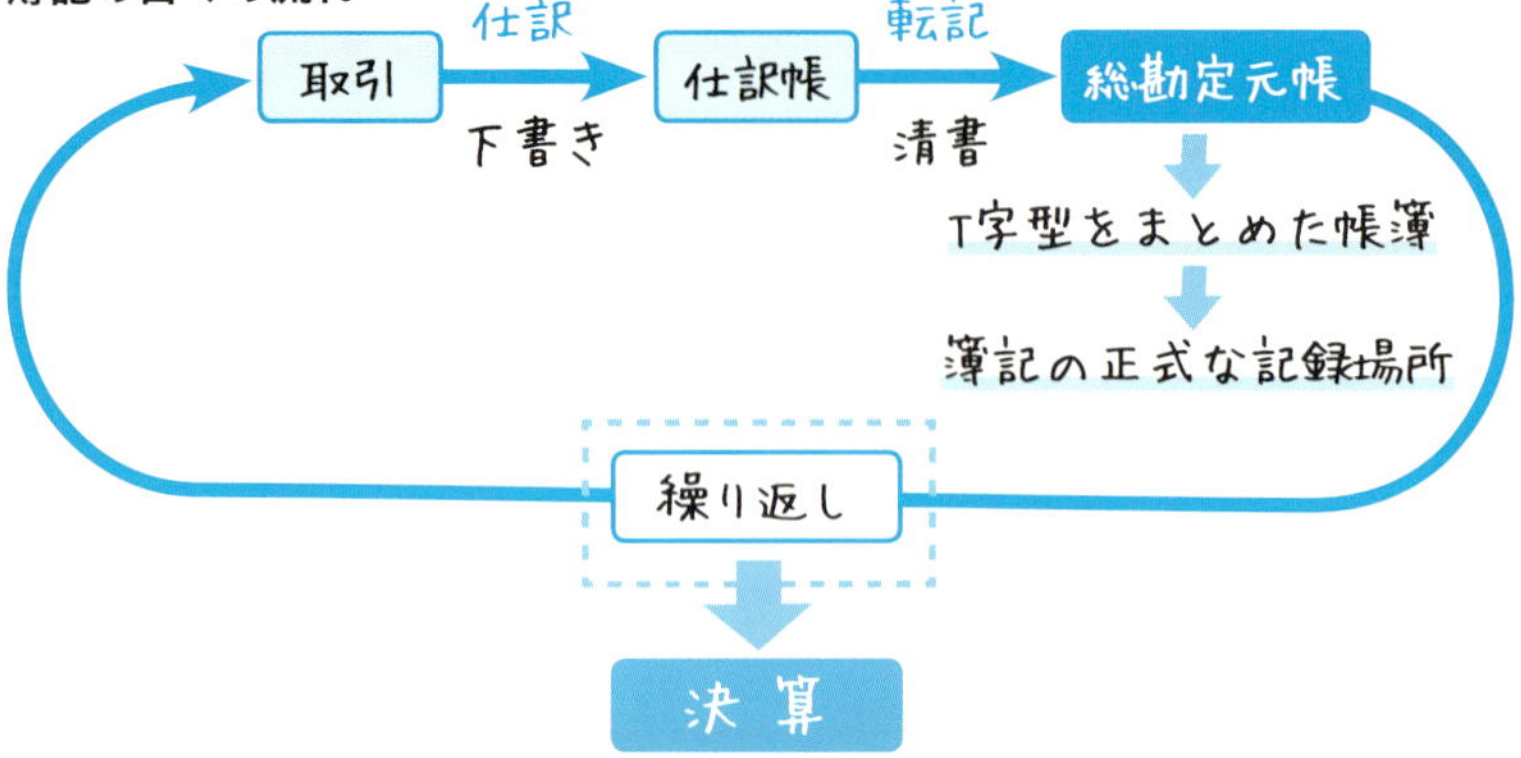

2時限目のまとめ

- 簿記上の取引とは、資産・負債・純資産・収益・費用が増減変化すること
- 取引が発生したら、まずは下書きである「仕訳」を行う
- 「仕訳」とは、勘定の増減ルールにしたがって、左右に分けること
- 「仕訳」を行うと、必ず2つ以上の勘定科目が出てくる（取引の二重性）
- その2つ以上の勘定科目は、左右に分かれてバランスがそろう（貸借平均の原則）
- 下書きである「仕訳」の次は、正式な記録場所である「総勘定元帳」に清書を行う
- この清書のことを「転記」という
- 「転記」は、仕訳をした側に、日付・相手勘定科目・金額を記載する
- 相手勘定科目とは、仕訳の反対側の科目のこと
- 相手勘定科目が2つ以上のときは、「諸口」と記載する

3時限目
日常の簿記を確認してみよう！

次は、
日常の簿記です。
商売では、日々どんな
ことが起こっているの
か？　想像しながら読
んでくださいね。
（前提；個人商店の簿記）

01 商品の仕入と売上はどうする？

1 基本は「3分割法《さんぶんかつほう》」

商売の基本は、商品を仕入れて売る。

この商品のやり取りを記録する方法には、実はいろいろなやり方がありますが、まずしっかりと押さえてほしいのが、**「3分割法」**（3分法《さんぶんぽう》ともいいます）です。

「3分割法」は、文字どおり3つに分けて考えていきます。

繰越商品・仕入・売上の3つに分ける

では、その3つを確認していきましょう。

● 3つに分けるから「3分割法」

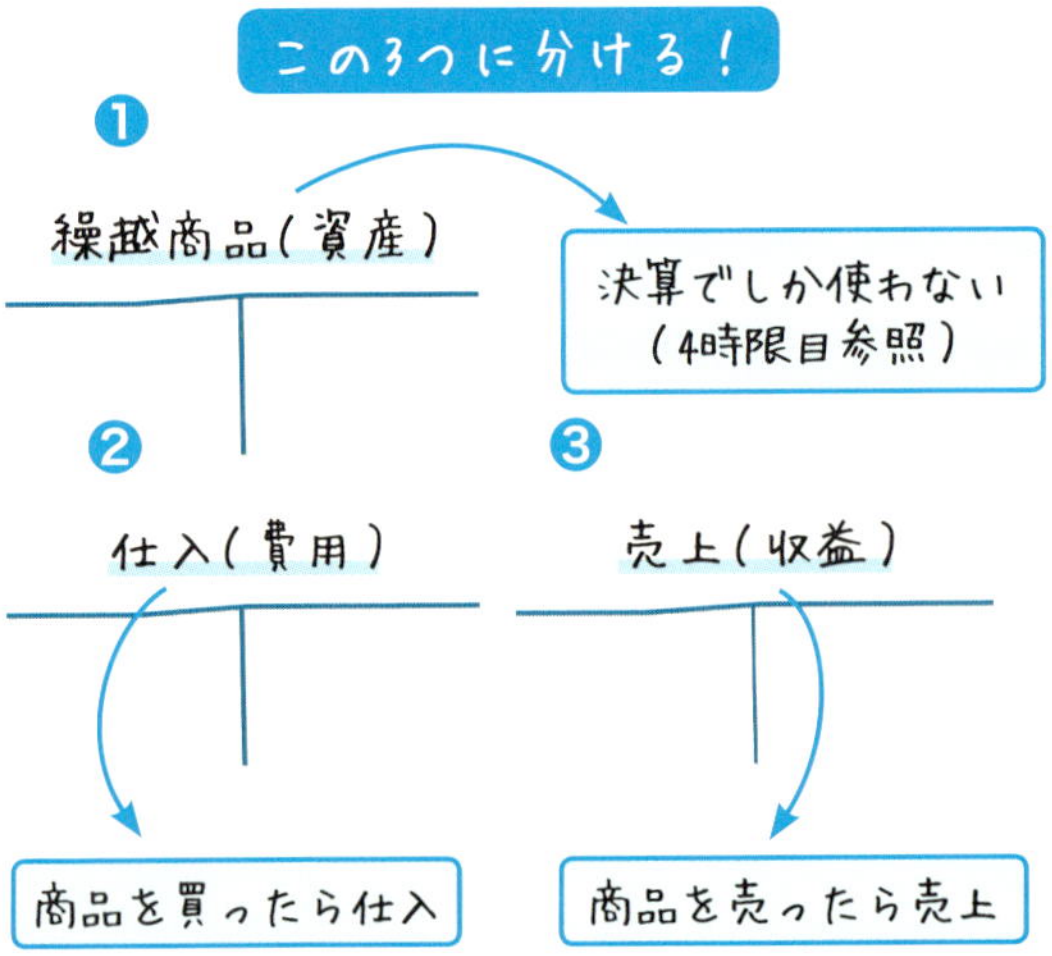

❶ **繰越商品勘定（資産）** 去年から繰り越された、または、来年に繰り越す商品。つまり「在庫」のこと

❷ **仕入勘定（費用）** 商品を買ってきたら「仕入」。今年、仕入れてきた商品を表す

❸ **売上勘定（収益）** 商品を売ったら「売上」。今年、売った商品を表す

2 仕訳の形を確認してみよう！

２時限目の仕訳のポイントを思い出して、仕訳を確認していきましょう。

繰越商品勘定（資産）

商品の在庫を表します。商品は目で見えるモノだから資産。ただし、この勘定科目は決算でしか使わないので、４時限目で確認します。

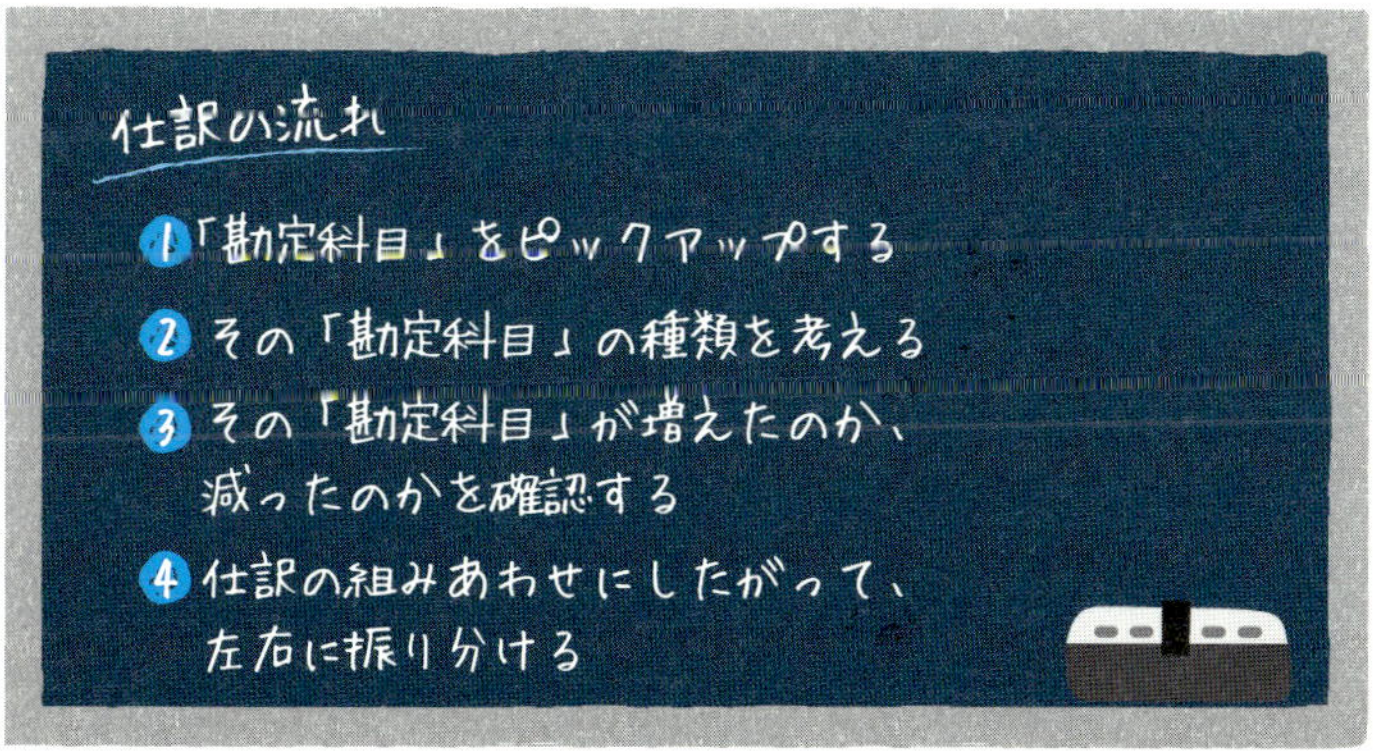
仕訳の流れ
1「勘定科目」をピックアップする
2 その「勘定科目」の種類を考える
3 その「勘定科目」が増えたのか、減ったのかを確認する
4 仕訳の組みあわせにしたがって、左右に振り分ける

仕入勘定（費用）

商品を買ってきたら「仕入」。商品は目で見えるモノだから、「資産」になるはずですが、実は「費用」になります（下図❶参照）。詳しくは4時限目の決算で確認します。

売上勘定（収益）

商品を売ったら「売上」。売上収入だから「収益」になります（下図❷参照）。

仕入勘定と売上勘定をまとめると、次頁のようになります。

❶ 商品50,000円を現金で仕入れたときの仕訳

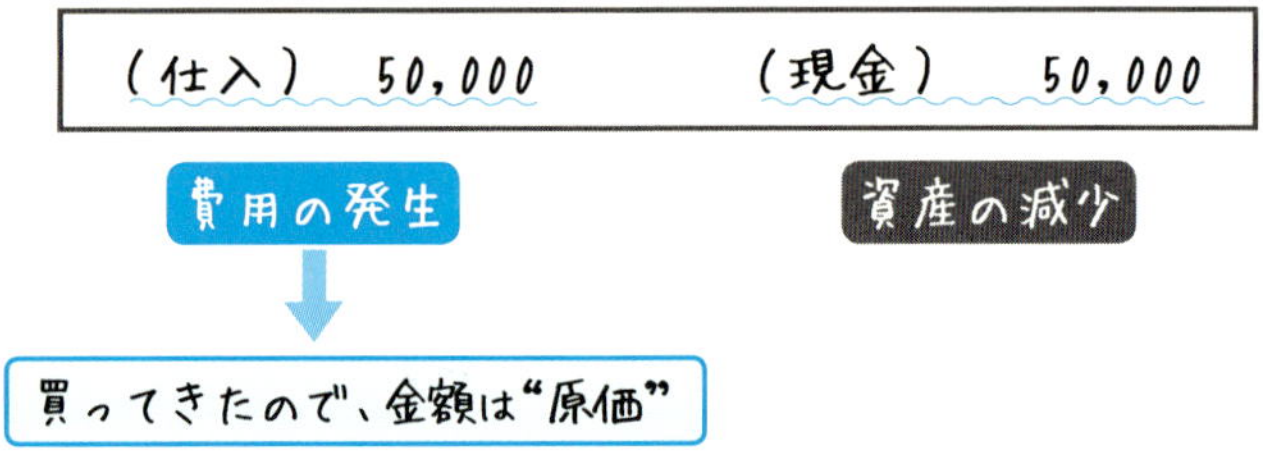

❷ 商品70,000円を現金で売ったときの仕訳

● 仕入勘定と売上勘定の形を押さえる

商品を買ってきたら……

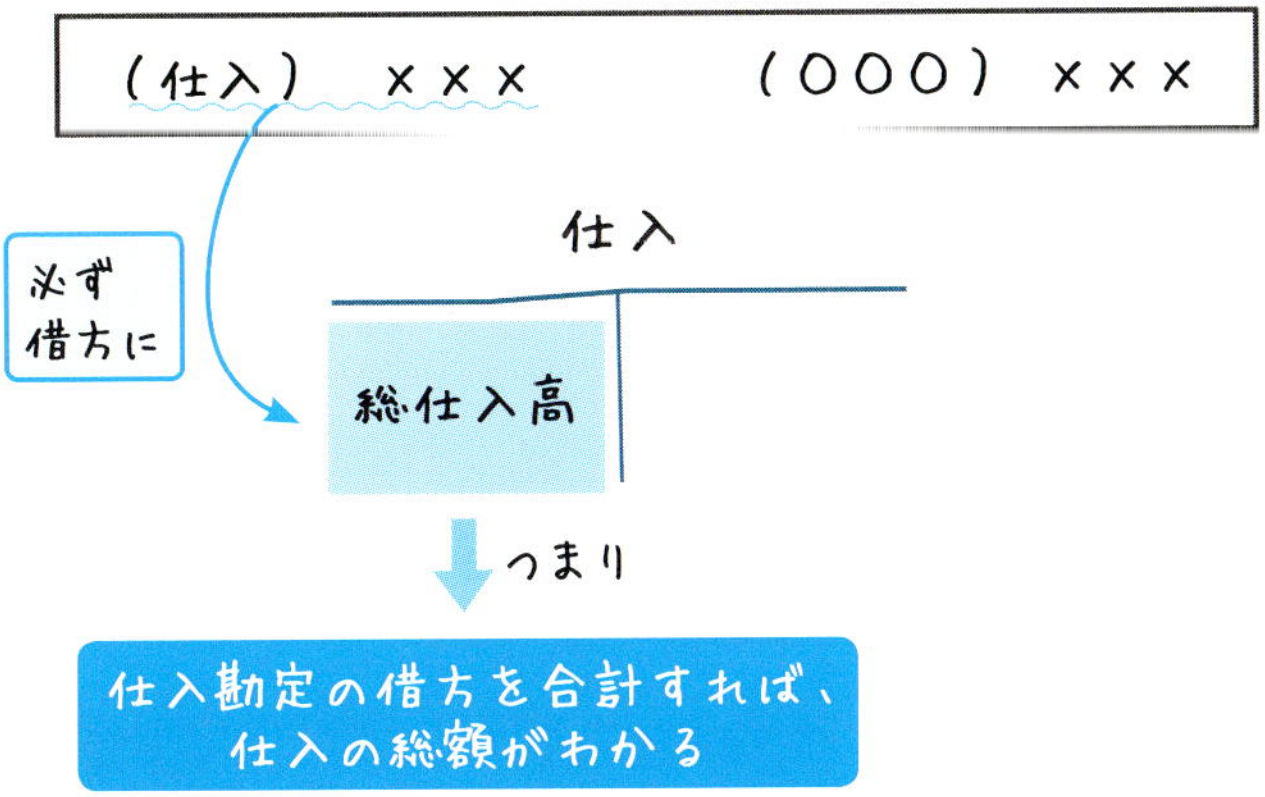

商品を売ったら……

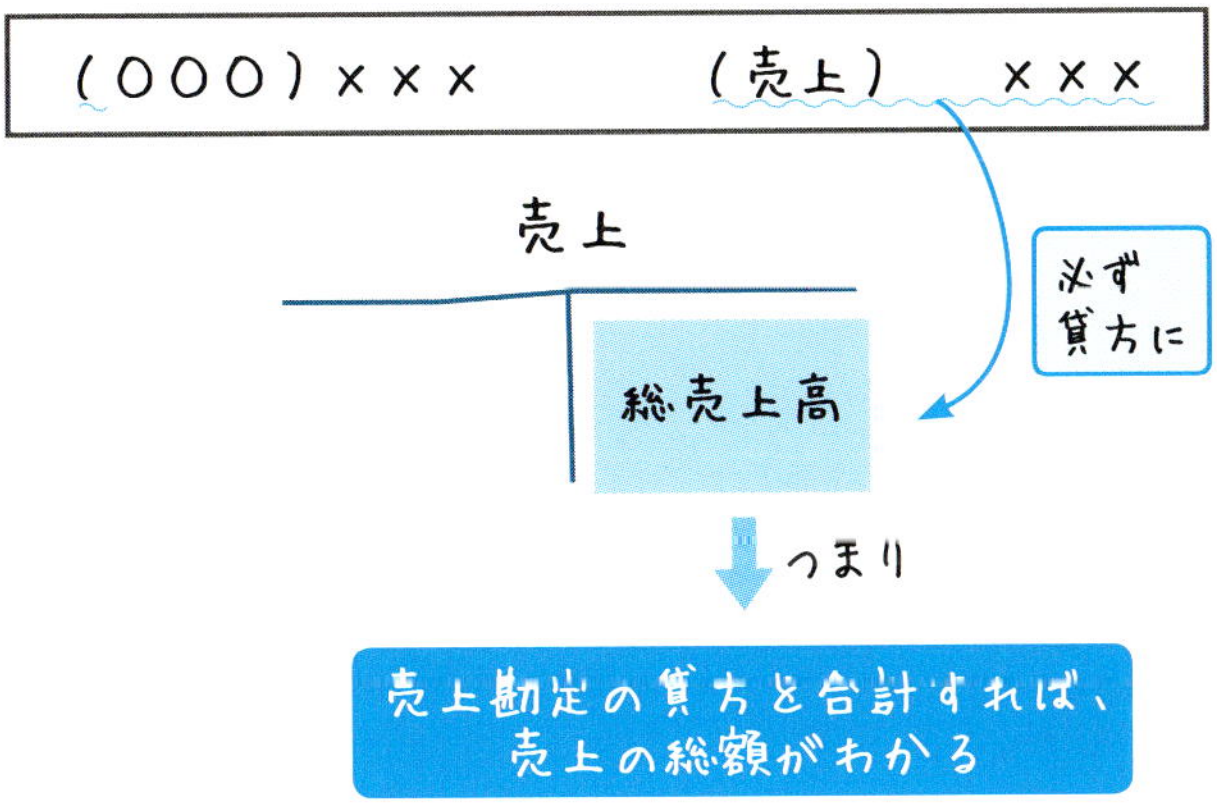

02 掛けって何だ？

1 マスター、ツケといて！

ドラマを見ていると、ときどき出てくるこのセリフ。

これがまさに「**掛け**」なんです。つまり、「あとで払うよ」ということですね。

これは、日常行われる商品売買でも使われます。この掛け取引を行うには、「あとできちんと払ってくれる人」という信用がないとできないので、「**信用取引**」ともいわれます。

“あとで払うよ”には信用が必要

2 仕訳の形を確認してみよう！

商品を仕入れて、その代金をあとで払う場合を「**買掛金**《かいかけきん》」、商品を売り上げて、その代金をあとでもらう場合を「**売掛金**《うりかけきん》」といいます。

では、それぞれの仕訳を確認してみましょう。

買掛金勘定（負債）

商品を仕入れてきて、「**あとでお金を払う場合**」に使います。つまり、あとで払う義務だから「**負債**」になります（下図参照）。

売掛金勘定（資産）

商品を売って、「**まだお金をもらっていない場合**」に使います。つまり、あとでお金をもらう権利だから「**資産**」になります（次頁下図参照）。

● 商品50,000円を掛けで仕入れたときの仕訳

❶ 商品50,000円を掛けで仕入れた。

（仕入）	50,000	（買掛金）	50,000

費用の発生　　負債の増加

❷ 掛け代金を現金で支払った。

（買掛金）	50,000	（現金）	50,000

↓ 実際に支払ったので、義務がなくなる

↓ 負債の減少　　資産の減少

掛け取引は、「信用取引」

買掛金はきちんと払って信用をなくさないように、売掛金は信用できる相手かどうかをよく見極めてから行いましょう。

掛け取引だからといって、一か八かの「賭け取引」にならないように!!

何事も信頼関係が大切。まずは自分自身が信頼される人間にならないといけないな……。

● 商品70,000円を掛けで売ったときの仕訳

❶ 商品を売価 70,000円で売り上げ、代金は掛けとした。

（売掛金）	70,000	（売上）	70,000

資産の増加　　収益の発生

❷ 掛け代金を現金で回収した。

（現金）	70,000	（売掛金）	70,000

資産の増加

実際に受け取ったので、権利はなくなる → 資産の減少

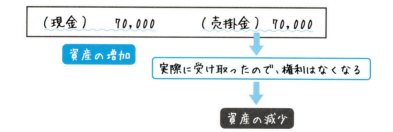

03 値引きや返品があったらどうする？

1 商売をやっていれば、値引き・返品はつきもの

「**値引きは、商品の品質不良や破損などを前提に、商品の値段を安くすること**」ですが、単純に売るために安くしてしまっている場合もありますよね。

「**返品は、商品の品違いなどを前提に商品を返すこと**」ですが、最近では自己都合による返品を認めている場合も多くあります。

2 掛けで仕入れた商品を返品したらどうなる？

まずは仕入れたときの仕訳の復習です（次頁❶参照）。

この商品を返品した場合、仕訳はどうなると思いますか？（下図❷参照）

返品したということは、商品が手許からなくなるということです。また、返品したということは、商品代金を払う義務もなくなるということですよね。

つまり、「仕入」と「買掛金」が、それぞれなくなるということです。

3 掛けで仕入れた商品を値引きしてもらったときの仕訳

返品に対して、商品の値段を安くしてもらった場合が「**仕入値引**」です。返品との違いは、「商品は動かない」ということですね。

では、さっそく2000円値引きがあ

❶ 商品50,000円を掛けで仕入れたときの仕訳

商品 50,000円を掛けで仕入れた。

（仕入）	50,000	（買掛金）	50,000
費用の発生		負債の増加	

❷ 掛けで仕入れた商品50,000円を返品したときの仕訳

仕入時の仕訳	（仕入）	50,000	（買掛金）	50,000
返品時の仕訳	（買掛金）	50,000	（仕入）	50,000
	負債の減少		費用の取消	

お金を払う義務がなくなる

商品が手許からなくなる

仕入返品の仕訳は、仕入時の逆仕訳になる！

った場合の仕訳を確認してみましょう（下図参照）。

結論は、仕入返品と同じく、仕入時の逆仕訳になります。

ポイントは、仕入の取り消しの考え方です。

「**〝返品〟であれば、商品自体が手許からなくなっているので、〝仕入〟を取り消す**」というのはわかりやすいと思いますが、「**〝値引き〟は安くしてもらっただけで、商品自体は手許に残っています**」。「仕入」を取り消す理由が、ちょっとわかりづらいかもしれませんね。

では、なぜ「仕入」を取り消すのでしょうか？

それは、値引きの前提である品質不良・破損に理由があります。品質不良・破損があったということは、「商品の価値が下がった」ということですよね。だから、商品自体は手許に残っているにもかかわらず、その価値を下げるために、「仕入」の取り消しをしているのです。

品質不良・破損ではない単純な値引きも考え方は同じです。**「値引きをされたということは、その商品の価値が、そこまでなかった」**ということになります。本当に価値があるものは、値引きしてまで売ってくれません。

● 掛けで仕入れた商品について、2,000円の値引きを受けたときの仕訳

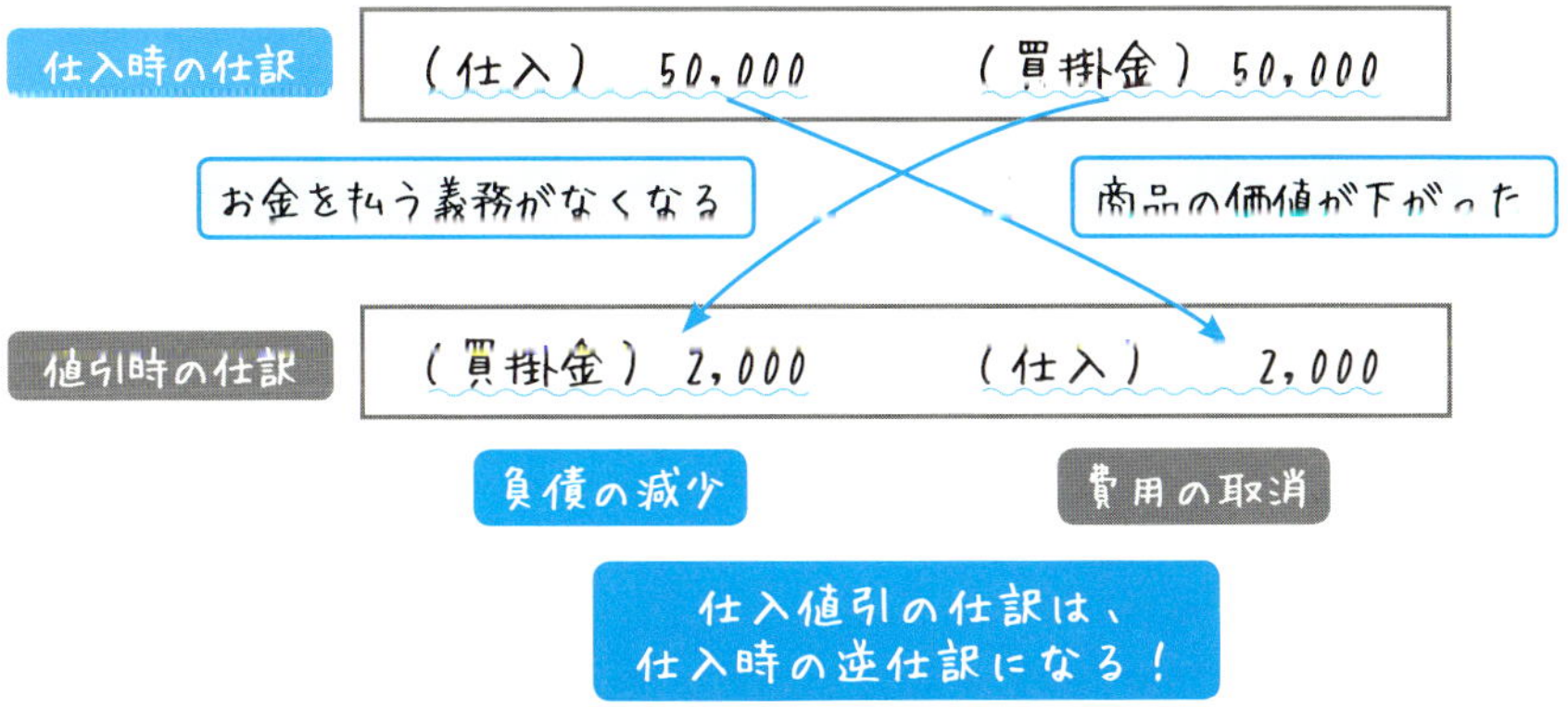

ということで、返品と値引きで、理由は違いますが、仕訳の形は同じ「**仕入時の逆仕訳**」です。まずは形をしっかりと押さえましょう。

4 掛けで売った商品が返品されたときの仕訳

これは、自分が売り主の立場。つまり、先ほどの仕入時とは、逆の立場ですね。まずは売り上げたときの仕訳を復習してみましょう（下図❶参照）。

では、売上返品・値引きの仕訳はどうなるのでしょうか？（下図❷参照）

結論は、「**売上時の逆仕訳**」、仕入時と考え方は同じなのです。売上返品・値引きがあったということは、その分、売上収入が減りますよね。当然、その

❶ 商品70,000円を掛けで売ったときの仕訳

商品を売価70,000円で売り上げ、代金は掛けとした。

（売掛金）70,000	（売上）70,000
資産の増加	収益の発生

❷ 掛けで売った商品70,000円について、返品を受けたときの仕訳

売上時の仕訳	（売掛金）70,000	（売上）70,000
	売上収入が減る	お金をもらう権利がなくなる
返品時の仕訳	（売上）70,000	（売掛金）70,000
	収益の取消	資産の減少

売上返品の仕訳は、売上時の逆仕訳になる！
売上値引の仕訳も、値引額で逆仕訳！

分のお金ももらえなくなるので、売上と売掛金を取り消すための逆仕訳となります。

5 仕入・売上の形を再確認！

返品・値引きは、仕入時・売上時の逆仕訳でした。ということは、仕入勘定・売上勘定の形は、下図のようになります。

「**仕訳の形は決まっているので、必然的に勘定の形も決まってきます**」。左右の差額が「**純粋な仕入**」「**純粋な売上**」になることを押さえておきましょう。

● 仕入勘定と売上勘定の見方

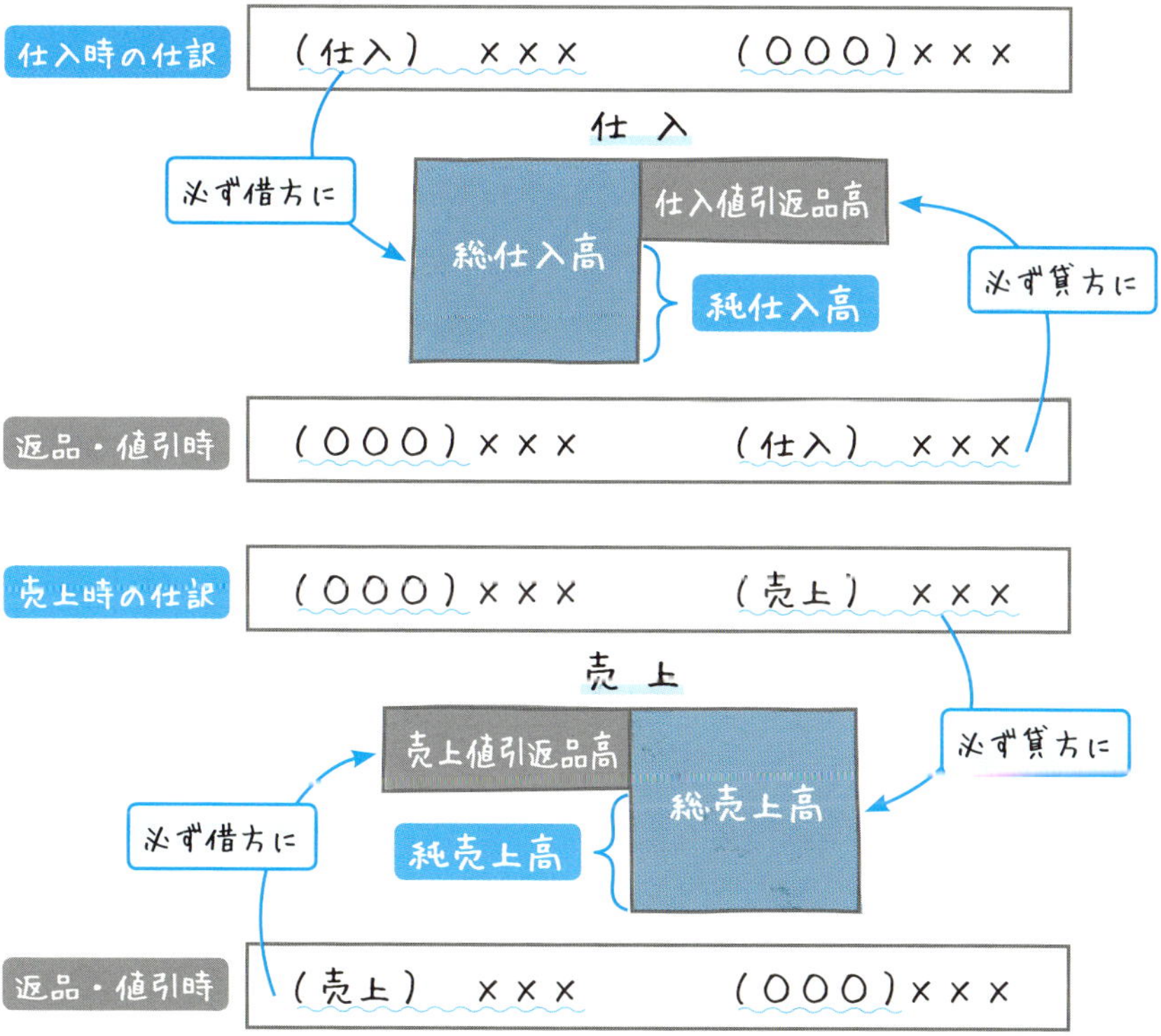

04 運賃は誰が負担する?

1 「引取運賃」と「発送費」の違いを理解しよう!

商品を送る場合には、運賃がかかります。

この運賃は、買主が負担する場合もあれば、売主が負担する場合もありますが、**「誰が負担するかによって、処理が異なってくる」**ので注意が必要です。

運賃を売主が負担する場合 発送費（販売諸掛ともいう）

運賃を買主が負担する場合 引取運賃（仕入諸掛ともいう）

※最近は、ネットショップ利用者が急増し、配達が追いつかないなど、商品運搬をめぐる私たちの状況が変わってきています。運賃値上げなどの新聞報道もよく目にするようになってきました。「たかが運賃、されど運賃」で、売主・買主、どちらが負担するかは、決して小さくない問題なんですね。

2 運賃を買主が負担した場合 引取運賃を原価にするかしないかで利益が変わる！

「**運賃を買主が負担した場合、その運賃は〝仕入勘定に含める〟**」ことになります。これは、売価とは何か？ を考えてみるとわかります（次頁Ⓐ参照）。次の簡単な例で考えてみましょう。

❶ 商品そのものの値段：1000円
❷ 運賃負担：300円
❸ この商品の利益設定：200円

❶の「商品そのものの値段」のみを原価とした場合と、❷の「運賃負担」も原価とした場合の比較をしてみましょう（次頁Ⓑ・Ⓒ参照）。

「**負担した運賃を〝原価〟として考えないと、その分、売価が小さくなってしまう**」のがわかりますか？ 売価が小さいということは、その分、収入が少ないということです。

● **「運賃」は、買主が負担するか、売主が負担するかで処理が変わる**

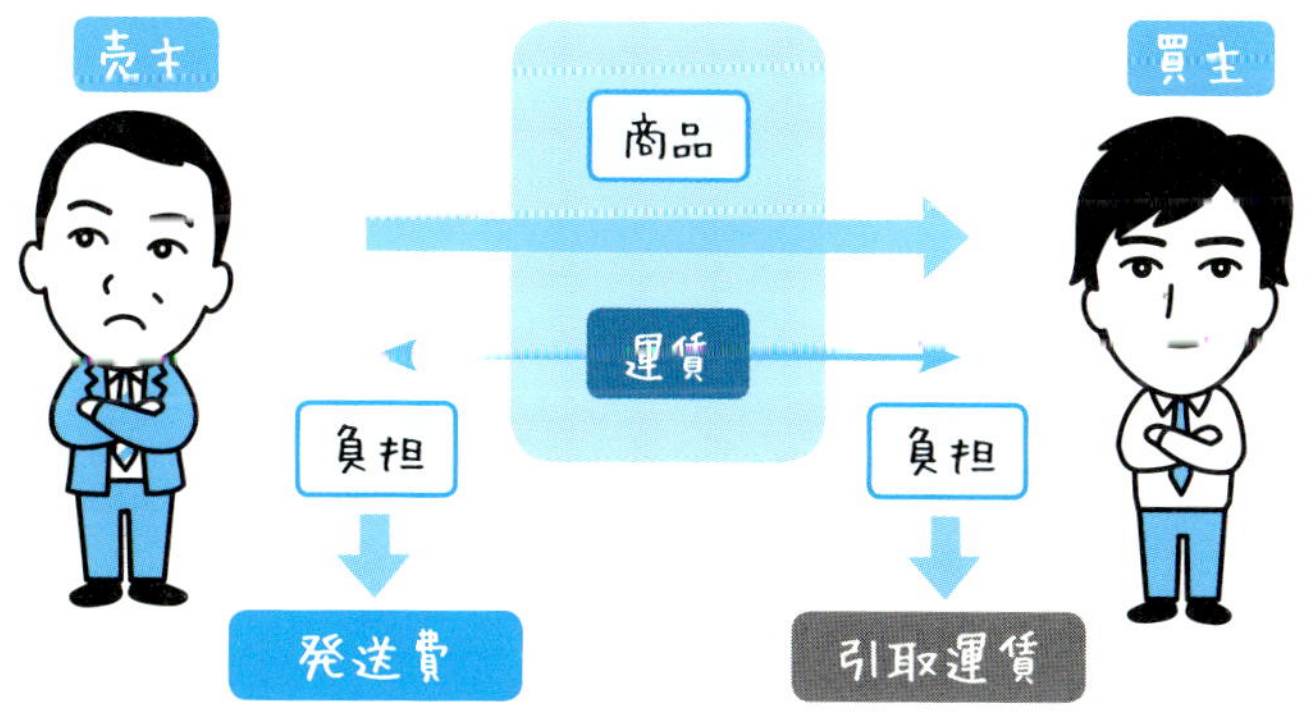

Ⓐ 基本的な「売価」の考え方は「原価＋利益」

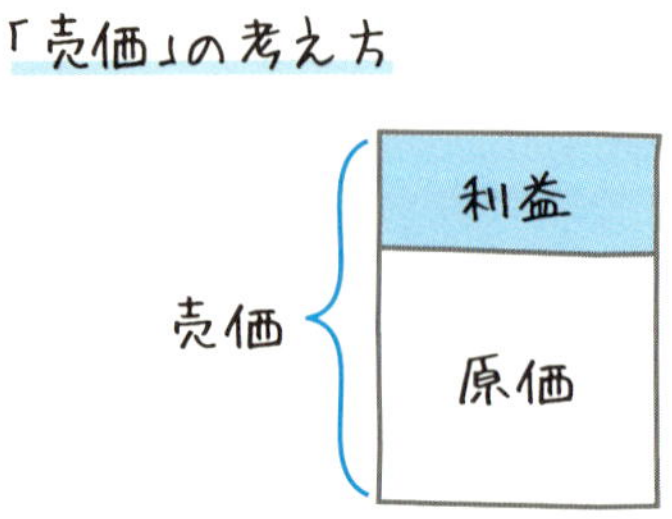

Ⓑ 「商品そのものの値段」のみを原価とした場合の売価の考え方

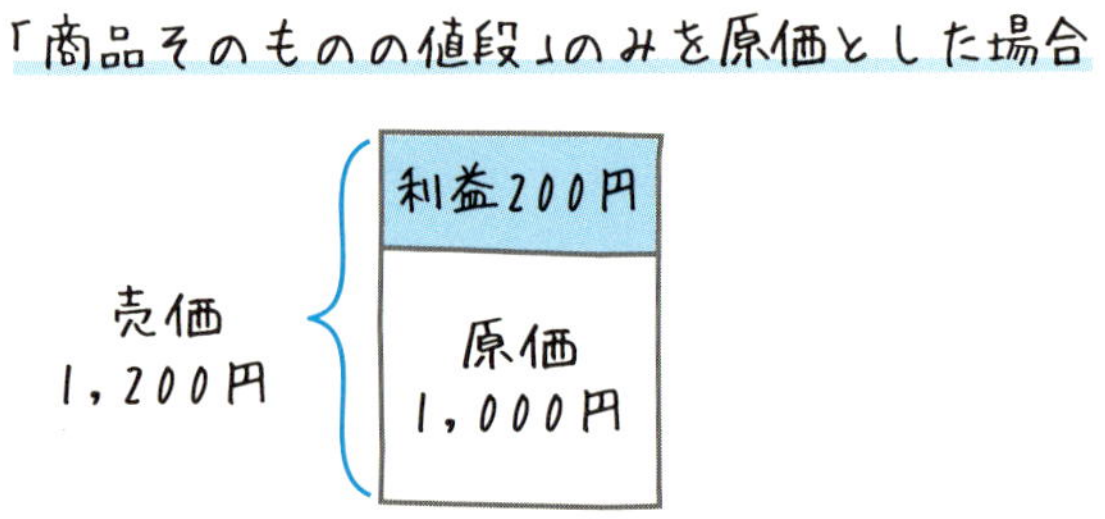

Ⓒ 「運賃負担」も原価とした場合の売価の考え方

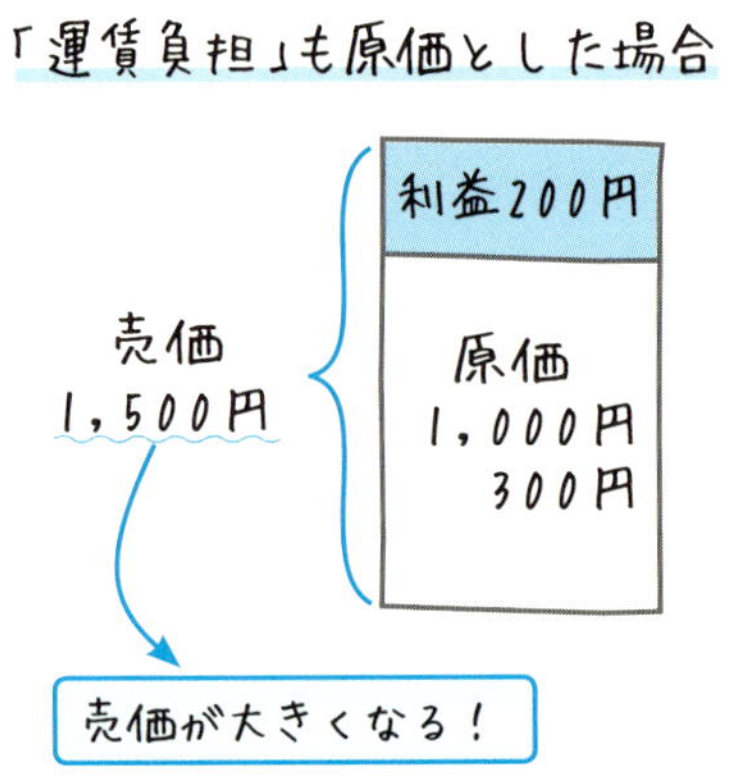

つまり、当初予定していた利益200円を得られないということになってしまうばかりか、場合によっては、損失になってしまうこともあるのです。次頁❶を見てください。

「運賃を買主が負担する場合、仕入勘定に含めることで、予定していた利益をきちんと得ることができる」のがわかりますか？

この原価のことを「**取得原価**」といって、算式で表すと次のようになります。

> **取得原価＝購入代価（商品そのものの値段）＋付随費用（買うためにかかった費用）**

「商品そのものの値段だけが原価ではなく、買うためにかかった費用も原価になる」ことを、しっかりと押さえてくださいね。

また、引取運賃の仕訳の形も、下図❷で確認しておきましょう。

❶ 負担した運賃を「原価」として考えないと損失になることも

「商品そのものの値段」のみを原価とした場合

1,200円 − 1,000円 − 300円 ＝ −100円

売価　原価　運賃　損失

「運賃負担」も原価とした場合

1,500円 − 1,300円 ＝ 200円

売価　原価　利益

運賃の差！

❷ 運賃を買主が負担した場合の仕訳

商品 50,000円を掛けで仕入れた。
なお、引取運賃 2,000円は、現金で支払った。

取得原価

費用の発生	（仕入）	52,000	（買掛金）	50,000	負債の増加
			（現　金）	2,000	資産の減少

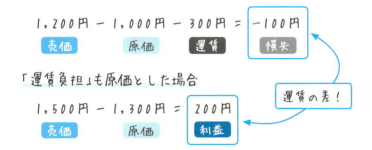

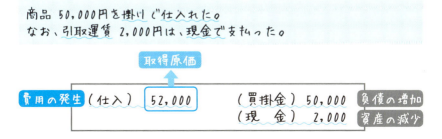

3

運賃を売主が負担した場合

発送費は「費」がついているから……

では、「**運賃を売主が負担した場合**」は、どうなるのでしょうか？

この場合は、売るための必要経費と考えます。発送費は、「費」がついてるから「費用」になる。そう考えればわかりやすいかもしれませんね。

では、発送費の仕訳の形を確認しておきましょう（次頁❶参照）。

ちなみに、この場合の勘定転記はどうなると思いますか？

たとえば、売掛金勘定の転記をちょっと考えてみましょう（次頁❷参照）。

ポイントは、「**相手勘定科目はひとつ**」だということです。

「売上の仕訳」と「発送費の仕訳」を、たまたま一緒にやっているだけで、本来はそれぞれ独立したひとつずつの仕訳です。

つまり、売掛金の相手勘定科目は、売上ひとつだけなんですね。「相手勘定科目が、売上と現金の2つだから諸口！」と勘違いしないようにしてください。この感覚もすぐに慣れるので安心してくださいね。

❶ 運賃を売主が負担した場合の仕訳

原価 50,000円の商品を売価 70,000円で売り上げ、代金は掛けとした。
なお、発送費（当店負担）の3,000円は、現金で支払った。

資産の増加	（売掛金）	70,000	（売　上）	70,000	収益の発生
費用の発生	（発送費）	3,000	（現　金）	3,000	資産の減少

❷ 間違いやすい転記

売掛金

○/△ 売上 70,0000	

諸口にならない！　相手勘定科目は売上のひとつだけ！

別々の仕訳

（売掛金）	70,000	（売　上）	70,000	売上の仕訳
（発送費）	3,000	（現　金）	3,000	発送費の仕訳

❸ 運賃のまとめ

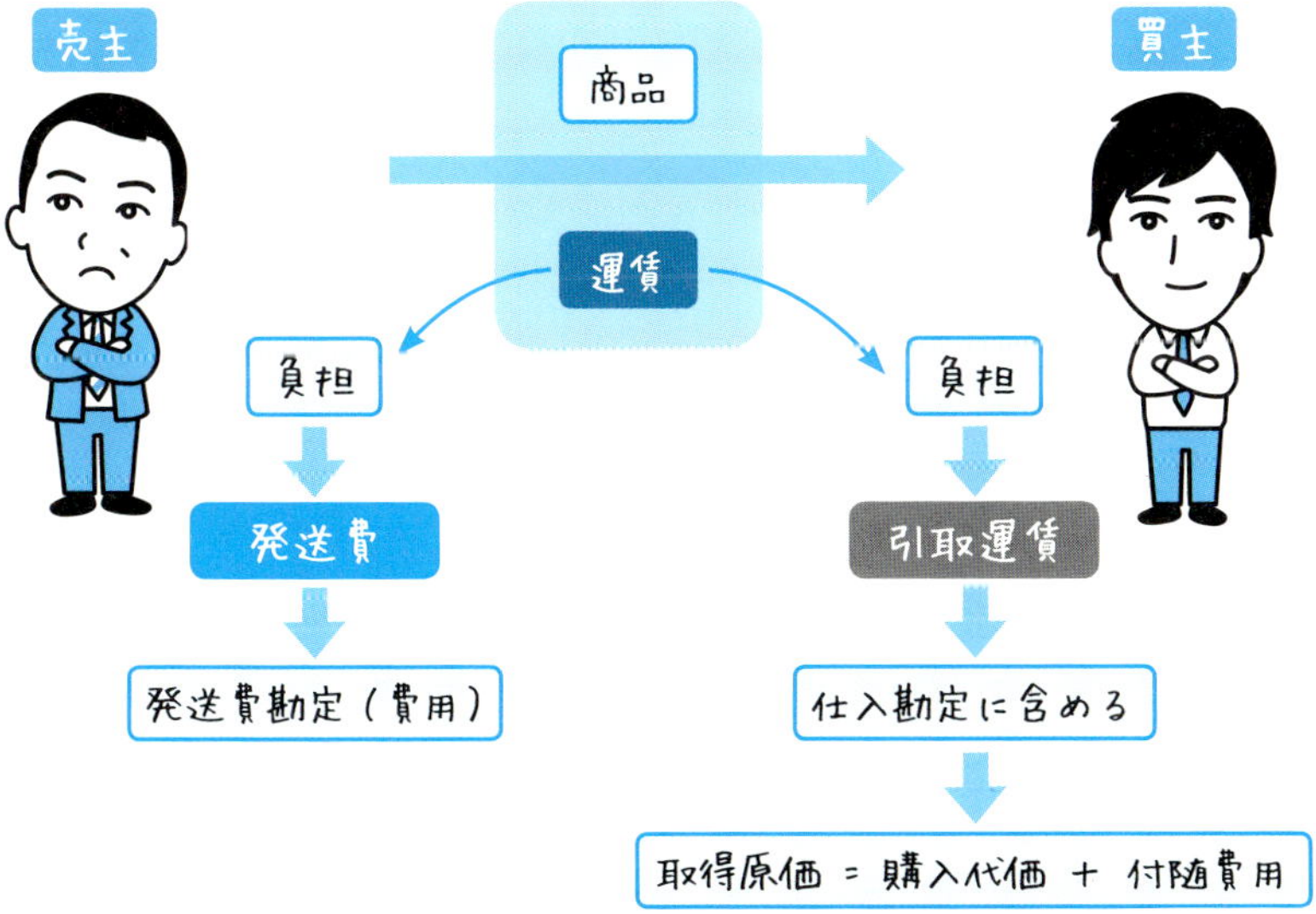

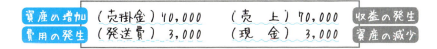

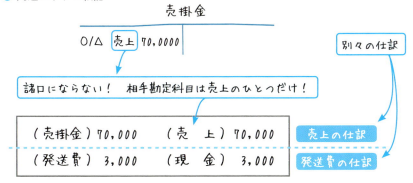

05 その商品、予約します！

1 内金・手付金・頭金を払う

「この商品は、確実に手に入れておきたい！」

そう思ったときにやることは、まず「お金を払ってしまう」ことです。実際に商品を受け取る前に支払うお金のことを、「**内金**」「**手付金**」「**頭金**」といったりしますが、簿記上はすべて同じ考え方になります。

また、支払う金額は、代金の一部を支払う場合が多いです。

2 前払金と前受金

「内金」「手付金」「頭金」のやり取りをした場合、「**前払金勘定**」と「**前受金勘定**」が出てきます。それぞれどういったものかを確認してみましょう。

前払金勘定（資産）

「**実際に商品を受け取る前に、お金を支払った場合に使う勘定科目**」で、買主側が使います。

先にお金を支払っているので、「あとで商品を受け取る権利」を表しています。「**権利なので、資産**」になります。

前受金勘定（負債）

「**実際に商品を渡す前に、お金を受け取っている場合に使う勘定科目**」で、売主側が使います。

先にお金を受け取っているので、「あとで商品を渡す義務」を表しています。「**義務なので、負債**」になります。

● 前払金勘定と前受金勘定

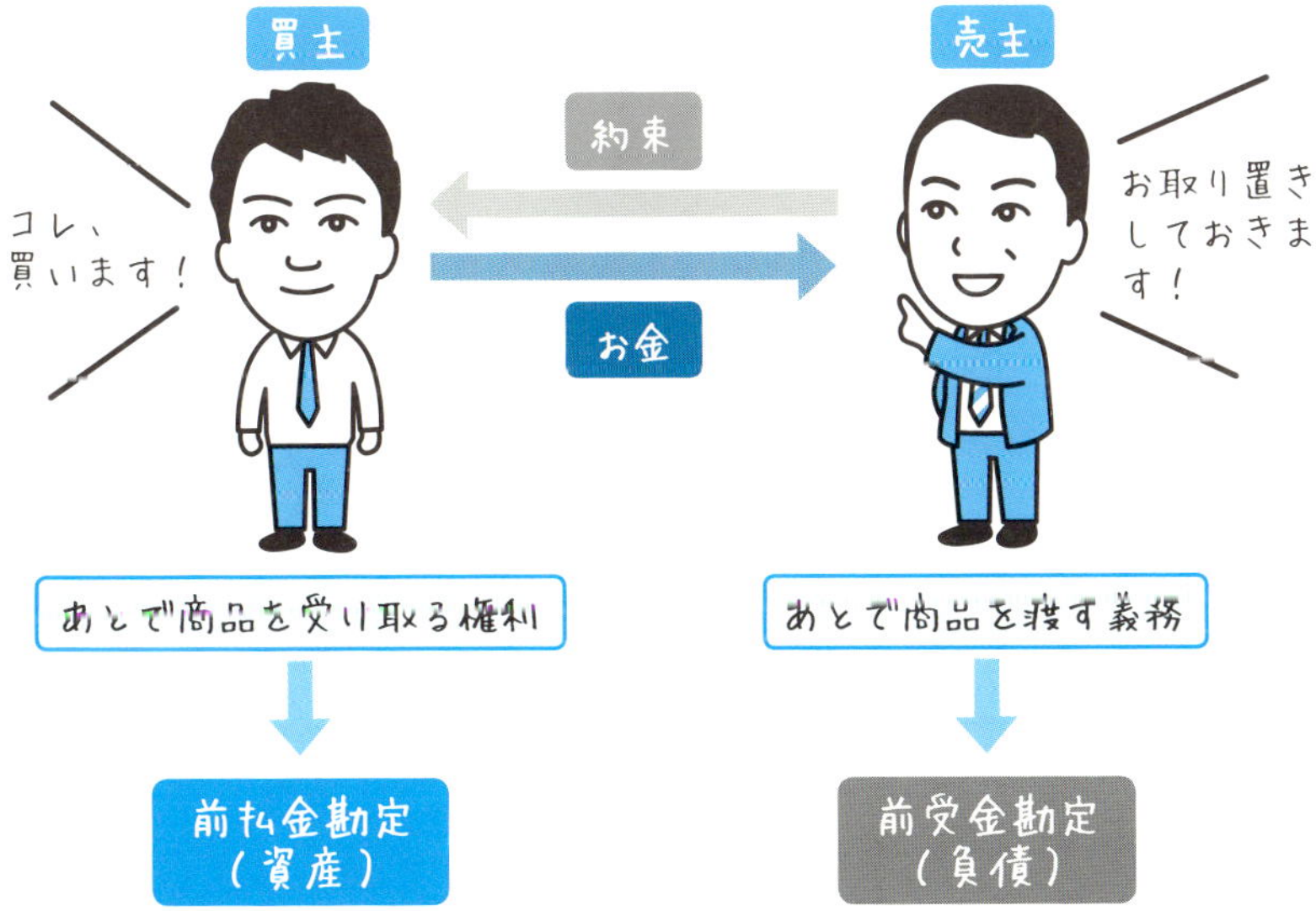

3 前払金の仕訳の形を確認してみよう！

では、買主側の仕訳の形を確認しておきましょう（次頁Ⓐ参照）。

ポイントは、「前払金」の考え方です。「**前払金は〝あとで商品を受け取る権利〟**」ですから、実際に商品を受け取ったら、その権利自体はなくなることを理解しましょう（次頁Ⓑ参照）。

4 前受金の仕訳の形を確認してみよう！

次に、売主側の仕訳を確認しておきましょう（次頁Ⓒ参照）。

ポイントは、「前受金」の考え方です。「**前受金は〝あとで商品を渡す義務〟**」ですから、実際に商品を渡したら、その義務自体はなくなることを理解しましょう。

倍返しだ！　いつかの流行語と簿記

不動産業は、「**手付**」という要素が強いです。買主が手付を払って、物件を押さえるのが一般的です。もし、「**買主の都合でキャンセルする場合は、その手付を放棄**」します。もし、「**売主の都合でキャンセルする場合は、〝手付け金の倍返し〟**」といった感じでのやり取りが行われているので、「**支払手付金**」「**受取手付金**」という勘定科目を使います。

Ⓐ 商品を受け取る前にお金を支払った場合の仕訳

❶ 商品50,000円の仕入契約を結び、手付金として20,000円の現金を支払った。

資産の増加	（前払金）	20,000	（現　金）	20,000	資産の減少

❷ 上記商品が本日到着した。代金の残額は掛けとした。

費用の発生	（仕　入）	50,000	（前払金）	20,000	資産の減少
			（買掛金）	30,000	負債の増加

Ⓑ「前払金」の権利は商品を受け取ったらなくなる

❶ 前払金支払時

（前払金）	20,000	（現　金）	20,000

あとで商品を受け取る権利

実際に商品を受け取ったので、受け取る権利はなくなる

❷ 商品受取時

（仕　入）	50,000	（前払金）	20,000	資産の減少
		（買掛金）	30,000	

Ⓒ 商品を渡す前にお金を受け取った場合の仕訳

❶ 商品70,000円の売上契約を結び、手付金30,000円を現金で受け取った。

資産の増加	（現　金）	30,000	（前受金）	30,000	負債の増加

❷ 本日、商品を引き渡した。代金の残額は掛けとした。

負債の減少	（前受金）	30,000	（売　上）	70,000	収益の発生
資産の増加	（売掛金）	40,000			

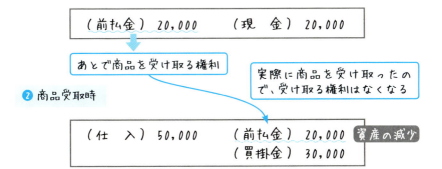

06 簿記上の現金って通貨だけじゃない！

1 ちょっとだけ広い現金の範囲

「現金」といえば、通貨（紙幣や硬貨）を思い浮かべる人が多いと思いますが、実は簿記上の現金は、通貨だけではありません。すぐにお金に換えることができる「**〃通貨代用証券〃も、簿記上は現金になります**」。簿記上の現金は、ちょっとだけ範囲が広いんですね。

2 通貨代用証券って何？

通貨代用証券は、次の4つです。この4つを受け取った場合には、銀行や郵便局ですぐにお金に換えることができます。このような「**換金性のあるものを、簿記上は現金として取り扱っていきます**」。

❶ 他人振出しの小切手

「これは手切れ金だ！」なんてセリフとともに、映画やドラマでもときどき出てくる小切手。なんとなく、どういうものかはわかりますか？　小切手を受け取った人が、小切手を銀行に持参すると、お金に換えてくれるのです。つまり、小切手は支払手段のひとつということですね。

ちなみに、小切手をつくることを「**振り出す**」といいます。「**〝他人振出しの小切手〟というのは、〝他人がつくった小切手〟**」ということです。

❷ 送金小切手・為替証書

小切手は、誰でもつくれるわけではありません。小切手をつくるには、銀行に「**当座預金口座**」を開設しなければなりませんが、これがそう簡単ではありません。お金もないのに、バンバン小切手をつくられたりしたら銀行も困ります。「この人は

● 他人振出しの小切手と送金小切手の流れ

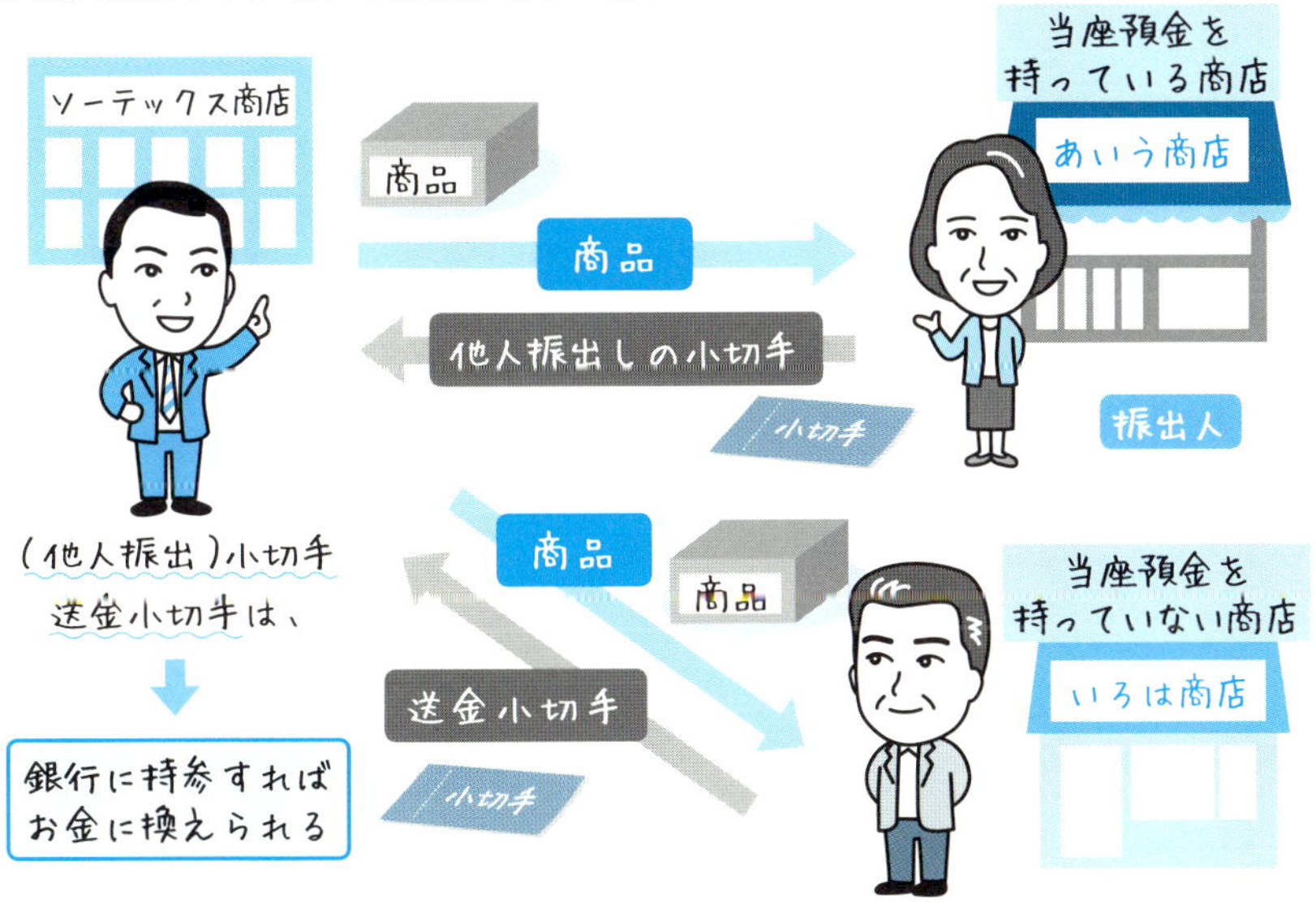

大丈夫だ！」という信用調査が必要なので、当座預金口座を持つまでには時間がかかります。でも、中にはすぐに小切手が必要な人もいます。そういった場合には、**「銀行に手数料を払って小切手をつくってもらう」**ことができます。この場合の小切手を**「送金小切手」**といいます。**「為替証書」**は、その郵便局版と考えてください。

❸ 配当金領収証

株式投資をしている人にはおなじみかもしれませんね。投資先の会社が儲かった場合には、利益の分配（配当金といいます）が行われますが、その**「配当金を受け取る権利が〝配当金領収証〟」**です。配当金領収証は、投資先の会社の株主総会後に送られてきます。

❹ 支払期日の到来した公社債の利札《りふだ》

公社債というのは、国債・地方債・社債、この3

● 配当金領収証と利札の流れ

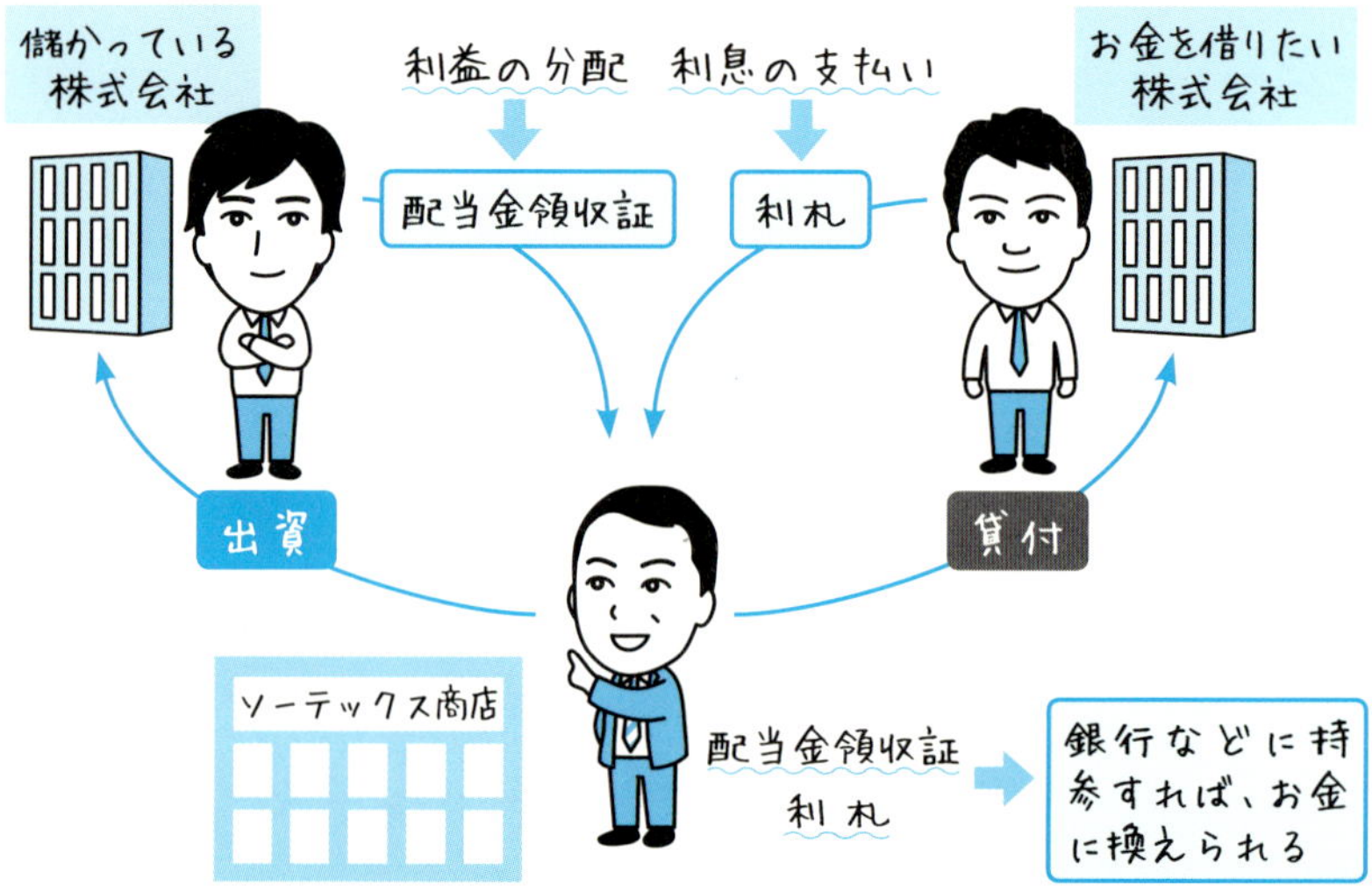

つの総称です。

国債は、ニュースや新聞などでもよく出てくる国の借金ですよね。つまり、国債を買った人は、「国にお金を貸している」ということになります。

お金を貸せば利息がもらえますが、その**「利息を受け取る権利が〝利札〟」**です。ちなみに、**「地方公共団体の借金が地方債」「株式会社の借金を社債」**といいます。

この４つの通貨代用証券を受け取った場合は、それを銀行などに持参することで、すぐにお金に換えることができます。換金性があるので、簿記上は現金扱いとなります。

特に小切手などは、自分がつくって、相手に渡す場合もあるので、気をつけてくださいね。なお、自分がつくる場合は、「07 小切手を使うには当座預金が必要！」で確認します。

3 通貨代用証券の仕訳の形を確認してみよう！

では、通貨代用証券を受け取った場合の仕訳の形を確認しておきましょう（次頁参照）。

内容としては、**「〝現金を受け取っただけ〟なので、難しくありません」**。

ただ、現金扱いとなる通貨代用証券の４つは忘れやすいので、しっかりと覚えておいてくださいね。また、**「受取配当金」「有価証券利息」**という新しい勘定科目も出てくるので、こちらもしっかりと押さえておきましょう。

❶ 商品 70,000円を売り上げ、代金は他人振出しの小切手で受け取った。

資産の増加（現　金）70,000　（売　上）70,000 収益の発生

❷ 商品 100,000円を売り上げ、代金は送金小切手で受け取った。

資産の増加（現　金）100,000　（売　上）100,000 収益の発生

❸ 売掛金 50,000円の回収として、郵便為替証書を受け取った。

資産の増加（現　金）50,000　（売掛金）50,000 資産の減少

❹「儲かっている株式会社」から、10,000円の配当金領収証を受け取った。

資産の増加（現　金）10,000　（受取配当金）10,000 収益の発生

配当金収入 → 収入だから収益

❺ 所有する「お金を借りたい株式会社」の社債の利札 3,000円の支払期日が到来した。

資産の増加（現　金）3,000　（有価証券利息）3,000 収益の発生

利息収入 → 収入だから収益

07 小切手を使うには当座預金が必要！

1 現金を持ち歩くのは、やっぱり危険

その昔、今はもうない電機店の名物社長は、いつも数千万円を入れたアタッシュケースを持ち歩いていました。そんな社長は珍しいので、あっという間に人気者となり、テレビにも数多く出演していましたが、やはり、現金を持ち歩くというのは危険なことです。生涯を通じて何度も強盗にあったそうです。

そこで、登場するのが小切手です。小切手であれば、1枚ですむので、アタッシュケースも不要です。アタッシュケースを持っていると、「私、現金を持ってますよ！」といっているようなものです。

そんな**「見た目の危険も防ぐことができるのが小切手」**です。

● 小切手サンプル

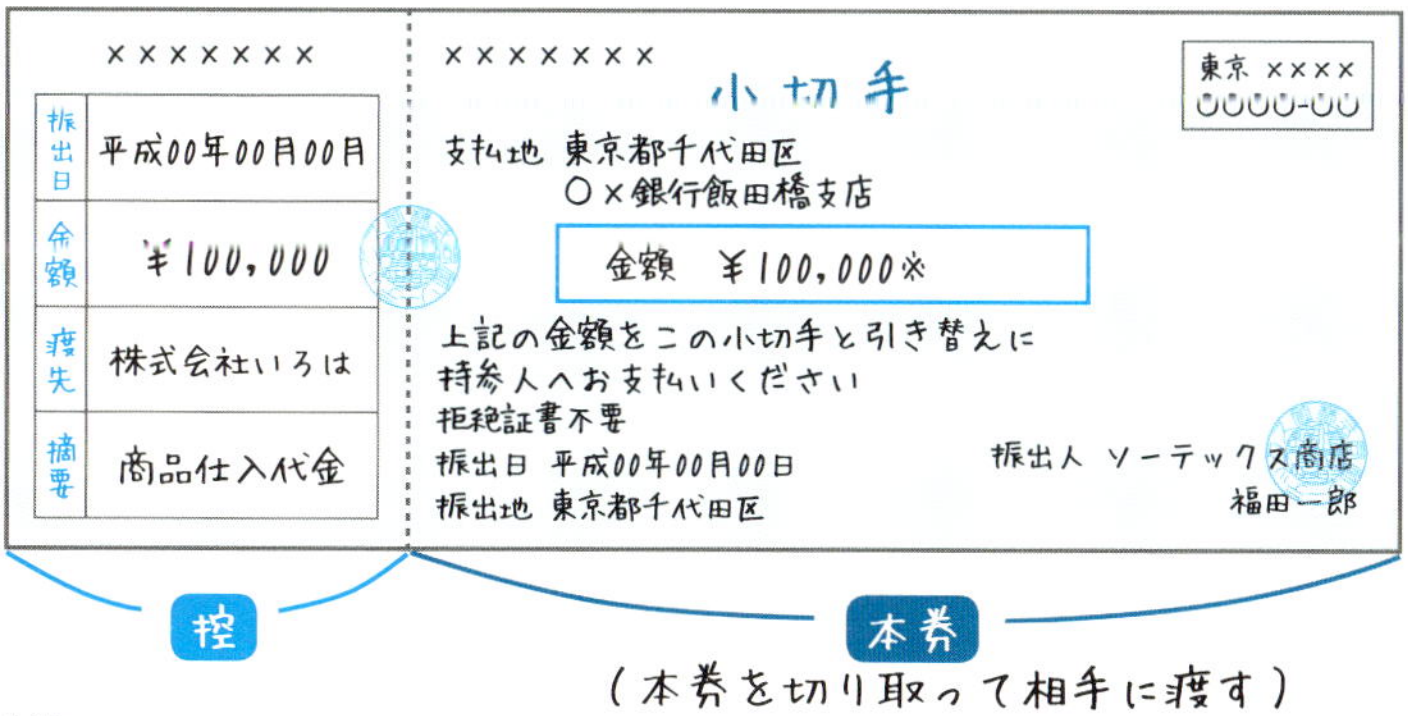
×××××××
振出日 平成00年00月00日
金額 ¥100,000
渡先 株式会社いろは
摘要 商品仕入代金
×××××××
小切手
東京 ××××
0000-00
支払地 東京都千代田区
○×銀行飯田橋支店
金額 ¥100,000※
上記の金額をこの小切手と引き替えに
持参人へお支払いください
拒絶証書不要
振出日 平成00年00月00日
振出地 東京都千代田区
振出人 ソーテックス商店
福田一郎
控
本券
（本券を切り取って相手に渡す）

その小切手を使うには、3時限目の06でも触れましたが、銀行に「当座預金口座」を開設しなければなりません。「**当座預金口座は、いつでも預け入れ、引き出しのできる無利息の銀行預金口座で、引き出すときに小切手を使うのが特徴**」です。ただし、当座預金口座の開設は簡単ではなく、信用の積み重ねが必要になります。

2 仕訳の形を確認してみよう！

それでは、仕訳の形を確認してみましょう（次頁Ⓐ参照）。

当座預金勘定を使っていきますが、これはお金ですから「資産」の勘定になります。

3 小切手の流れを確認してみよう！

小切手が振り出されてから、受取人に入金されるまでの流れを、次頁Ⓑで確認してみましょう。

小切手を受け取った人は（❷）、自分の取引銀行に小切手を持参して、取立依頼を行います（❸）。この取立依頼は、小切手の振出日（つくった日）の翌日から10日目までに行うのが原則です。

取立依頼を受けた銀行は、手形交換所に小切手を持参して、それぞれ自分の銀行のものを持ち帰ります（❹）。振出人の取引銀行は、振出人の口座から小切手代金を引き落として（❺）、受取人の口座に入金します（❻）。

Ⓐ 当座預金口座をつくって小切手を振り出したときの仕訳

❶銀行と当座預金契約を結び、手許現金300,000円を預け入れた。

（当座預金）	300,000	（現　金）	300,000

（当座預金）→ お金だから資産 → **資産の増加**

（現　金）→ 手許の現金はなくなる → **資産の減少**

❷商品100,000円を仕入れ、その代金として小切手を振り出した。

（仕　入）	100,000	（当座預金）	100,000

（仕　入）→ **費用の発生**

（当座預金）→ **資産の減少**

当座預金は、引き出すときに小切手を使うのが特徴でしたね。
つまり、「小切手を振り出した」は、当座預金を使ったということです。

Ⓑ 小切手が振り出されて入金されるまで

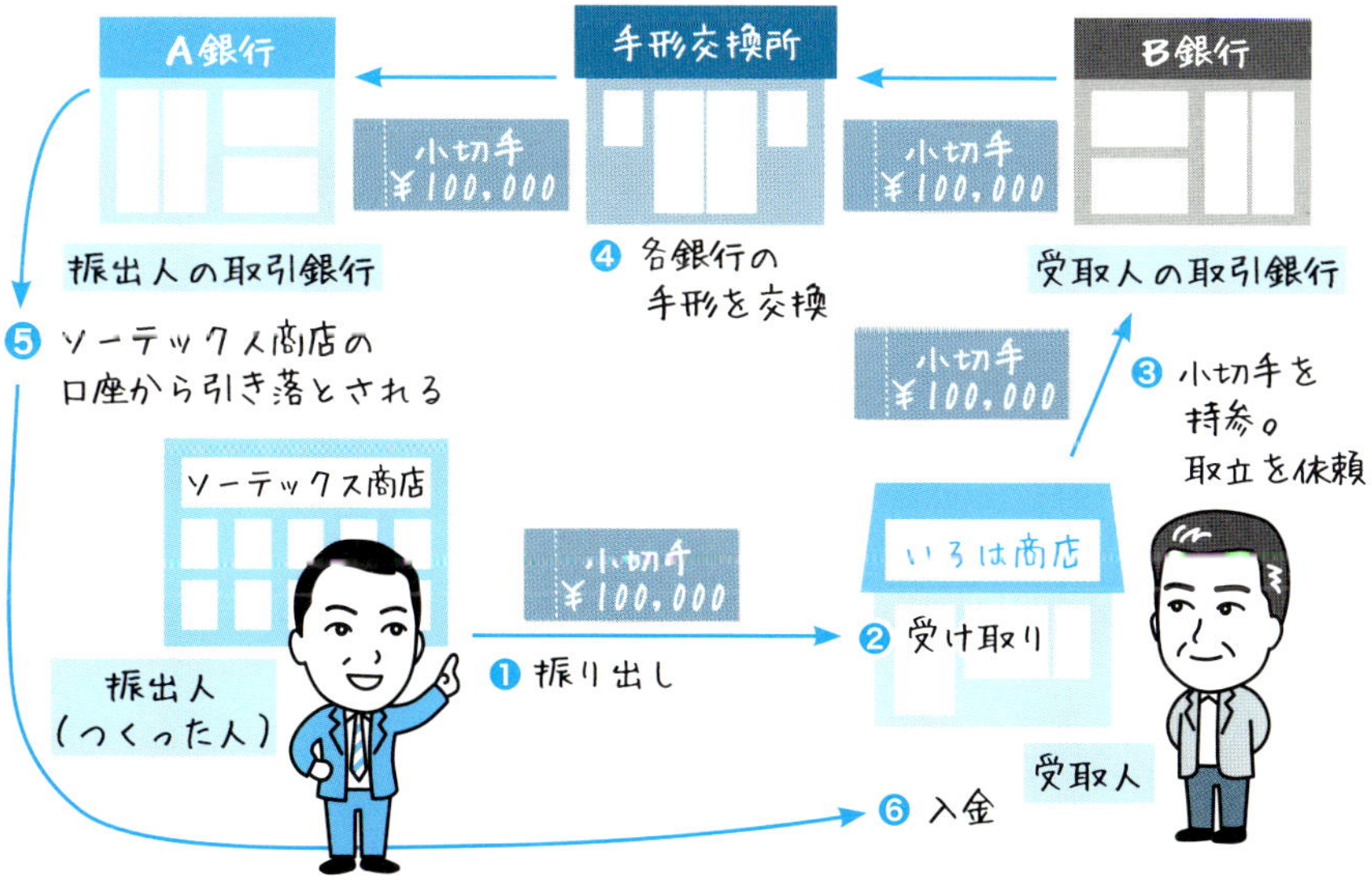

08 絶対避けたい不渡り!

1 不渡りってどういうこと?

商売の悩みベスト3に必ず入るもの。

それが「**資金繰り**」です。

実は、「**赤字だから〝倒産〟するのではなく、支払うお金がなくなったときに〝倒産〟する**」のです。

その「倒産」のきっかけとなるひとつが、「**不渡り**」なのです。

まずは、次頁下図を確認してください。

この場合、いろは商店が、この小切手を銀行に持参して換金できるかというと……。

そうですよね。ソーテックス商店の当座預金は残高不足なので、当然、銀行は払ってくれません。

このように、**「残高不足で銀行が支払いの拒絶をすることを〝不渡り〟」**といいます。

この**「〝不渡り〟を、6カ月以内に2回出してしまうと、事実上の倒産」**といわれています。

なぜかというと、**「銀行取引停止」**になってしまうからです。

銀行からの融資を受けられない状態になってしまうと、事実上、事業継続が難しくなるのです。

つまり、商売を続けていくうえでは、絶対に「不渡り」は避けなければならないのです。

2 不渡りを避ける方法

では、不渡りを避けるにはどうしたらいいのでしょうか？

日頃から、資金繰りをきちんと考えることは当然として、それでも、どうしても資金不足になるときもあります。

● いろは商店は、お金をもらえるのか？

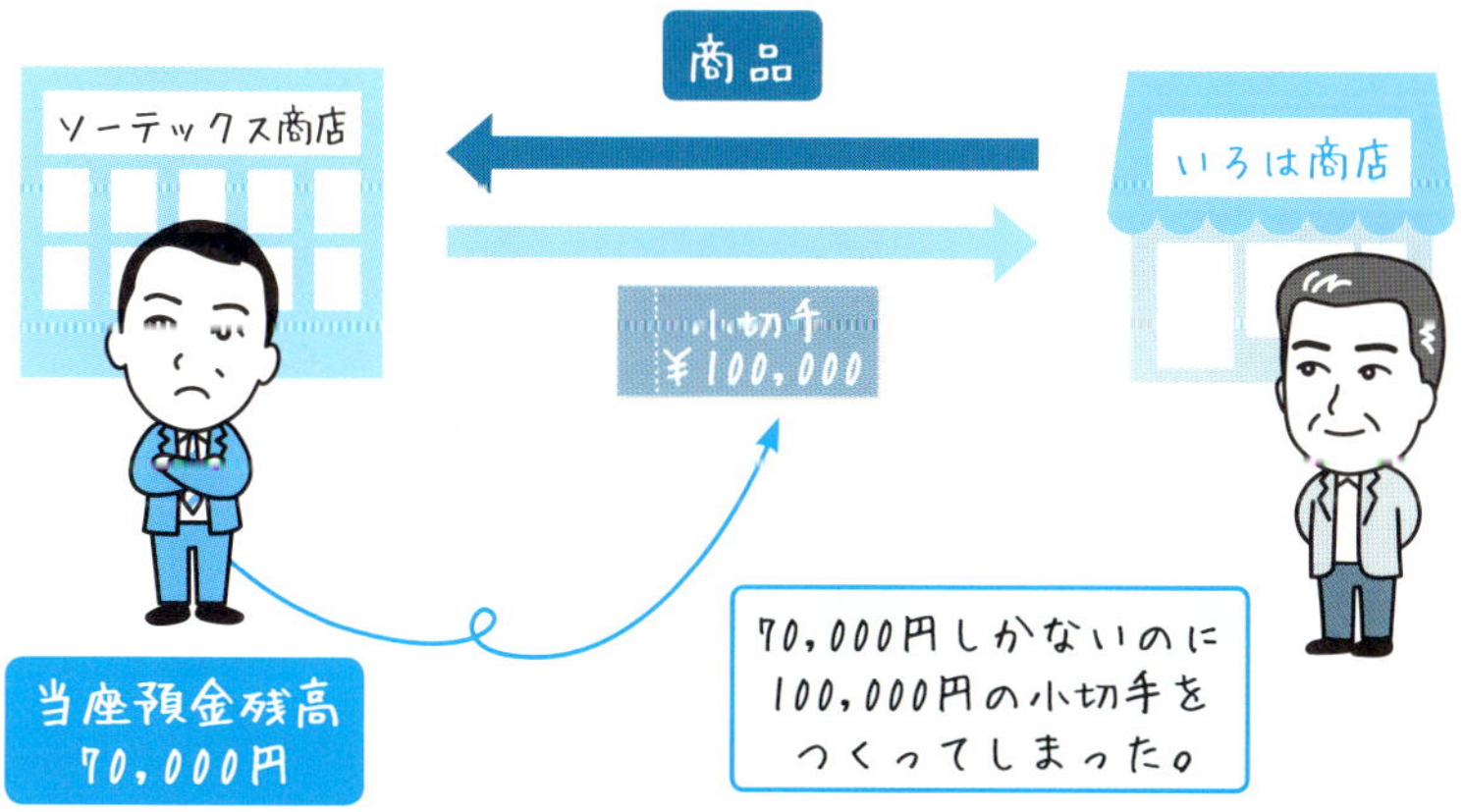
商品
ソーテックス商店
いろは商店
小切手
¥100,000
当座預金残高
70,000円
70,000円しかないのに
100,000円の小切手を
つくってしまった。

そんなときのために、「**当座借越契約**《とうざかりこしけいやく》」というものがあります。これは、残高不足が起こったときに、銀行が、自動的に不足分を貸してくれる制度です。

先ほどの例でいうと、下図のようになります。

3 仕訳の形を確認してみよう！

それでは、当座借越契約で銀行から借りた場合の仕訳を確認してみましょう（次頁Ⓐ参照）。

その後、当座預金に入金があった場合には、自動的に、まず当座借越の返済に充てられます。また、当座借越は、あくまで借入金です。別途利息がかかりますが、利息の支払日は、契約によりさまざまです（次頁Ⓑ参照）。

● 当座借越契約のしくみ

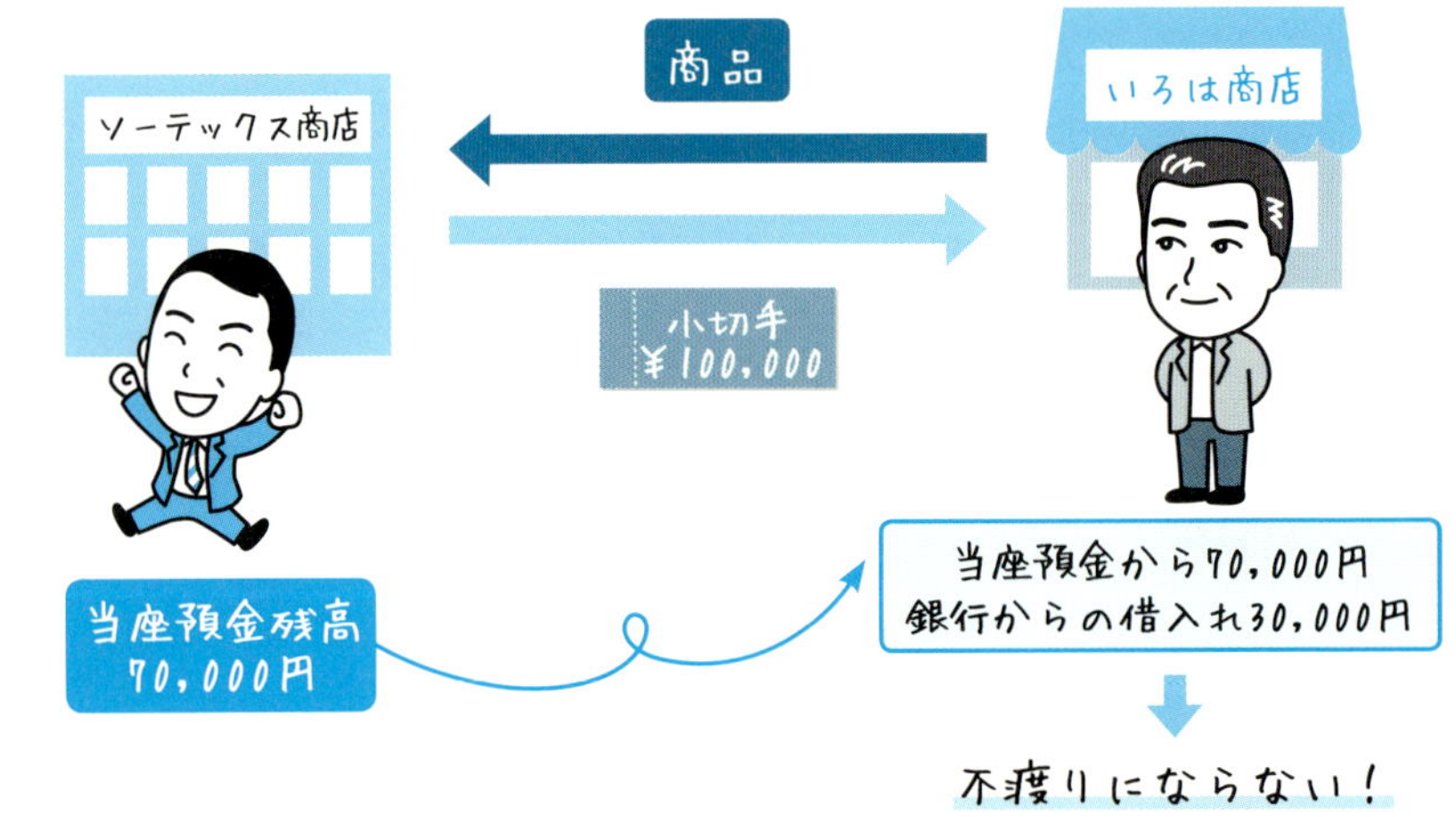

当座借越契約で銀行から借りた場合の仕訳

Ⓐ商品100,000円を仕入れ、代金は小切手を振り出して支払った。
当座預金残高は70,000円であるが、銀行と当座借越契約を結んでいる。

（仕　入）	100,000	（当座預金）	70,000
費用の発生		（当座借越）	30,000

当座預金：資産の減少

当座借越：足りない分 → 銀行からの借り入れ → あとで返す義務 → 負債の増加

Ⓑ商品80,000円を売り上げ、代金は当座預金口座に振り込まれた。
なお、当座借越の利息は1,500円であった。

❶（当座借越）	30,000	（売　上）	80,000
❷（支払利息）	1,500		
❸（当座預金）	48,500		

売上：収益の発生

❶負債の減少　まずは自動的に返済に充てられる。
❷費用の発生　当座借越は借入金なので、利息がかかる。
❸資産の増加　当座借越を返して、利息を払って
なお残る場合は、当座預金になる。

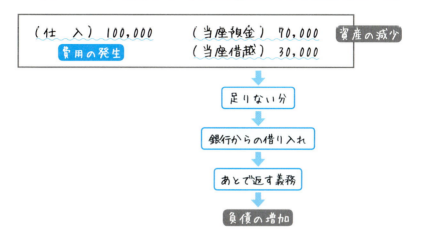

09

約束手形って、何を約束するの？

1 手形は支払手段のひとつ

これまで支払手段として、「現金」「掛け」「小切手」と学んできましたが、これから学ぶ「**〝手形〟も支払手段のひとつ**」です。

その昔、何かを証明する書類（証文）には、手形を押したそうです。そのうち、何かを証明する書類そのもののことを「手形」というようになったとのこと。

つまり、「支払手段のひとつである」ことを証明したものとして、簿記上の手形があります。

2 約束手形は、あとで支払うことを約束したもの

それでは、「**約束手形**」について、簡単に確認していきましょう。

ソーテックス商店が、あいう商店から商品を仕入れて、その代金として約束手形を振り出しました。その約束手形には何が書いてあるかというと……。下図を見てください。

そうなんです。「**約束手形とは、〝何月何日に支払いますよ〟ということを約束した証券**」なんですね。だから、ポイントは「**振出人＝支払人**」、約束手形をつくった人が、その代金を支払うということです。また、約束手形のことを、略して「**約手**《やくて》」ともいいます。

ちょっと待って、それじゃ「掛け」と変わらないのでは？

確かに「**〝あとで支払うことを約束する〟という点では、〝掛け〟も〝手形〟も同じなのですが、〝受け取る側〟の確実性という点では、かなりの違いがある**」のです。

どういうことかというと、「**掛け取引は簡単にいうと〝口約束〟**」です。

本当に「信用」で成り立っているんですね。

● 約束手形には何が書いてある？

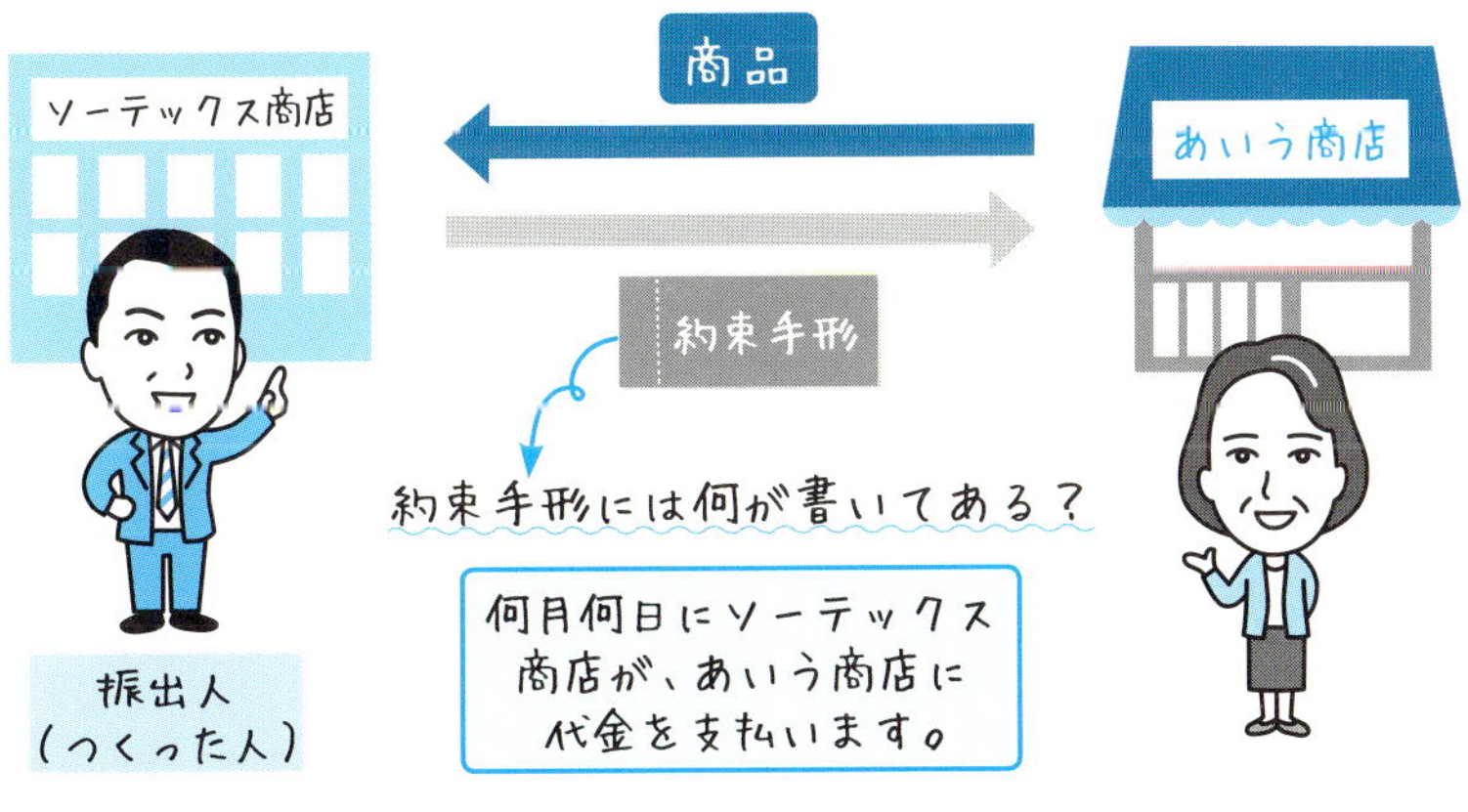

みなさんがお付きあいしている人の中には、この信用を裏切るような人はいないと思いますが、世の中には、払わずにバックレてしまう人も、残念ながらいるのです。

では、約束手形はどうかというと、間に銀行を入れて、当座預金口座で自動決済しています。つまり、単なる口約束である掛け取引よりは、確実に受け取ることができるしくみなのです。もちろん、残高不足であれば不渡りになりますが……。

ということで、単なる口約束である掛け取引よりは、約束手形にしたほうが安心ということになるのです。

3 仕訳の形を確認してみよう！

まずは、振出人（つくった人）の仕訳を確認してみましょう（次頁❶参照）。続いて、約束手形の受取人（名宛人ともいいます）の仕訳を確認してみましょう（次頁❷参照）。

4 約束手形の流れを確認してみよう！

約束手形の流れは、同じ当座預金口座を使う、3時限目07の「小切手の流れ」と同じです。見た目も約束手形と、小切手は似ていますよね（次頁❸参照）。

小切手との大きな違いは、約束手形の場合は、収入印紙を貼付しなければならない点です。約

❶ 商品を仕入れ、代金は約束手形で支払ったときの仕訳

商品100,000円を仕入れ、代金は約束手形を振り出して支払った。

（仕　入）	100,000	（支払手形）	100,000

（仕入）→ 費用の発生

（支払手形）→ あとで手形代金を払う義務 → 義務だから負債 → 負債の増加

❷ 商品を売り上げ、代金を約束手形で受け取ったときの仕訳

商品100,000円を売り上げ、代金は他人振出しの約束手形で受け取った。

（受取手形）	100,000	（売　上）	100,000

（受取手形）→ あとで手形代金を受け取る権利 → 権利だから資産 → 資産の増加

（売上）→ 収益の発生

❸ 約束手形サンプル

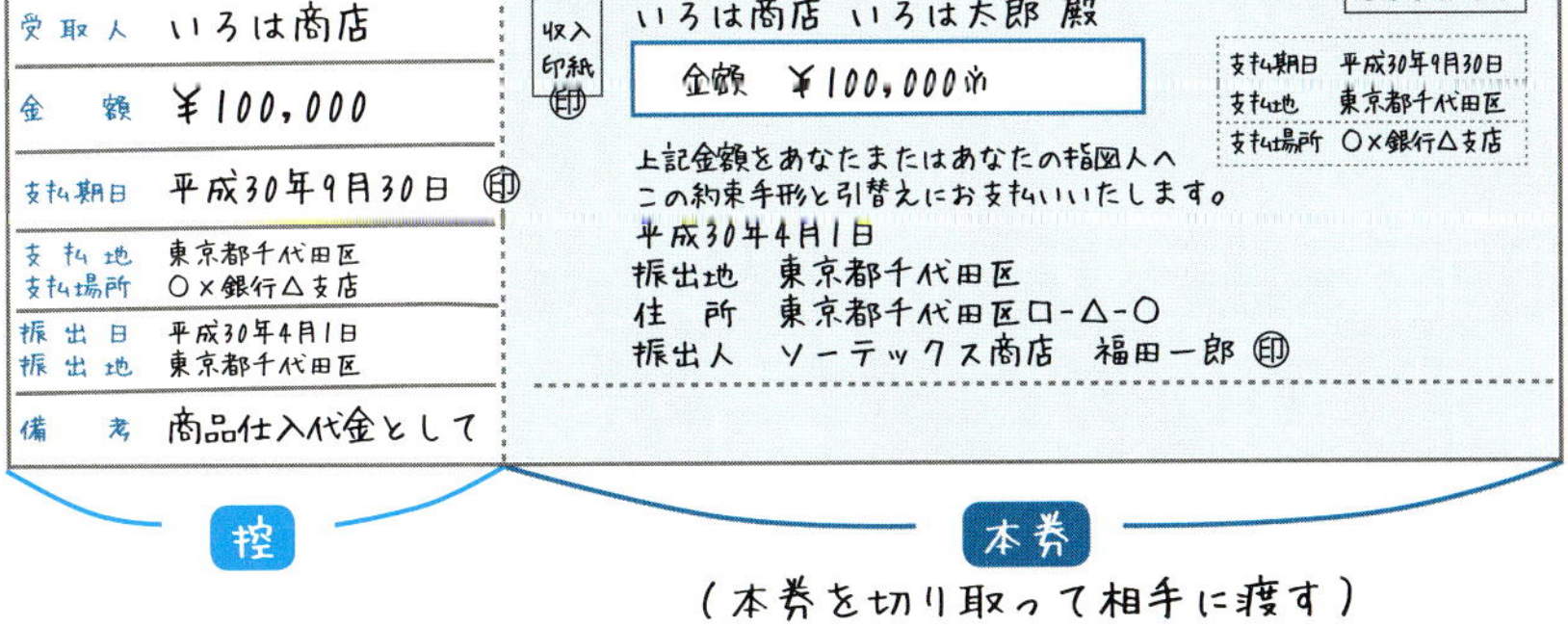

控

約束手形番号	14	AA12345
受取人	いろは商店	
金額	￥100,000	
支払期日	平成30年9月30日 ㊞	
支払地 支払場所	東京都千代田区 ○×銀行△支店	
振出日 振出地	平成30年4月1日 東京都千代田区	
備考	商品仕入代金として	

本券（本券を切り取って相手に渡す）

No15　約束手形　AA12345

東京 ××××
OOOO-OO

収入印紙 ㊞

いろは商店 いろは太郎 殿

金額　￥100,000※

支払期日　平成30年9月30日
支払地　東京都千代田区
支払場所　○×銀行△支店

上記金額をあなたまたはあなたの指図人へ
この約束手形と引替えにお支払いいたします。
平成30年4月1日
振出地　東京都千代田区
住　所　東京都千代田区□-△-○
振出人　ソーテックス商店　福田一郎 ㊞

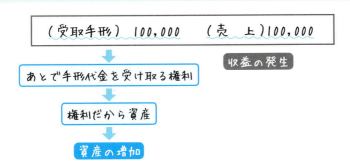

束手形の本券を見ると、受取人と振出人（＝支払人）が書いてありますよね。ということは、約束手形は、契約書と同じものと考えられるのです。

つまり、**「紙ベースの契約書に印紙を貼付するのと同じで、約束手形にも印紙の貼付が必要になる」**のです。

もうひとつの大きな違いは、支払期日（満期日）の記載があることです。

小切手の場合は、相手に渡した瞬間から、換金される可能性がありますが、**「約束手形の場合、相手に渡したとしても支払期日までは引き落としされません」**。言い方を変えれば、支払期日までに資金を用意すればいいので、資金繰りの計画が立てやすいというのが、約束手形のメリットのひとつになります。

つまり、**「約束手形の受取側は、掛け取引よりは、もらえる確率が高くなる。支払側は資金繰りの計画が立てやすくなる」**といった、それぞれのメリットがあるということですね。

参考　約束手形の印紙税・一部抜粋（平成30年4月1日現在）

手形金額	印紙税額
10万円未満	非課税
10万円以上、100万円以下	200円
100万円超、200万円以下	400円
200万円超、300万円以下	600円
300万円超、500万円以下	1,000円
500万円超、1,000万円以下	2,000円

10 株を買いました！

1 有価証券は、価値の有る証券

「余裕資金が生じたときに、そのまま眠らせておくのはもったいない！」「資産運用で、もっとお金を増やしたい！」「自ら投資して、経済を肌で感じたい」などなど、人それぞれ、いろいろな理由から投資を行っています。

投資対象には、株式や、公社債（国債・地方債・社債）、投資信託などがありますが、これらを総称して、簿記上は「**有価証券**」と呼んでいます。

● 出資、貸付の証が「有価証券」

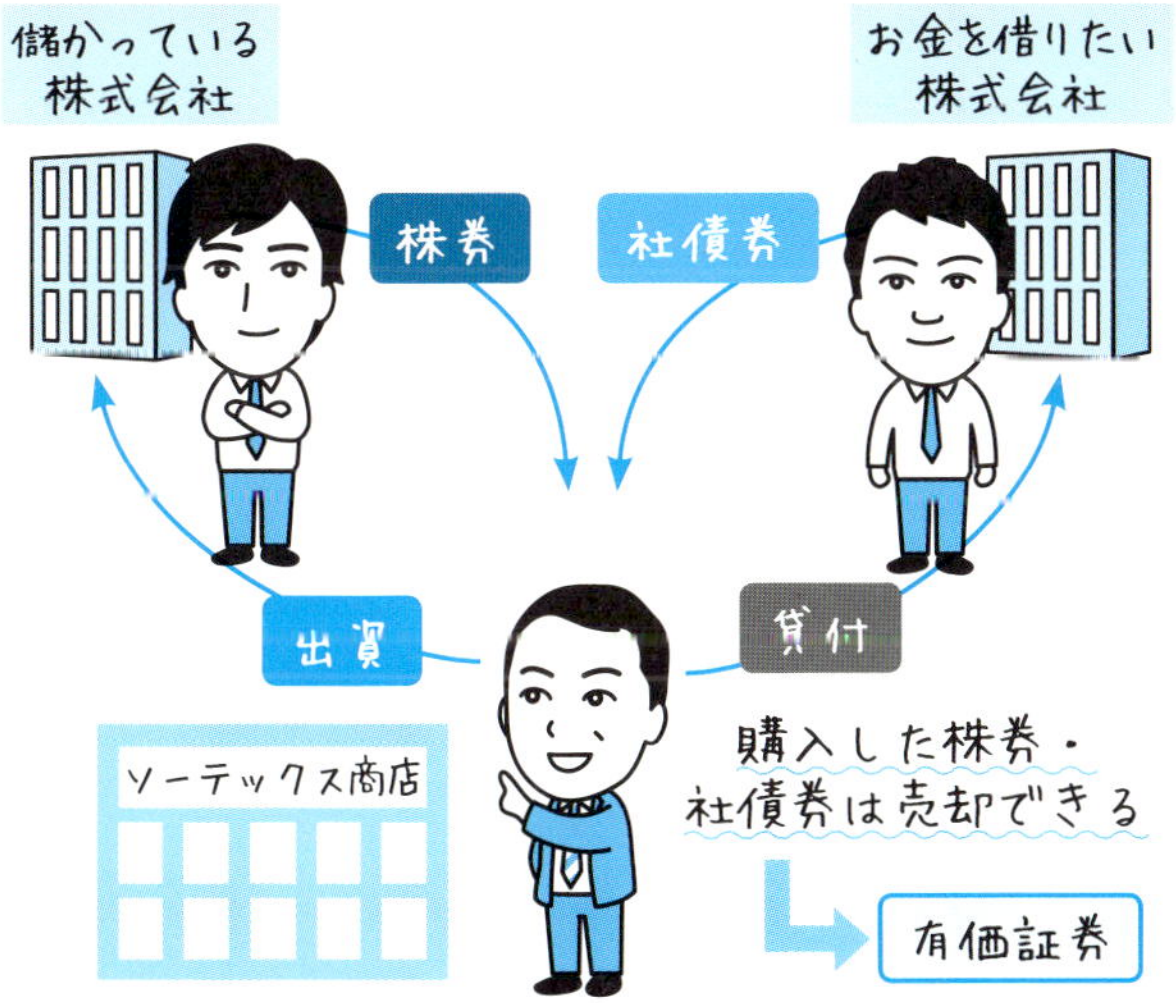

有価証〝券〟といっても、今は上場企業を中心として、電子化（ペーパーレス化）が進められています。

2 仕訳の形を確認してみよう！

「有価証券の代表的なものは、株式と公社債」です。こちらを中心に、購入の仕訳を確認してみましょう（下図参照）。

一部ペーパーレス化は進んでいますが、証券は目で見えるモノなので、勘定科目は、「**〝有価証券勘定〟（資産）**」となります。購入のポイントは、「**取得原価で仕訳する**」ということです（下図参照）。

「04 運賃は誰が負担する？」の仕入と同じ考え方で、買うためにかかった費用を加算していきます。

売却したときの損益については、「**有価証券売却益勘定（収益）**」「**有価証券売却損勘定（費用）**」を使って、売却のつど、儲かったか？ 損したか？ を把握していきます（次頁参照）。

● **株を現金で購入したときの仕訳**

① ソーテックス商店は、「儲かっている株式会社」の株式10株を、1株55,000円で購入し、代金は現金で支払った。また、証券会社に対する手数料5,000円もあわせて現金で支払った。

（有価証券）555,000	（現　金）555,000
資産の増加　取得原価	資産の減少

取得原価 ＝ 購入代価（株そのものの値段）＋ 付随費用（手数料）

（55,000円 × 10株）＋ 5,000円

株を売却して現金を受け取ったときの仕訳

❷ ソーテックス商店は、購入した「儲かっている株式会社」の株式10株を、1株60,000円で売却し、代金は現金で受け取った。

(現金) 600,000		(有価証券) 555,000	資産の減少
資産の増加		(有価証券売却益) 45,000	収益の発生

1株55,500円(555,000円÷10株)の株を1株60,000円で売った。1株4,500円の儲け

4,500円 × 10株 ＝ 45,000円

社債を現金で買ったときの仕訳

❸ いろは商店は、「お金を借りたい株式会社」の社債1,000,000円(額面)を、額面1口100円につき、95円で購入し、代金は現金で支払った。

資産の増加	(有価証券) 950,000	(現金) 950,000	資産の減少

$$\frac{\text{額面総額}\ 1,000,000\text{円}}{\text{1口の額面}\ 100\text{円}} = 10,000\text{口}$$

10,000口 × 95円 ＝ 950,000円

額面ではなく、取得原価(支払った金額)で仕訳をする！

社債を売却して現金を受け取ったときの仕訳

❹ いろは商店は、購入した「お金を借りたい株式会社」の社債5,000口を、1口93円で売却し、代金は現金で受け取った。

資産の増加	(現金) 465,000	(有価証券) 475,000	
費用の発生	(有価証券売却損) 10,000	資産の減少	

1口95円の社債を1口93円で売った。1口 2円の損

2円 × 5,000口 ＝ 10,000円

「01　商品の仕入と売上はどうする？」の商品売上のように、売価を使って仕訳はしないので、注意してくださいね（下図参照）。

いろいろある数え方

ウサギは1羽・2羽、蝶は1頭・2頭、タンスは1棹《さお》・2棹と、世の中には、いろいろな数え方があるものです。

有価証券も、「**株式については、1株《ひとかぶ》・2株《ふたかぶ》**」、「**公社債は、1口《ひとくち》・2口《ふたくち》**」と数えていきます。

また、公社債は、国・地方公共団体・株式会社の借金でしたね。借金ということは、いくら借りたのか？　その金額の記載が必ず必要ですよね。その「**いくら借りたかが〝額面金額〟**」となります。

ということで、「**公社債には必ず〝額面金額〟が出てきますが、仕訳はあくまで〝取得原価〟で、実際に支払った金額で行う**」ので注意してくださいね。

● 有価証券と商品の勘定は違う

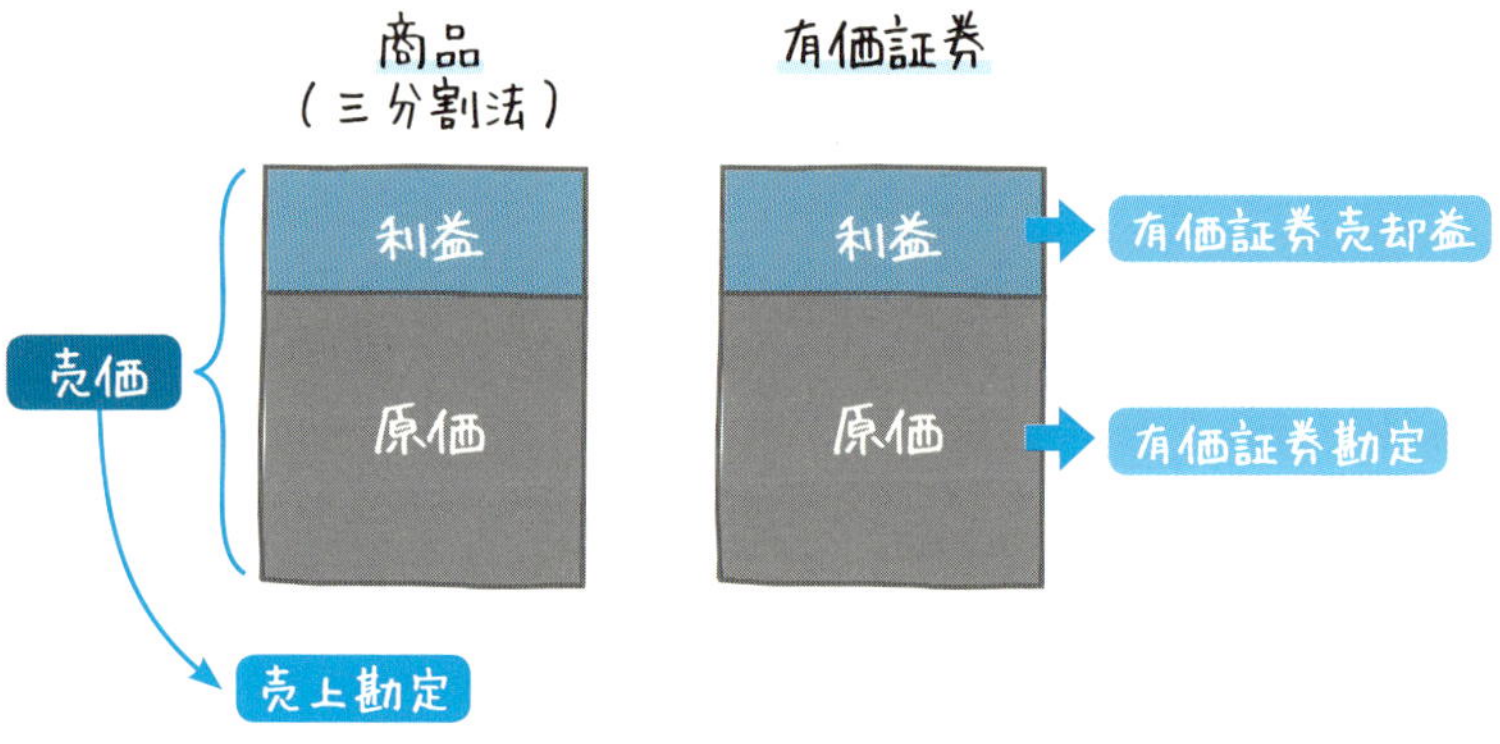

11 固定資産を買いました！

1 固定資産って何？

固定資産というのは、「固まって動かない資産」という意味ではありません！ 固定資産の固定には、「**長期的な**」とか「**長く使えるもの**」という意味があります。つまり、建物とか、土地、パソコンなどの備品や車などが固定資産となります。

もうちょっと細かくいうと、今挙げた建物とか土地は形があるので、「**有形固定資産**」といいます。

これに対して、形がない特許権とか、商標権、営業権や借地権などは、「**無形固定資産**」といいますが、これはいわゆる権利ですね。

本書では、簿記の基礎レベルを学習していくので、一般的によく出てくる「有形固定資産」を見ていくことにしましょう。

2 固定資産を購入したときの仕訳の形を確認してみよう！

では、建物などの有形固定資産を購入したときの仕訳を確認しておきましょう（下図参照）。

ポイントは、建物の金額です。「**有形固定資産を購入した場合、取得原価で仕訳**」を行います。もっといえば、「**資産を買ったら取得原価**」です。「10株を買いました！」の有価証券もそうでしたね。

3 形あるものは壊れる……。修理したらどうなる？

有形固定資産を使っていると、壊れたり、キズつけてしまったりといったことがあります。車をキズつけたりしたら、しばらくショックで立ち直れなかったりしますよね。

そんなときは修理をしますが、この修理のための支出には

● 小切手を振り出して、建物を購入したときの仕訳

① 建物を10,000,000円で購入し、仲介手数料150,000円とともに、小切手を振り出して支払った。

資産の増加（建物）10,150,000　（当座預金）10,150,000 資産の減少

↓

取得原価 ＝ 購入代価（建物そのものの値段）＋ 付随費用（仲介手数料）

気をつけなければならないポイントがあります。それが「**修繕費と改造費の違い**」です。

> **修繕する ⇓ 元にもどす ⇓ 修繕費勘定（費用）**
> **改造する ⇓ 資産価値の向上※ ⇓ その資産勘定を増やす**
> ※大きな改造で、「使用可能期間」が延びたなど

「**改造については〝資本的支出〟**」という言い方をすることもあります。

資本とは元手のこと。つまり、資産価値が増えたということは、その分、元手が増えたと考えることもできますよね。改造については、後述する決算にも絡んでくるので、お楽しみに！

● **修繕と改造の仕訳**

❶ 割れた窓ガラスの修繕を行い、その費用5,000円を現金で支払った。

費用の発生	（修繕費）	5,000	（現　金）	5,000	資産の減少

↓ 元にもどしただけで、資産価値は増えない

❷ 本社建物を改造し、その費用1,000,000円を小切手を振り出して支払った。

資産の増加	（建　物）	1,000,000	（当座預金）	1,000,000	資産の減少

↓ 改造で資産価値が増えている

12 給料を払いました

1 もらうのはうれしいけれど、払うのは大変！

給料日が近づいてくると、ワクワクします。従業員の立場からすると、確かにそうかもしれませんね。

ただ、簿記をやるときは、あなたが経営者の立場。つまり、給料を払う側になるということです。そうなると、楽しいばかりではありません。

給料を払うということは、税金や社会保険など、いろいろと考えないといけないことがあるのです。

2 税金・社会保険料の徴収をしました

給料の支払いに際しては、給料の額面をまるまる払うわけではありません。給料からは、税金（所得税）と社会保険料を差し引いて、いわゆる「**天引き**」をして、その残りを従業員に支払うことになります。では、天引きした税金と社会保険料はどうなるのか？

それは、会社が、従業員分をまとめて、税務署、あるいは日本年金機構などに納付します。

つまり、「**天引きした税金や社会保険料は、会社からすると〝預かっている〟**」ことになるのです。社会保険料は、会社と従業員で折半になっているのですが、その会社負担分のことを「**法定福利費**」といって、「**法定福利費勘定（費用）**」で仕訳します。

では、給料の仕訳の形を確認してみましょう（次頁参照）。

「預り金」については、「**税金の預り金として〝源泉所得税預り金〟**」「**社会保険料の預り金として〝社会保険料預り金〟**」など、預かるものによって分ける場合もあります。

また、「**預り金には、税金や社会保険料以外にも、社員旅行の積立てや財形貯蓄、社内預金制度による天引き貯金なども含まれます**」。

源泉所得税と社会保険料を差し引いて給料を支給するときの仕訳

❶ 給料 200,000円の支払いに際して、源泉所得税 5,000円と社会保険料20,000円を差し引いた175,000円を現金で支払った。

（給　料）	200,000	（預り金）	25,000	負債の増加
費用の発生		（現　金）	175,000	資産の減少

※預り金は負債になります。会社としては預かっているだけで、自分のものではありません。預かったものは税務署、日本年金機構などに納める義務があるので、負債になります。

源泉所得税を税務署に納付したときの仕訳

❷ 従業員から預かった源泉所得税を現金で納付した。

（預り金）	5,000	（現　金）	5,000	資産の減少

税金を納めた → 義務がなくなる → 負債の減少

社会保険料を日本年金機構などに納付したときの仕訳

❸ 従業員から預かった社会保険料 20,000円を会社負担分20,000円とともに現金で納付した。

負債の減少	（預り金）	20,000	（現　金）	40,000
費用の発生	（法定福利費）	20,000	資産の減少	

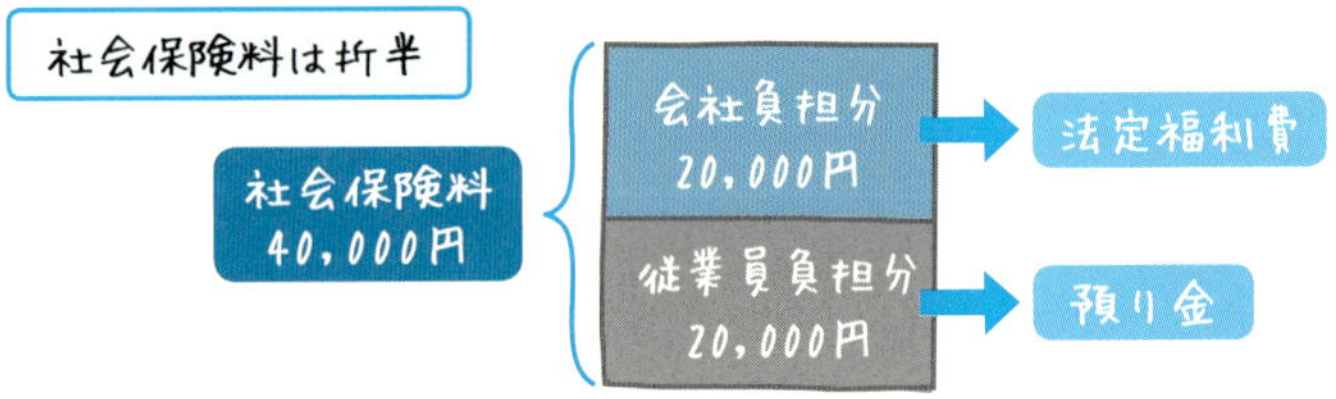

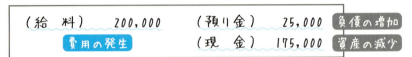

13 商品は掛け、商品以外はどうなる？

1 商品以外でも、「あと払い」ってあるよね

「02 掛けって何だ？」でやった「マスター、ツケといて！」は、商品を仕入れたあとで代金を支払う、あるいは商品を売り上げたあとで代金をもらう、いわゆる「信用取引」でしたね。

これは、何も商品にかぎった話ではありません。商品以外でも、あとで払うよ、あとでもらうよ、という話はあり得るのです。

では、商品以外の場合はどうなるのでしょうか？ 実は、「売掛金」「買掛金」は使わないのです。

商品と商品以外で分ける！

建物や備品、車の購入など、商品以外の取引では、「**未収金勘定**」、「**未払金勘定**」を使うことになります。

「売掛金と買掛金」、「未収金と未払金」、どちらが一般的な言葉に近いかというと……、そうですよね、「未収金と未払金」のほうです。

日常生活では、あまり〝掛け〟という表現はしないですよね。これは、商売上、やはり〝商品は特別〟ということの表れなんです。

商売は信頼関係。得意先や仕入先との取引で、ミスは許されません。だからこそ、あえて日常使わない「売掛金と買掛金」という言葉を使っているんですね。「この言葉は特別だぞ！　この言葉を使うときは、特に慎重に！」というメッセージが隠されているのです。

あっ、でも、商品以外の取引だからといって、気を抜いてはダメですよね。念のため……。

● 未収金 株式の売却代金を後日受け取るときの仕訳

ソーテックス商店は、1株 55,500円で購入した「儲かっている株式会社」の株式10株を、1株60,000円で売却し、代金は後日受け取ることにした。

(未収金)	600,000	(有価証券)	555,000	資産の減少
		(有価証券売却益)	45,000	収益の発生

未収金 → あとで受け取る権利 → 資産の増加

● 未払金 事務机の購入代金を後日支払うときの仕訳

いろは商店は、事務机などの備品 500,000円を購入し、代金は後日払いとした。

資産の増加	(備　品)	500,000	(未払金)	500,000

未払金 → あとで払う義務 → 負債の増加

14 出張に行ってきます！

1 いくら掛かるかわからないから、仮払い

出張に行くと、ただそれだけで、電車代やら手土産代やら何かとお金がかかります。ただ、いくら掛かるかは「**出張前にはわからない**」ですよね。こういった場合に行われるのが「**仮払い**」です。文字どおり、いくら掛かるかわからないので、とりあえずの予想額を仮に渡しておくということです。そして、出張から帰ってきたら仮払いを精算します。仮払いのほうが多かったら残額を返却してもらい、仮払いが足りなかったら差額の支払いを行います。

2 仮払いの仕訳の形を確認してみよう！

では、仮払いの仕訳の形を確認しておきましょう（次頁下記Ⓐ・Ⓑ参照）。

ポイントは、「**仮払金の考え方**」です。

仮払金勘定は、資産になるのですが、なぜ資産なのか？　ちょっとわかりづらいんですよね。考え方は下記Ⓒのようになります。

従業員が出張から帰って精算した段階では、「出張に行ってもらった」という効果を得ていますが、仮払いした段階ではまだ何も得ていません。ただ単純にお金を渡しただけです。もし従業員が、出張に

Ⓐ **仮払金** 現金で出張の仮払いをしたときの仕訳

❶ 従業員Aの出張に際して、現金50,000円を仮払いした。

資産の増加	（仮払金）	50,000	（現　金）	50,000	資産の減少

Ⓑ **仮払金** 帰ってきたあと精算したときの仕訳

❷ 従業員Aが出張から帰ってきて精算したところ、出張に伴う経費が45,000円と判明し、残金5,000円の現金を受け取った。

出張に要した支出 ➡ 費用の発生

	（旅費交通費）	45,000	（仮払金）	50,000
資産の増加	（現　金）	5,000	資産の減少	

Ⓒ 仮払金勘定が「資産」になる理由

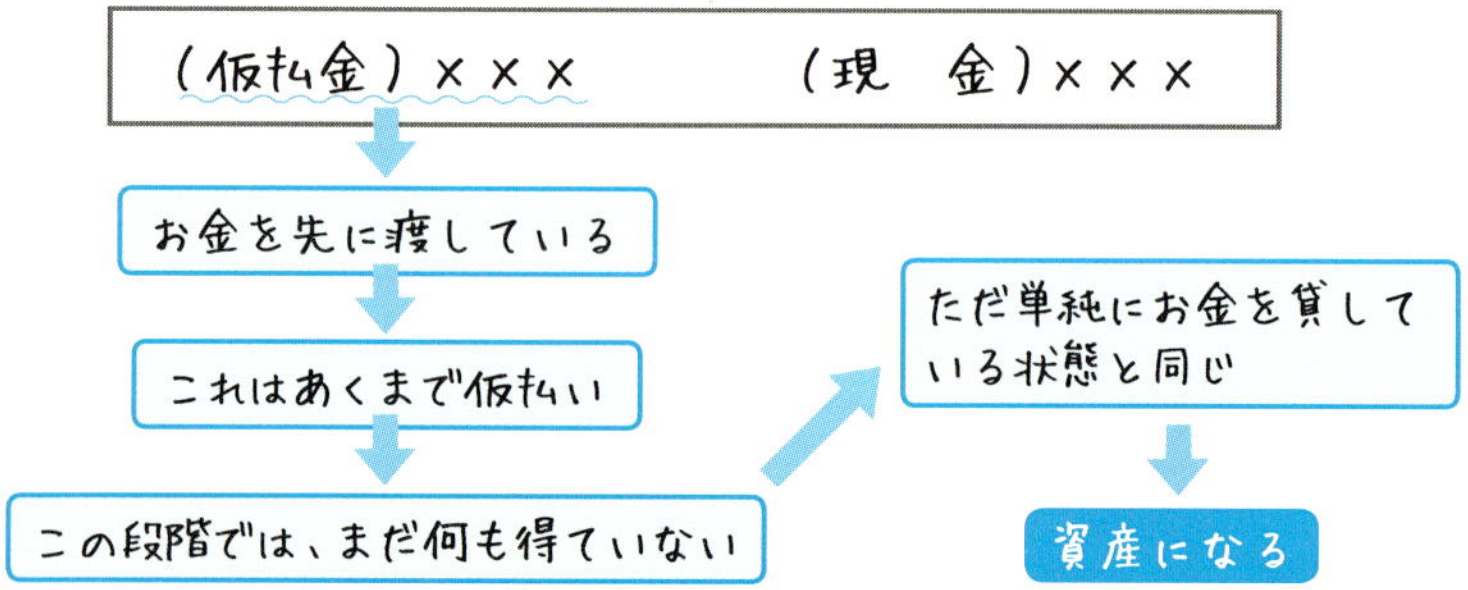

行かずにトンズラしてしまったら、何も得ないまま、お金だけ渡したことになります。

つまり、「**仮払いの段階では、お金を貸した状態と何ら変わりがない**」ということなんですね。だから「**仮払金は、貸付金と同じ〝資産〟**」と考えます。

また、仮払金はあくまで「仮」なので、最終的には相殺されてなくなるはずです（下図参照）。

3 何だかわからないお金が入ってきたら……

「内容がわからないお金が入ってきた」

うれしいような、ちょっとコワいような、こんなときは「**内容がわかるまでの間、一時的に仮に受けとっておくお金**」として「**仮受金**」で仕訳をしておきます。

では、仮受金の仕訳の形を確認しておきましょう（次頁Ⓐ・Ⓑ参照）。

ここでも、「**ポイントは仮受金の考え方**」です。

● **仮払金は精算時に相殺される**

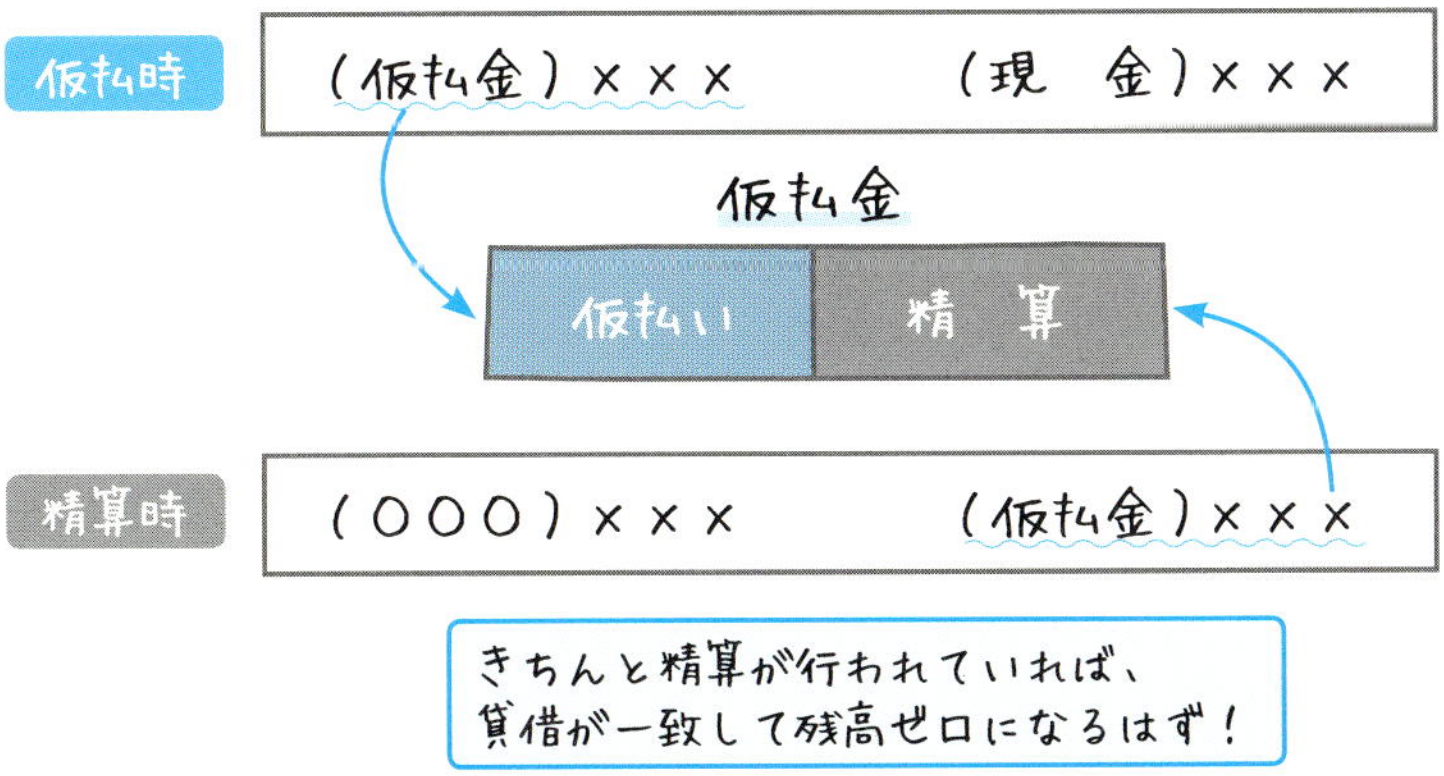
仮払時
（仮払金）×××　（現　金）×××
仮払金
仮払い
精　算
精算時
（○○○）×××　（仮払金）×××
きちんと精算が行われていれば、
貸借が一致して残高ゼロになるはず！

仮受金勘定は負債になりますが、なぜ負債になるのか？　ここがちょっとわかりづらいんですよね。

考え方は下記Ⓒのようになります。

内容がわかった段階では、何らかの反対給付（今回であれば、売掛金の回収）があるのですが、内容不明の段階では、ただ単純にお金をもらっただけです。これは、「**お金を借りている状態となんら変わりがない**」ということなんですね。だから、「**仮受金は、借入金と同じ負債と考えている**」のです。

また、仮受金はあくまで「仮」なので、仮払金と同じく、最終的には相殺されてなくなるはずです。

Ⓐ 仮受金 内容がわからないお金が入ってきたときの仕訳

❶ 得意先から 50,000円の送金があったが、その内容が不明であった。

資産の増加	（現　金）	50,000	（仮受金）	50,000	負債の増加

Ⓑ 仮受金 内容がわかったときの仕訳

❷ 上記の送金は、売掛金の回収であることが判明した。

負債の減少	（仮受金）	50,000	（売掛金）	50,000	資産の減少

Ⓒ 仮受金勘定が「負債」になる理由

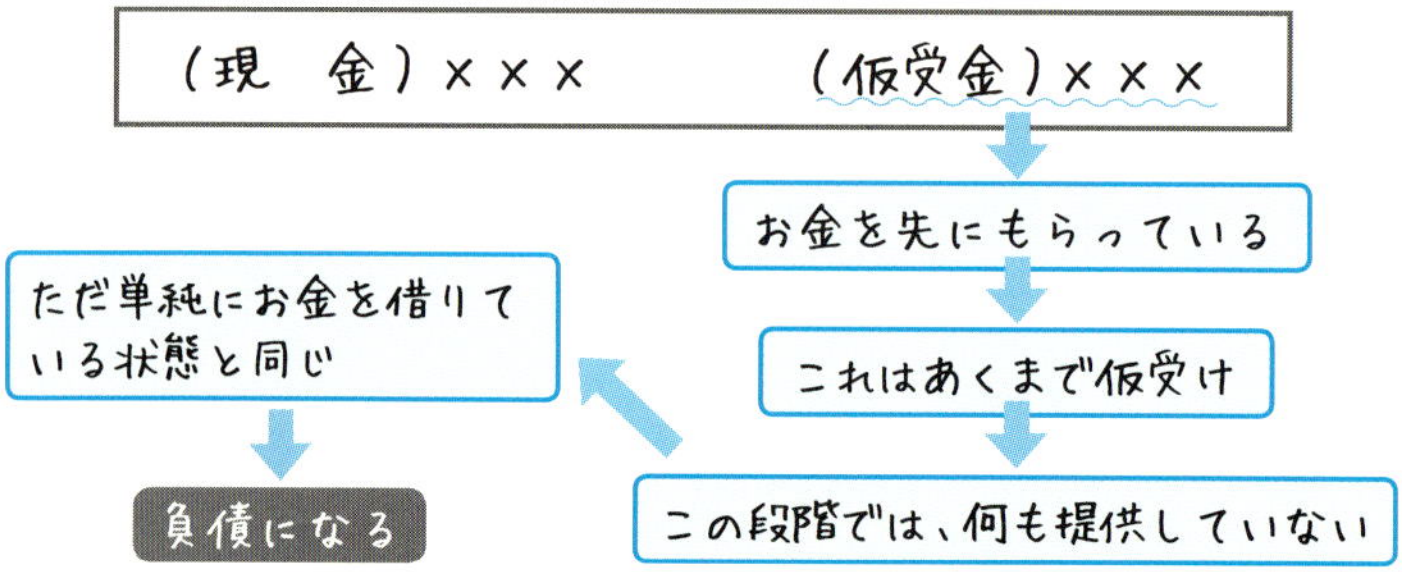

15 プライベート用のモノを買ったら？

1 それ、どっちの財布？

あたりまえですが、プライベートで使うものを買っても、お店の経費にすることはできません。これは理解できると思うのですが、問題になるのは、それを買うためのお金の出所です。

というのも、個人商店の場合は、商売用の財布と、プライベート用の財布が明確に分かれていないことが少なくありません。つまり、商売用の財布からプライベート用のモノを買ってしまうこともあり得るのです。この場合はどうすればいいのでしょうか？　確認していきましょう。

● 経費になるもの、ならないもの

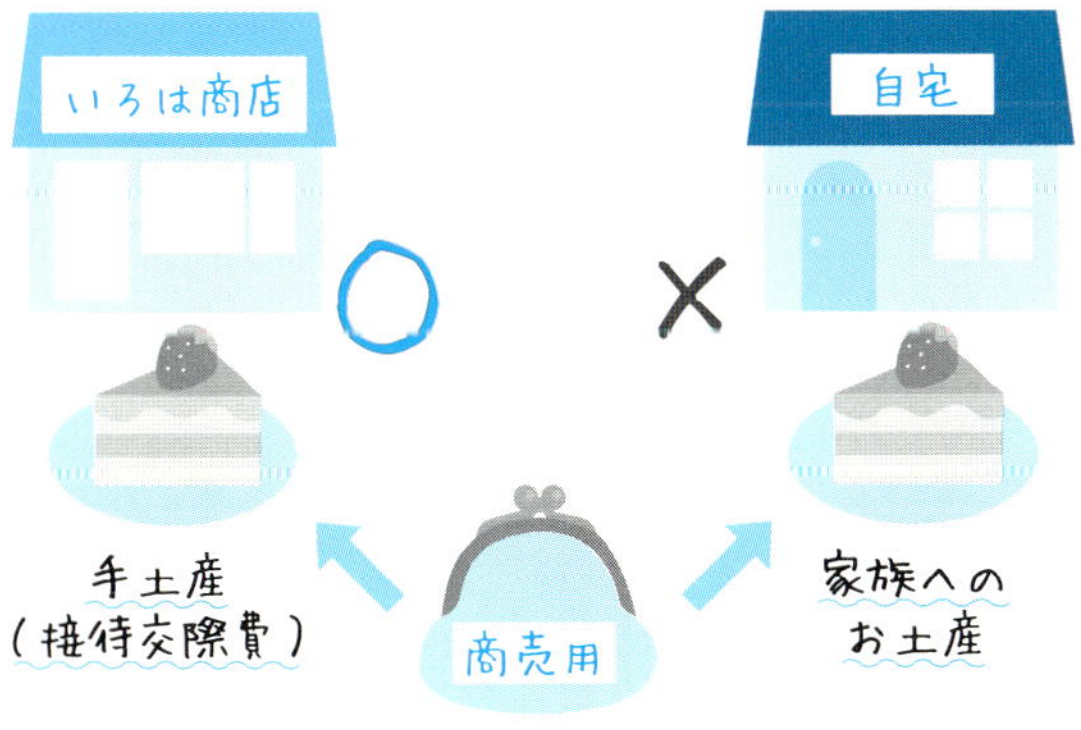

※ 詳しくは、拙著「経費になる領収書ならない領収書がよくわかる本（ソーテック社）」をご覧ください。

2 商売用の財布からプライベート用のモノを買ったらどうする？

商売用の財布から、商売で使うモノを買った場合は、お店の資産や費用にすることができますが、「**プライベート用のモノを買った場合には、お店の資産や費用にすることはできません**」。つまり、「**単純にお店のお金が減っただけ**」ということになるのです。

これは、以前学んだ「**元入れの逆**」なんですね。

「**元入れは、自分のお金をお店に入れることでした**」が、今回は「**そのお金をお店から抜いた**」ということになるのです。この状態を「**引出し**」といいます（下図参照）。

そもそも、プライベートな支出って何？

「**プライベートな支出は、元入れしたお金を引き出した**」ということです。では、プライベートな支出

●「元入れ」と「引出し」の関係

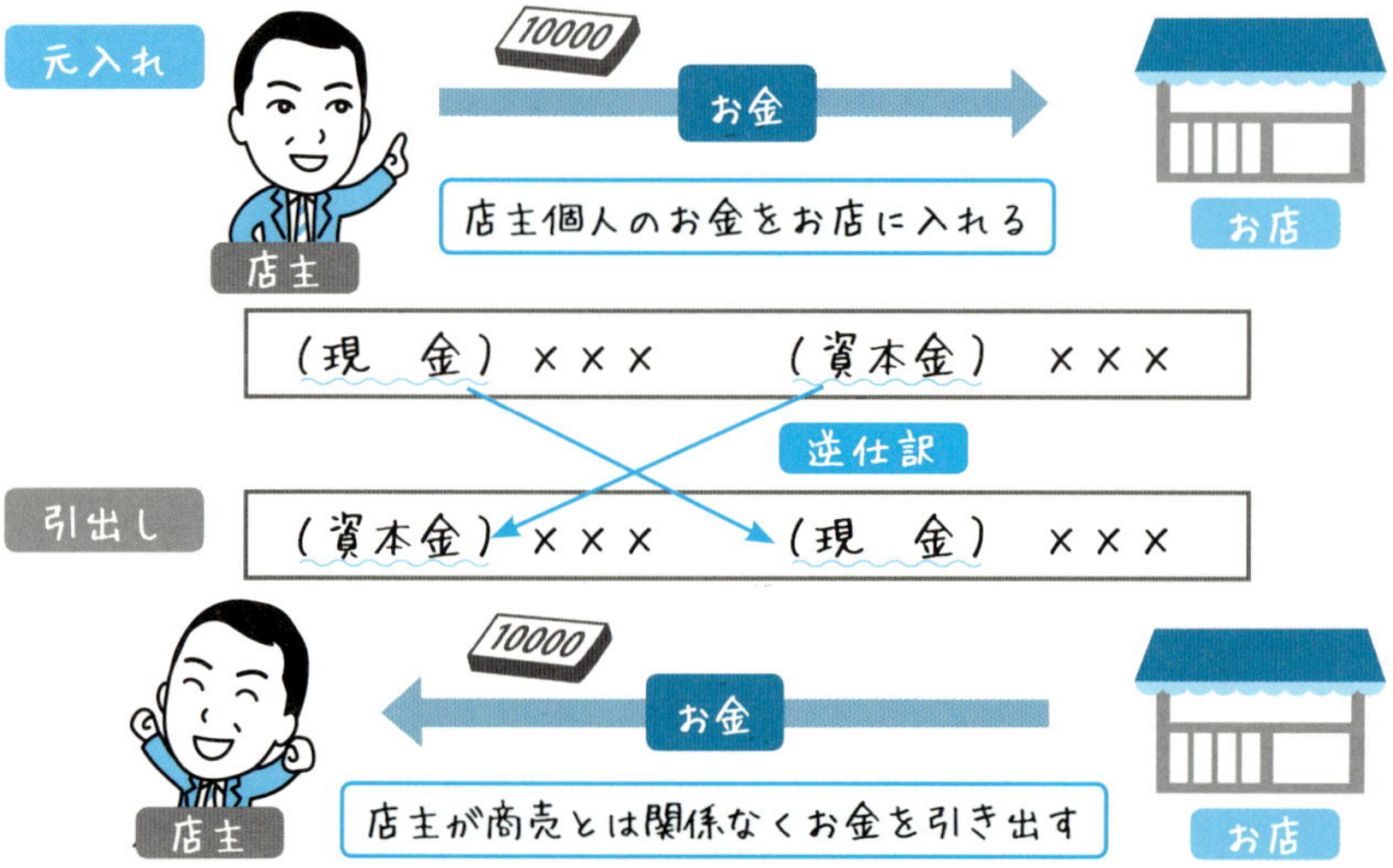

とは、そもそもどういったものなのでしょうか？

これは、ひと言でいってしまえば、**「生活費」**ですね。

生活費には、家族の食事代や衣服代、子どもの学費、家族の交際費や遊興費といったものがあります。また、店舗兼住居などの場合の家賃や水道光熱費も、お店部分は商売と関係があるので費用にできますが、住居部分は「生活費」となり、費用にすることができません。

あとは、納める税金にも違いが出てきます。先ほどの店舗兼住居に対する固定資産税という税金。これも、お店部分は費用にできますが、住居部分は「生活費」となり、費用にすることができません。意外と間違いやすいのは、**「店主個人の所得税や住民税」**です。これは、あくまで店主個人の税金なので、**「生活費」**扱いです。お店の費用にすることはできないので気をつけてくださいね。

さらには、保険料も違いがあります。店舗の損害保険料は、商売と関係があるので費用にできますが、**「店主個人の生命保険料は費用にできません」**。店主が亡くなってしまったら、商売にも影響するとは思うのですが、これはあくまで個人的なものなので、「生活費」扱いになるのです。

3 引出金で分ける方法もある

ということで、プライベートな支出にはたくさんのものがあります。**「商売を行っていくうえでは、生活費でいくら使ったかをしっかり把握することは、とても重要」**ですよね。

ここで、174頁の図をもう一度見てください。

この図の場合の資本金勘定をまとめると、次頁の❶のようになります。

これだと、元入れと生活費が混在していて、パッと見でいくら生活費に使ったかがわかりづらいですよね。そこで、生活費部分を別に分けることもできます。

それが「**引出金**《ひきだしきん》」です（次頁❷参照）。

「**生活費を〝引出金〟という勘定科目に分けることによって、パッと見で、生活費でいくら使ったかがわかる**」ようになります。引出金勘定は、資本金のマイナス項目です。このような、何かを減らす性質を持つ勘定のことを「**評価勘定**」といいます。

ちなみに、この「**〝引出金〟については、個人商店だけの話**」です。株式会社でこれをやったら、業務上横領になってしまいます…。

儲かるお店をつくるためには、公私混同は厳禁！
脱税にもつながってしまうので、プライベート用のモノはきちんと分けましょう！

❶ 引出しと元入れの「資本金勘定」

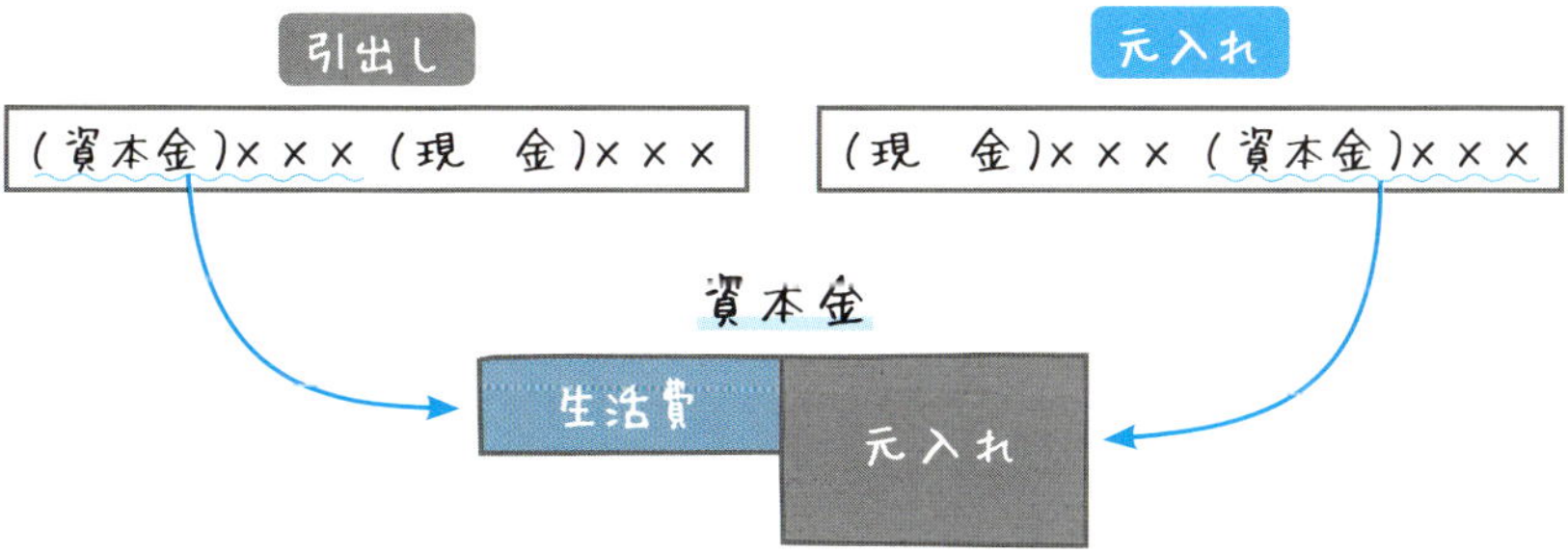

❷ 生活費を「引出金」で処理する場合

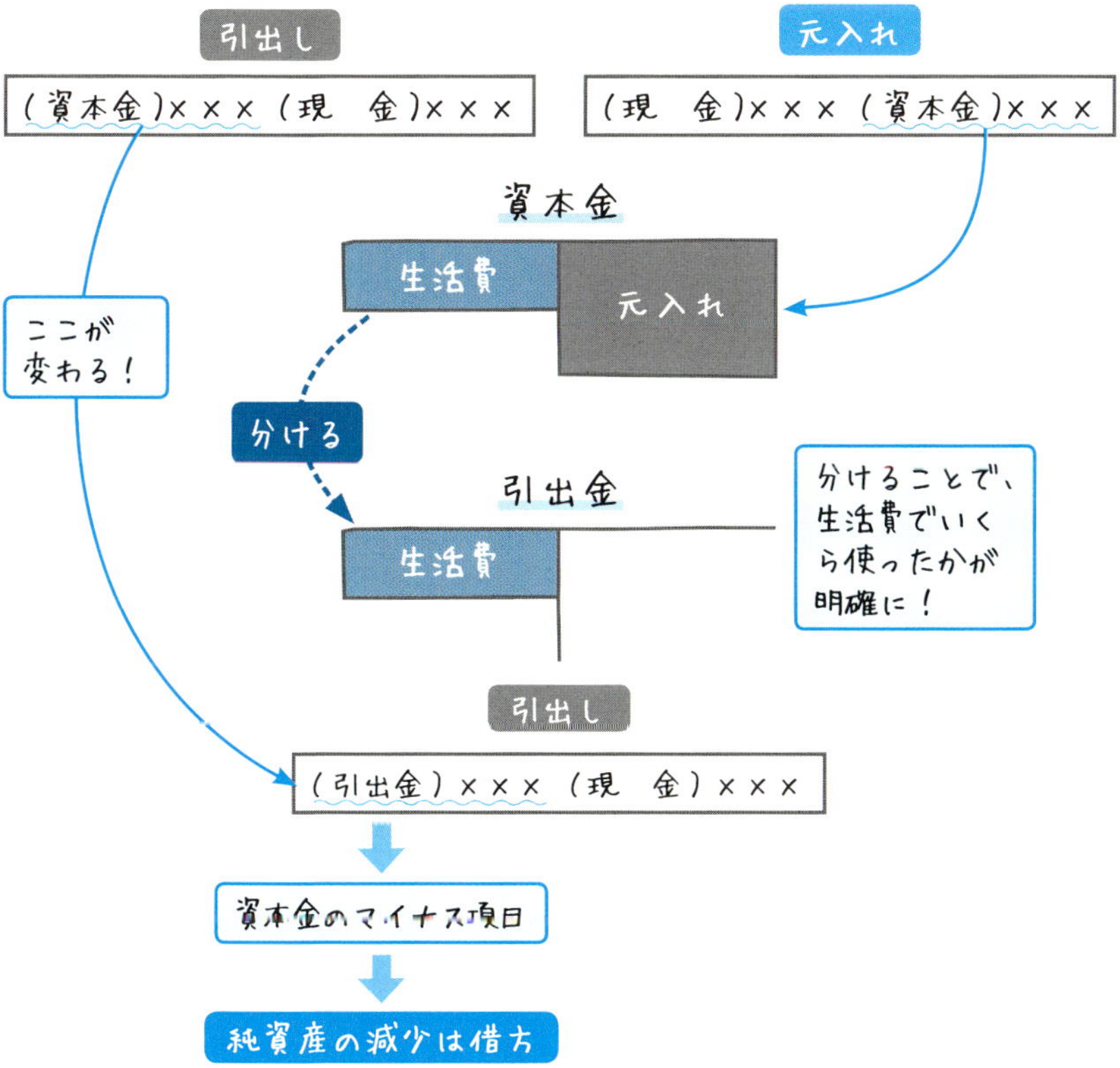

16 もうひとつの手形、為替手形とは？

1 つくった人が払わない！　それが為替手形

3時限目09で「約束手形」について勉強しました。実は手形にはもうひとつ「**為替手形**《かわせてがた》」というのがあります。

この「**為替手形の特徴は、〝登場人物が3人になる〟ということ、そして、〝つくった人が払わない〟**」ということです。

為替手形のことは、略して「**為手**《ためて》」ともいいます。

2 なぜ、いろは商店が払ってくれるの？

まずは、次頁下図を確認してください。「あいう商店」から商品を買ったのは、「ソーテックス商店」ですが、満期日（支払日）にお金を払うのは、「いろは商店」となっています。実は、これには前提があります。

「ソーテックス商店」と「あいう商店」の取引の前に、**「ソーテックス商店と、いろは商店が取引を行っていて、掛けの関係になっているという前提」**です。

「為替手形」は、この掛けの関係を相殺するのです（次頁下図参照）。

どういうことかというと、ソーテックス商店は、いろは商店から売掛金をもらわない代わりに、あいう商店に代金を支払ってもらいます。いろは商店は、ソーテックス商店に買掛金を払わない代わりに、あいう商店に代金を払うことになります。

「約束手形が、〝あとで支払うことを約束した証券〟であるのに対して、為替手形は、〝支払いを依頼する証券〟です」。したがって、**「振出人（つくった人）≠支払人」**ということになるのです。

● 為替手形の流れ

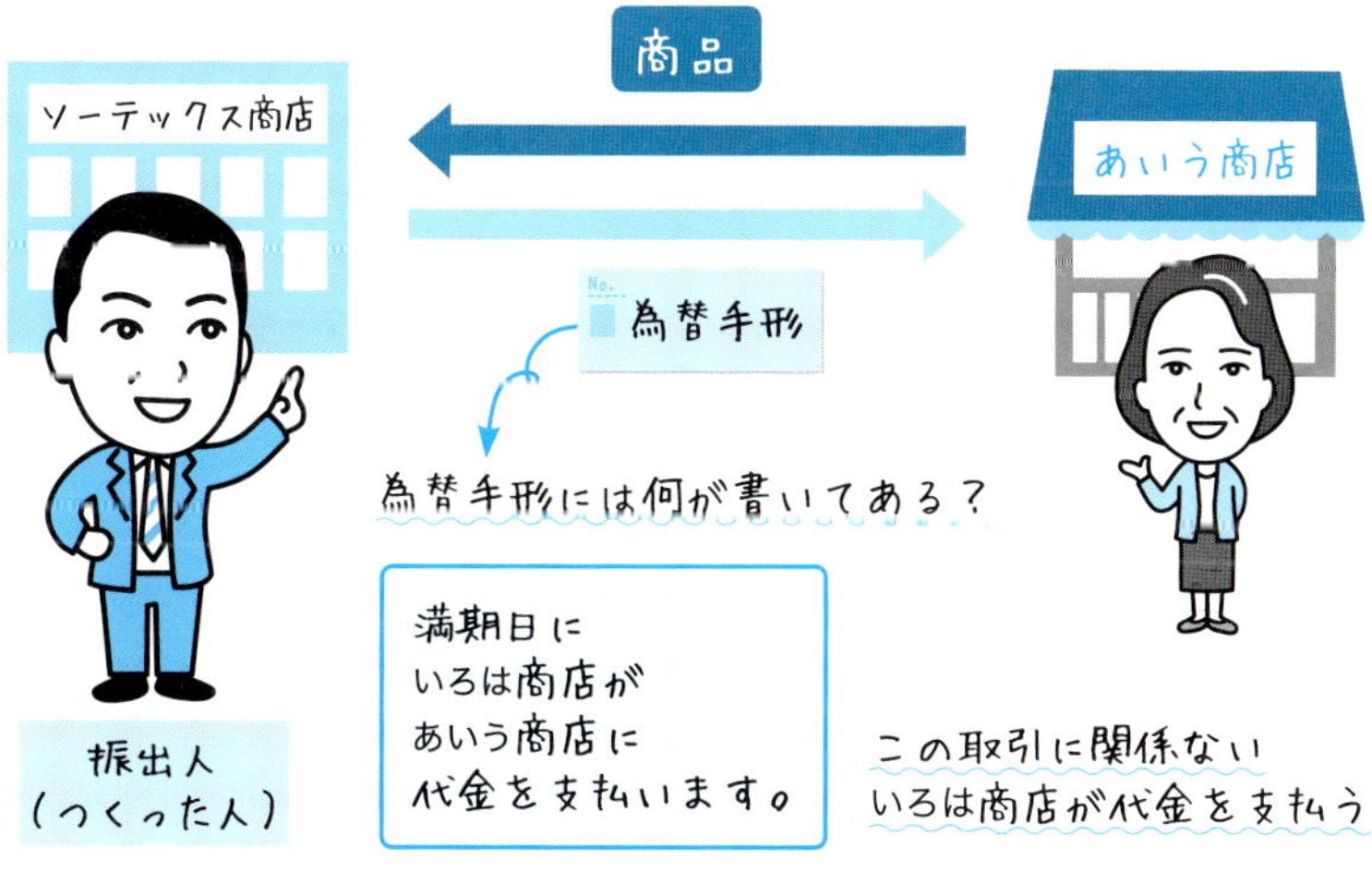

3 仕訳の形を確認してみよう！

それでは、次頁で仕訳の形を確認してみましょう。

為替手形はちょっと難しく感じるかもしれません。そんなときは、下図を参考に図解して、自分はどの立場（振出人・支払人・受取人）なのか？　を考えてみるといいですよ！

「手形…」というだけで、ちょっと敬遠してしまいがちですが、
実は難しくありません。ポイントは、誰が支払人か？
です。

● 取引に関係のない第３者が払ってくれるのには前提条件がある

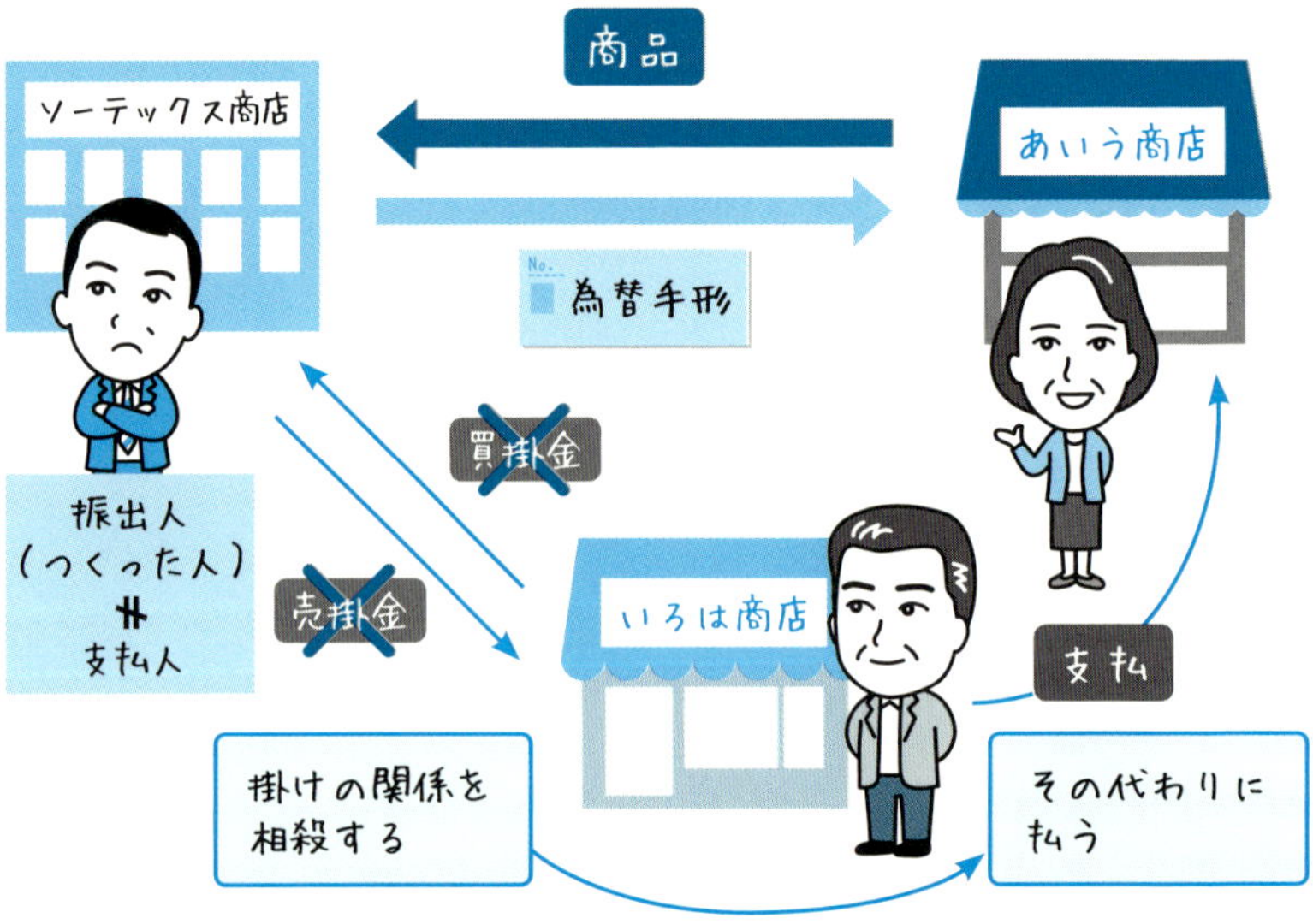
商品
ソーテックス商店
あいう商店
為替手形
買掛金
売掛金
振出人
（つくった人）
＝
支払人
いろは商店
支払
掛けの関係を
相殺する
その代わりに
払う

為替手形それぞれの仕訳

ソーテックス商店は、あいう商店から商品300,000円を仕入れ、その支払いとして、以前から売掛金のある、いろは商店宛の為替手形を振り出し、いろは商店の引き受けを得て、あいう商店に渡した。

ソーテックス商店 振出人

費用の発生（仕　入）300,000　（売掛金）300,000 資産の減少

いろは商店から売掛金をもらわない代わりに払ってもらう

いろは商店 支払人

負債の減少（買掛金）300,000　（支払手形）300,000 負債の増加

ソーテックス商店に買掛金を払わない代わりに手形代金を払う

あいう商店 受取人

資産の増加（受取手形）300,000　（売　上）300,000 収益の発生

約手でも為手でも受け取ったら「受取手形」

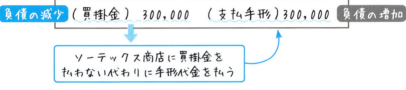

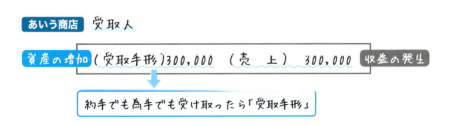

3時限目のまとめ

- 3時限目で挙げた16の取引例で、仕訳のパターンを押さえる
- 16の取引例以外の取引も仕訳パターンを応用して考える
- 簿記はスポーツと同じ！　反復練習をする

3時限目では、日常の簿記を学習してきました。ここで学んだことを活かして、あなたの日常も簿記で考えてみましょう。

電車に乗ったら？　電話代を払ったら？　パソコンを買ったら？

経営者の立場で、その都度、どんな仕訳になるか考えてみてくださいね。簿記の上達スピードが、きっと上がります！

4時限目
決算の簿記を確認してみよう！

いよいよ最後の難関
である決算です。
ちょっとややこしい
ですが、理解できる
と簿記が楽しくなり
ますよ！

01 確かめ算からはじめる決算

1 3時限目まででは不十分！

いよいよ4時限目となりました。これから、最後の、そして最大の壁である「決算」に入ります。この決算でつまずく人、とても多いんですよね。

でも、ここまで本書を読み進めてきたあなたなら、きっと大丈夫！ ただし、1回読んだら「はい、それでＯＫ！」とはならないかもしれません。**「2度、3度読み返すつもりで、まずは〝決算ってこういうことなんだ！〟という感覚をつかんでくださいね**」。

それでは、ここで簿記の流れを、改めて確認してみることにしましょう（次頁下図参照）。

3時限目までで、「日々の流れ」と、最終的な報告である「損益計算書（Ｐ／Ｌ）と貸借対照表（Ｂ／Ｓ）の作成」を学んできました。

この最終的な損益計算書と貸借対照表をつくるのは、簿記の目的を達成するためでしたね。実は、「**3時限目までの日々の流れだけでは、簿記の目的を達成することはできない**」のです。

そこで、簿記の目的が達成できるように、「**日々の流れを修正していく作業が〝決算〟**」となります。細かくいうと、決算には、「予備手続」と「本手続」がありますが、今の段階ではあまり気にしないでくださいね。

2 決算は確かめ算から！

決算でまず最初にやること、それが「**確かめ算**」です。

これは、決算までの日々の流れが正しく行われているか否かを確認していく作業です。

この「確かめ算」は、「試算表」をつくって行います。「**〝試算表〟というのは、勘定をまとめたもの**」ですが、この「**試算表をつくることで、日々の記録が正しいか否かがわかる**」のです。

では、なぜ試算表をつくると、正しいか否かがわかるのか？

● 簿記の流れ

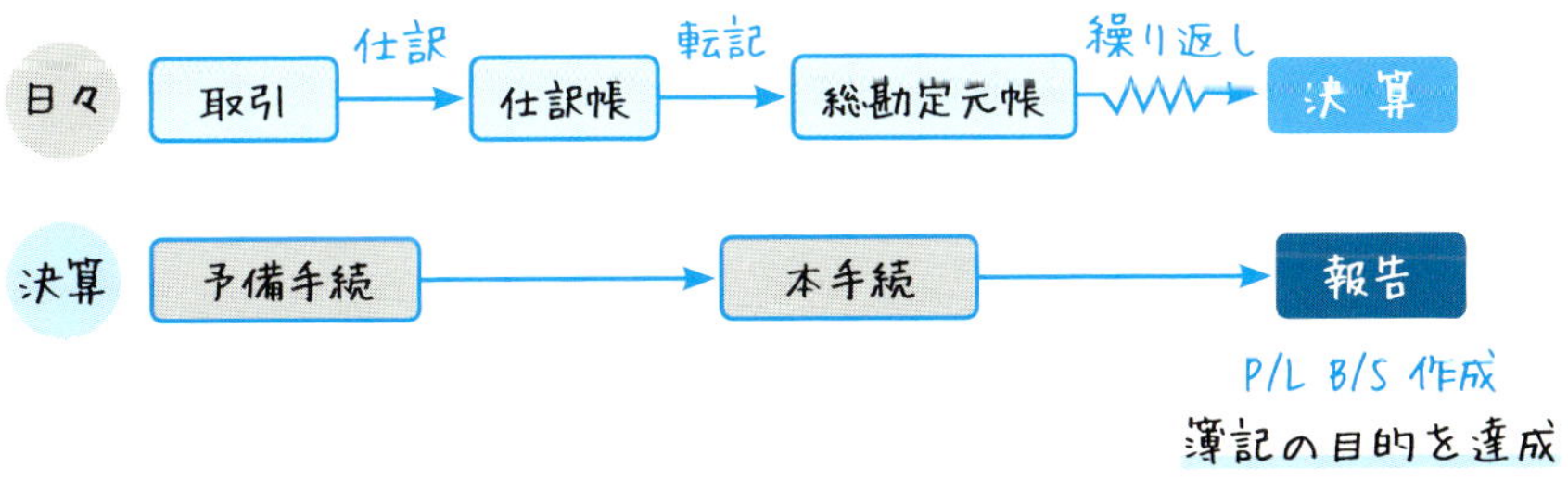

その理由は、「**貸借平均の原則**」です。

「貸借平均の原則」は、２時限目「03　左右にスパスパ分ける！　それが仕訳！」で出てきた仕訳の法則のひとつです。簡単にいえば、簿記はバランスの学問、必ず左右がそろうっていうアレです。

ということは、次のようになります。

仕訳は左右のバランスがそろう
⇓仕訳を転記したものが勘定
⇓勘定をまとめたものが試算表
⇓正しく記録されていれば、試算表の左右のバランスがそろう！

つまり、試算表をつくって、左右のバランスがそろえば正しい、もし左右のバランスがそろわなければどこかが間違っているので、ミスを発見して、そのミスを直す必要があるということです。

3　試算表をつくってみよう！

それでは、次頁の勘定をもとに試算表をつくってみましょう。

これらの勘定をまとめて、試算表をつくっていくのですが、試算表のつくり方には、大きく分けて2つの方法があります。

❶「合計試算表」は単純に、借方の合計・貸方の合計でまとめる試算表
❷「残高試算表」は貸借を比べて、多いほうに多い分を集計してまとめる試算表

次頁下図の現金勘

● **12個の勘定をもとに試算表をつくってみよう**

現金

12/1	資本金	1,000,000	12/7	貸付金	200,000
3	借入金	500,000	20	諸口	53,000
12	受取手数料	30,000	25	給料	150,000
30	諸口	21,000			

売掛金

12/10	売上	450,000	12/15	売上	5,000

貸付金

12/7	現金	200,000	12/30	現金	20,000

買掛金

12/11	仕入	10,000	12/5	仕入	300,000

借入金

12/20	現金	50,000	12/3	現金	500,000

資本金

			12/1	現金	1,000,000

売上

12/15	売掛金	5,000	12/10	売掛金	450,000

受取手数料

			12/12	現金	30,000

受取利息

			12/30	現金	1,000

仕入

12/5	買掛金	300,000	12/11	買掛金	10,000

給料

12/25	現金	150,000			

支払利息

12/20	現金	3,000			

定で違いを確認してみましょう。

下図の要領で、それぞれの試算表をつくると、次頁図のようになります。

どうですか?

ぜひあなたも電卓をたたいて、計算してみてくださいね。

ただし、確かめ算である試算表には限界があります。万能ではありません。

たとえば、貸借逆に仕訳をしてしまった場合などは、間違っているけど、貸借のバランスがそろってしまうのです。

したがって、「決算で試算表をつくるから間違えてもいいか」ではなく、「**日々の記録の積み重ねが決算だから、日々の記録をしっかりとやろう!**」そういう気持ちで、日々の流れを仕訳することが大切ということですね。

● 試算表のつくり方には「合計試算表」と「残高試算表」がある

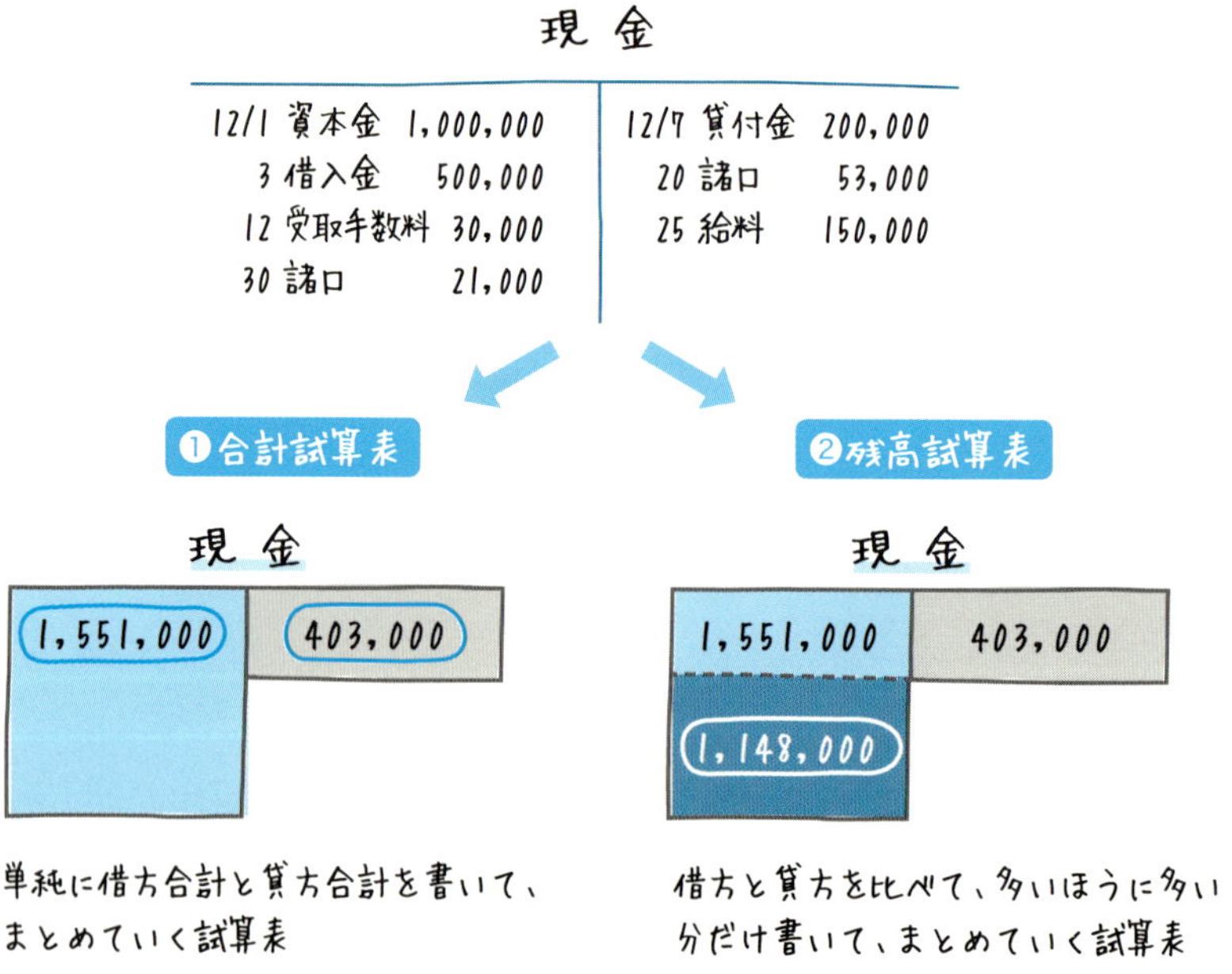
現金
12/1 資本金 1,000,000
3 借入金 500,000
12 受取手数料 30,000
30 諸口 21,000
12/7 貸付金 200,000
20 諸口 53,000
25 給料 150,000
❶合計試算表
現金
1,551,000
403,000
単純に借方合計と貸方合計を書いて、まとめていく試算表
❷残高試算表
現金
1,551,000
403,000
1,148,000
借方と貸方を比べて、多いほうに多い分だけ書いて、まとめていく試算表

「合計試算表」と「残高試算表」をつくってみる

合計試算表

平成○○年12月31日　（単位：円）

借方	勘定科目	貸方
1,551,000	現金	403,000
450,000	売掛金	5,000
200,000	貸付金	20,000
10,000	買掛金	300,000
50,000	借入金	500,000
	資本金	1,000,000
5,000	売上	450,000
	受取手数料	30,000
	受取利息	1,000
300,000	仕入	10,000
150,000	給料	
3,000	支払利息	
2,719,000		2,719,000

残高試算表

平成○○年12月31日　（単位：円）

借方	勘定科目	貸方
1,148,000	現金	
445,000	売掛金	
180,000	貸付金	
	買掛金	290,000
	借入金	450,000
	資本金	1,000,000
	売上	445,000
	受取手数料	30,000
	受取利息	1,000
290,000	仕入	
150,000	給料	
3,000	支払利息	
2,216,000		2,216,000

02 消しゴムが使えない！ 訂正するのにも仕訳が必要！

1 ミスを発見したら、「訂正仕訳」で直す

「決算は、まず〝確かめ算〟から」

これは大丈夫ですね。

では、確かめ算である「試算表」をつくって、もし貸借のバランスがそろわなかったら、日々の流れのどこかが間違っているわけです。

そのミスを発見して直していく必要があるのですが、問題があります。実は、簿記では、以前行った仕訳を直すのに、消しゴムが使えないのです！

ちょちょっと消しゴムで消して直せればいいのですが、それができません。

「仕訳を直すためには、〝その仕訳を直す仕訳〟が必要」なのです。

その直すための仕訳のことを「**訂正仕訳**」といいます。

2 訂正仕訳を確認してみよう！

それでは、訂正仕訳について、具体例を使って確認してみましょう。

例 **ソーテックス商店の経理係は、従業員の娯楽慰安のための費用3万円を現金で支払った際に、法定福利費勘定で記帳していたことが判明した。**

訂正仕訳については、下記の手順で考えていきます。

「**基本的には、間違えた仕訳を逆仕訳で取り消して、改めて正しい仕訳をする**」という考え方になります。

● 訂正仕訳のやり方

❶ まずは正しい仕訳を考えます。

(福利厚生費)	30,000	(現金)	30,000

従業員の娯楽慰安のための費用を記帳する勘定

❷ 次に間違えた仕訳を考えます。

(法定福利費)	30,000	(現金)	30,000

社会保険料の企業負担を記帳する勘定

❸ 最後に訂正仕訳を考えます。
❷の間違えた仕訳を逆仕訳で消して、❶の正しい仕訳をします。

(現金)	30,000	(法定福利費)	30,000
(福利厚生費)	30,000	(現金)	30,000

訂正仕訳

結局、会社がやった仕訳ってどれ？

ここで、意外と勘違いしやすい訂正仕訳のポイントを確認してみましょう。先ほどの例でいうと、下記の３つの仕訳がありました。

訂正仕訳の考え方

間違えた仕訳 ＋ 訂正仕訳 ＝ 正しい仕訳

このうち、会社がやった仕訳は、❷の間違えた仕訳と、❸の訂正仕訳だけです。

❶の正しい仕訳はやっていませんよね。そもそも❶の正しい仕訳をしていたら、訂正する必要がありません。

ということで、❷と❸の仕訳を行うことで、❶の正しい仕訳と同じ結果になっている、という点を理解してください。

なお、期中の段階でミスが見つかった場合は、決算まで待つ必要はありません。「**ミスが見つかった段階で訂正仕訳をして、修正してかまいません**」。

● 結果として正しい仕訳が残る

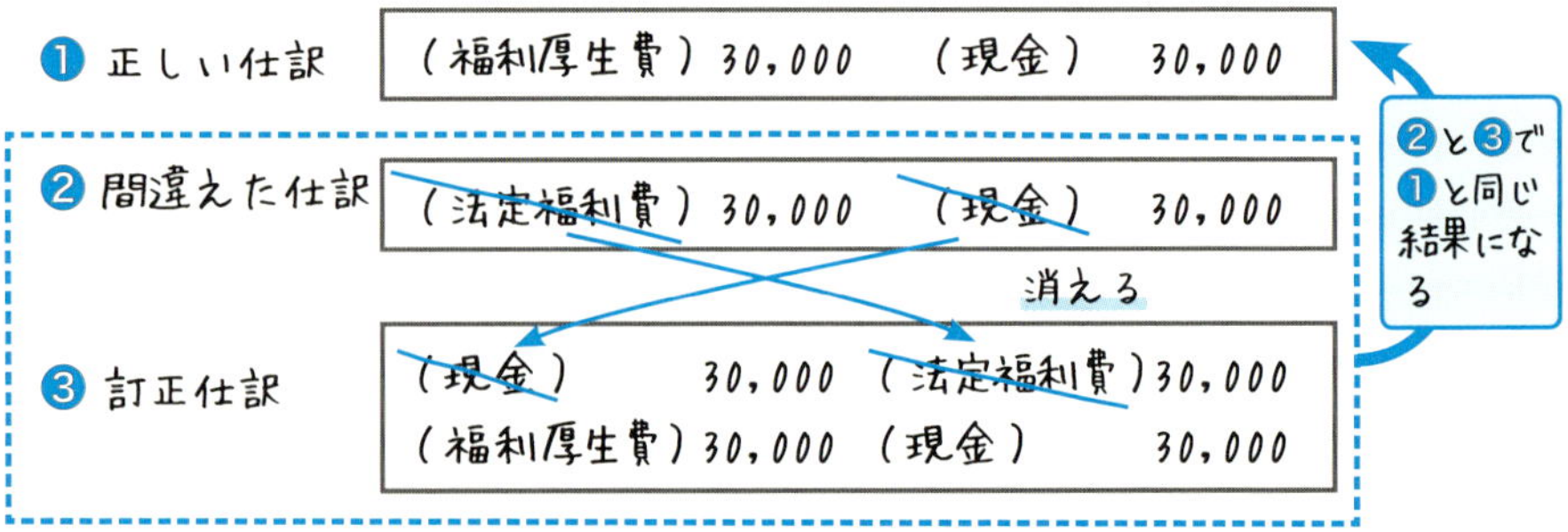
❶ 正しい仕訳
（福利厚生費）30,000　（現金）　30,000
❷ 間違えた仕訳
（法定福利費）30,000　（現金）　30,000
消える
❸ 訂正仕訳
（現金）　30,000　（法定福利費）30,000
（福利厚生費）30,000　（現金）　30,000
❷と❸で❶と同じ結果になる

03 売上原価の算定 しーくりくりしー

1 ちょっとだけややこしい、決算整理仕訳

試算表をつくって、ミスがないかを確認したあとは、いよいよつまずく人の多い「**決算整理仕訳**」を行います。「**〝決算整理仕訳〟は、簿記の目的を達成するために行う修正仕訳で、全部で10種類ぐらいあります**」が、これが、ちょっとだけややこしいんですね。

4時限目では、代表的な決算整理仕訳を5種類、学んでいきます。それでは、さっそくひとつ目の決算整理仕訳である「**売上原価の算定**」を見ていくことにしましょう。

2 売上原価がわかると、何がわかる？

「**売上原価とは、文字どおり、〝売った商品の原価〟**」のことです。

では、この売上原価がわかるとどうなるのか？　下図を見てください。「**売上＝原価＋利益**」なのがわかりますか？　つまり、「**売上原価がわかることで、簿記の目的のひとつである〝儲け〟がわかる**」のです。

3 何個売れた？　売上原価の考え方

では、その売上原価はどうやって計算するのでしょうか？

こんな「倉庫」をイメージしてみましょう（次頁下図参照）。

前日の売れ残りが5個、本日の仕入れが10個、合計で15個の商品が倉庫にありました。そして、1日の営業が終了し、売れ残りを数えてみると、3個でした。

さて、今日は何個の商品が売れたでしょうか？

そうですね。12個です。

前日の売れ残り（5個）＋本日の仕入れ（10個）
－本日の売れ残り（3個）＝12個売れた！

ポイントは「**直接、売れた数を出しているのではなく、〝売れ残った数**

● 売上原価がわかる＝儲けがわかる

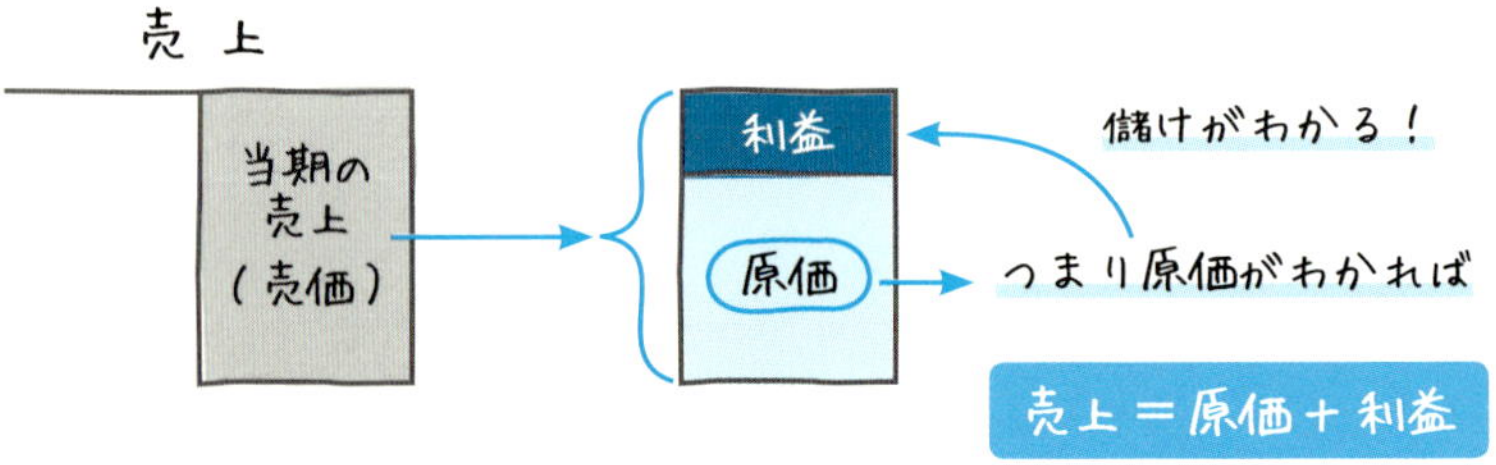

を引いている"」、つまり、**逆算で計算しているという点です。**

この倉庫の形を、仕入勘定で表すのが、ひとつ目の決算整理仕訳「**売上原価の算定**」となります。

4 仕入勘定が倉庫代わり！

では、この倉庫をイメージしながら、簡単な例題で確認してみましょう。

決算整理前の数字を、次のように仮定します。

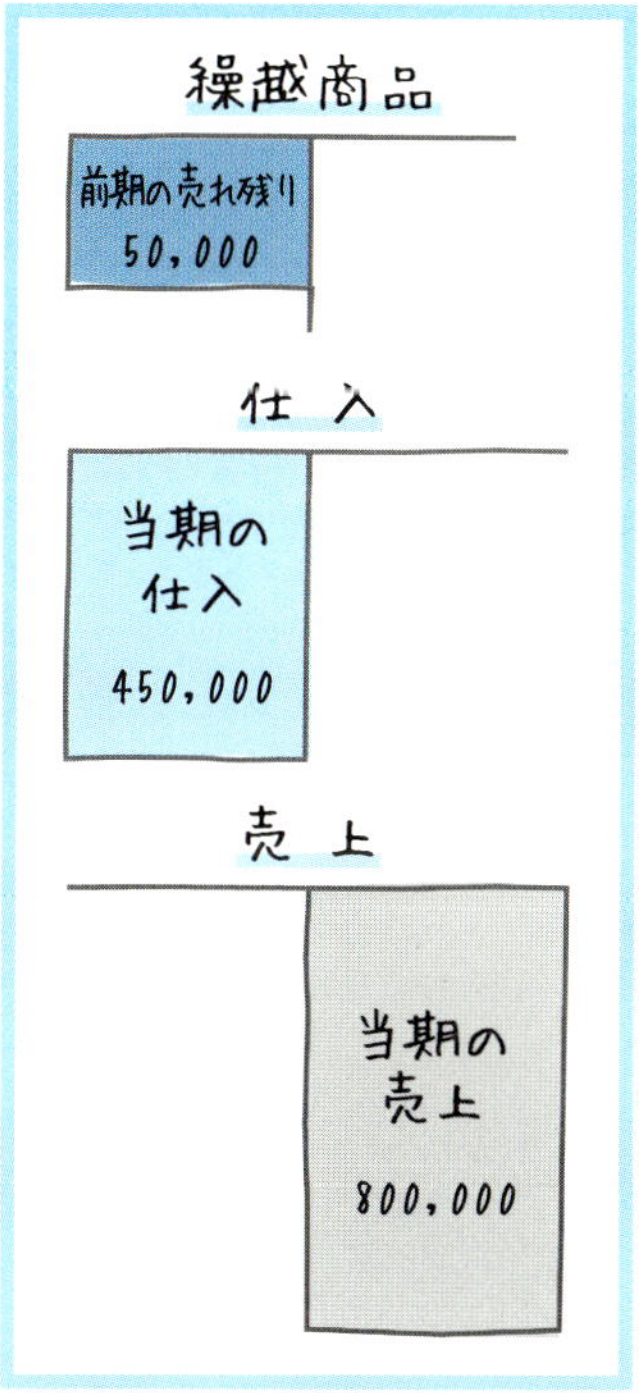

繰越商品
前期の売れ残り
50,000
仕入
当期の仕入
450,000
売上
当期の売上
800,000

売れ残りを引けば、売れた分がわかる！

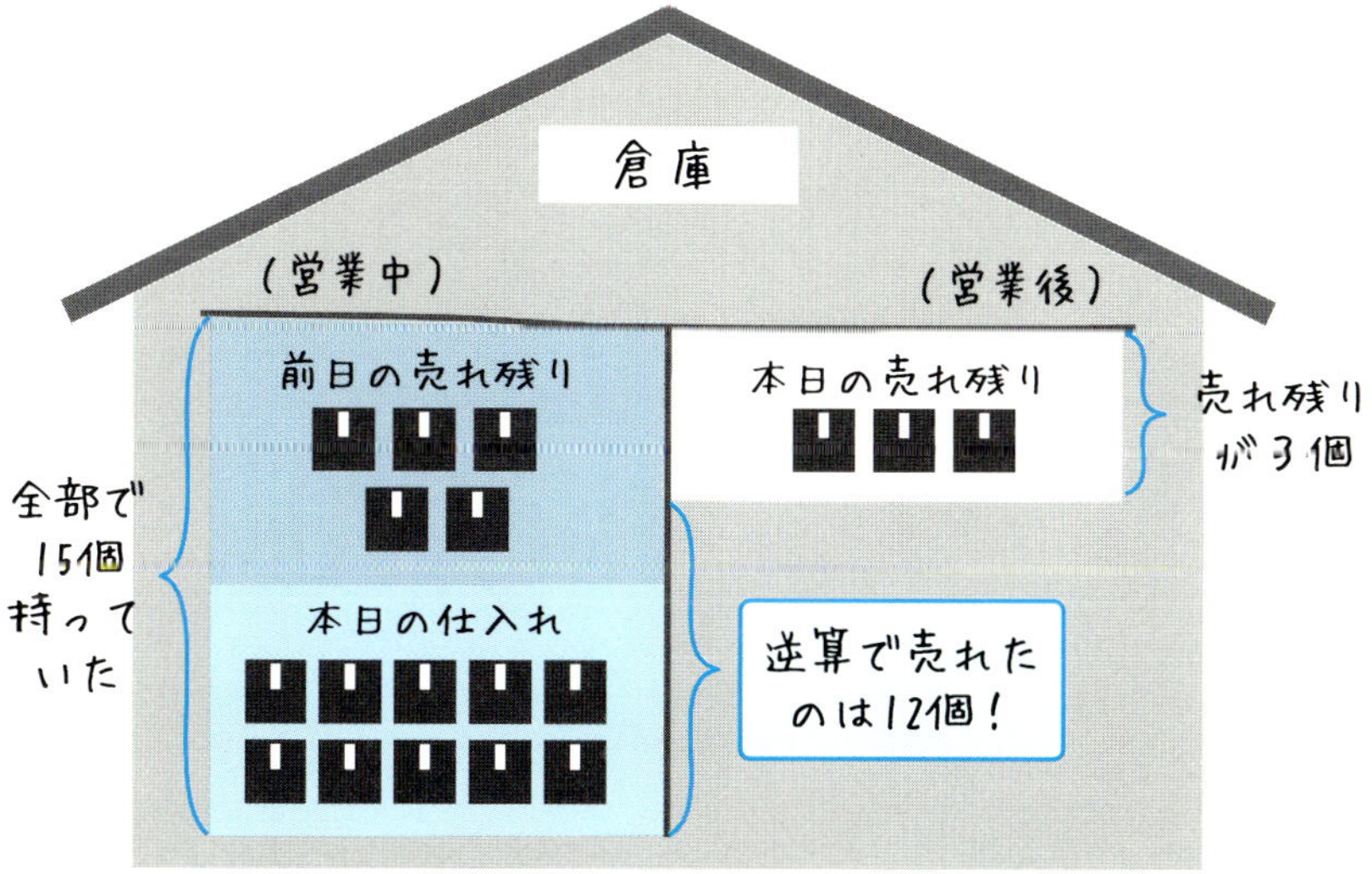

倉庫
（営業中）
（営業後）
前日の売れ残り
本日の仕入れ
本日の売れ残り
全部で15個持っていた
売れ残りが3個
逆算で売れたのは12個！

そして、当期の売れ残りが２万円だったとしたら、売上原価はいくらになりますか？　ポイントは、売れた分を直接出すのではなく、「**売れ残った分を引けば、残りは売れた分になる**」という逆算でした。

答えは、下の図のようになります。

仕入勘定の貸借差額が、売れた分の原価である「売上原価」となります。

つまり、「原価48万円のものを、80万円で売った（売上勘定）から、32万円の儲け」ということですね。

売上原価を計算することで、結果的に、簿記の目的のひとつである経営成績（＝儲け）がわかるのです。

5 しーくりくりしー、仕訳はシンプル！

それでは、お待たせしました！

いよいよ、ひとつ目の決算整理仕訳「**売上原価の算定**」の仕訳です。

● 仕入勘定が倉庫の役割

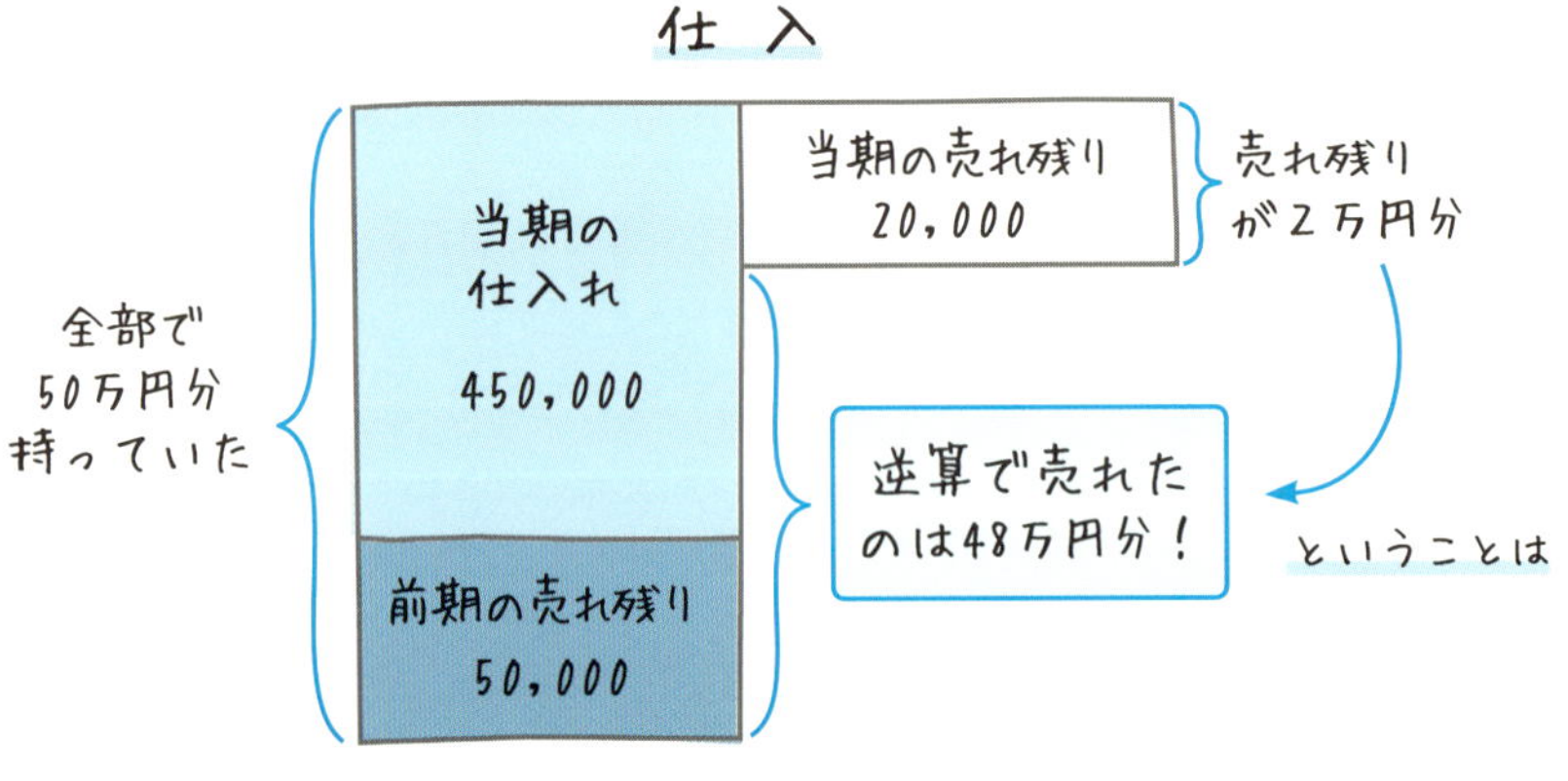

仕訳はいたって、シンプル！

先ほどの仕入勘定の形をつくるにはどうしたらいいのか？

これを考えてください。

どうですか？（下図参照）

前期の売れ残りは、「**繰越商品勘定**」にありましたよね。

これを仕入勘定の借方（❶）に移動します。

そして、当期の売れ残りを仕入勘定の貸方（❷）に移動するだけです。この当期の売れ残りは、繰越商品として来年に繰り越します。

このシンプルな仕訳は、「しーくりくりしー」なんていったりするので、覚えておいてくださいね。

● 形から入る売上原価算定の仕訳

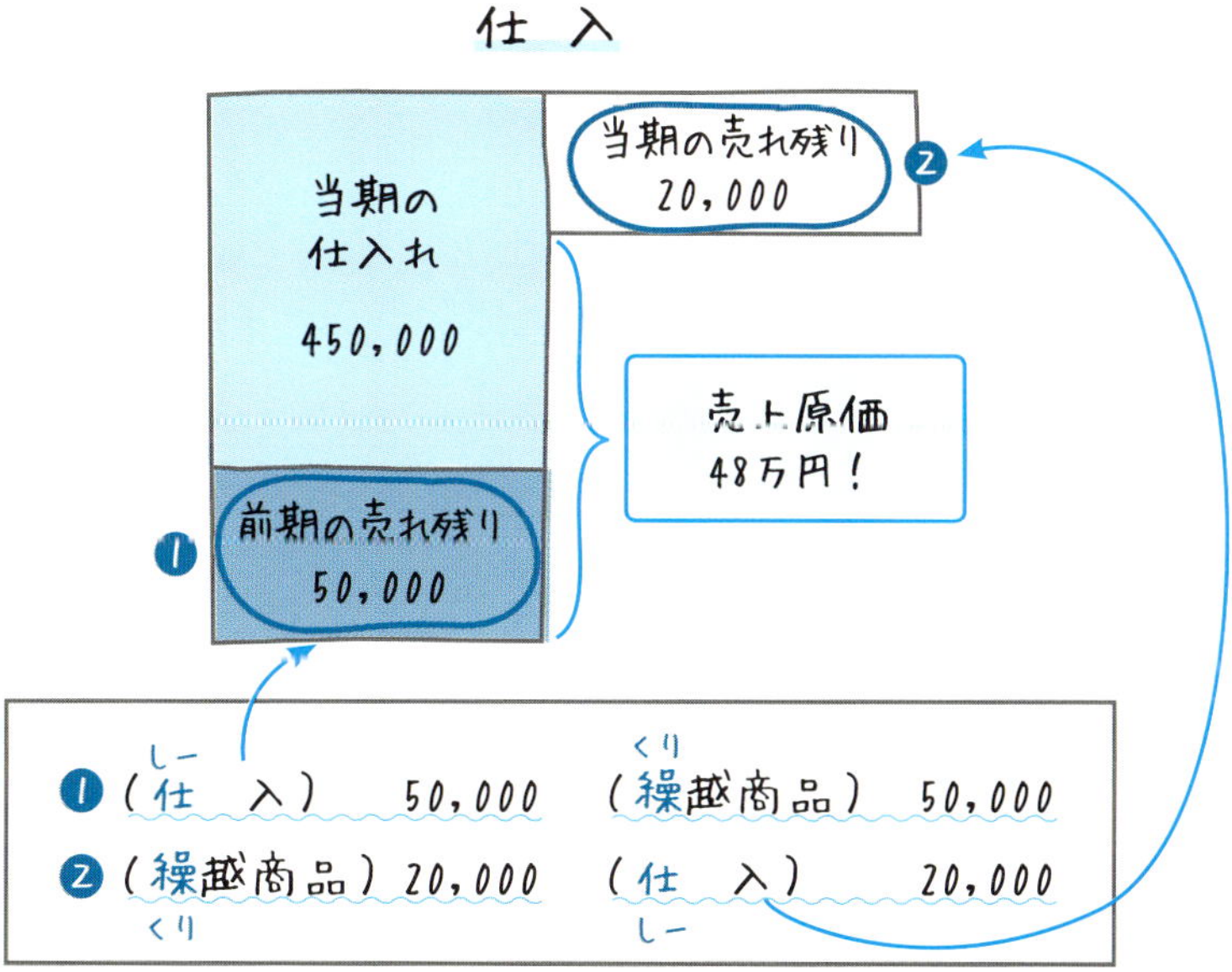

04 もしお金をもらえなかったら……、貸倒引当金を設定する

1 お金がもらえない！ 恐怖の貸倒れ

２つ目の決算整理仕訳に行く前に、関連する話を少ししたいと思います。今から見ていく話は、「決算とは直接関係がない」ので、気をつけてくださいね。

「売掛金や受取手形（これらを総称して〝売上債権〟といいます）は、〝あとで代金を受け取る権利〟」でした。これがもし……、相手商店の倒産などでもらえなくなったらどうしますか？

考えただけでもゾッとしますが、現実にある話ですよね。この場合はお金がもらえないので、当然「損」することになります。この状態を「**貸倒れが発生した**」といって、その損失は「**貸倒損失勘定**」（費用）で仕訳をすることになります。

貸倒れによる連鎖倒産なんてこともあるので、売掛金や受取手形などの信用取引を行うときは、相手をよく見て慎重に行う必要があるということですね。

2 それって、去年の話だよね

ということで、相手商店の倒産などでお金がもらえないと大変なことになります。**「〝貸倒損失〟として費用にすることで、利益を減らして、税金を安くすることでしか、その損失分を取り返す」**ことができません。

しかし、その「貸倒損失」さえもできないときがあるのです。それは、どんなときか？　次の例で確認してみましょう。

例

01年度に掛売上が発生し、その売掛金の一部が、01年度（次頁下図①）、02年度（次頁下図②）に、それぞれ貸倒れたとします。

この①と②、どちらも同じ貸倒れです。でも、実は②については、「貸倒損失」として処理ができないのです。それはなぜかというと、「**費用と収益が対応していないから**」です。

ここで1時限目の02（41頁参照）をもう一度読み返してみましょう。今の会社は、つぶれないことを前提とした「**継続企業**」という考え方が基本となっています。そのため、一定期間を人為的に区切りましたよね。その一定期間で、費用と収益を対応させて、利益を計算しなければならないのです。

そう考えると、①では貸倒損失にできて、②ではできないのがわかりますか？　これを、「**費用収益対応の原則**」「**適正な期間損益計算**」といったりします（下図参照）。

つまり、簡単に考えると「**年をまたいだら費用にはできない**」ということです。

そこで、２つ目の決算整理仕訳の出番となります。

3 前倒しで費用にする。貸倒引当金の設定

それでは、２つ目の決算整理仕訳にいきましょう（次頁下図参照）。

「年をまたいだら費用にできない」だったら、「**年をまたぐ前に費用にしてしまいましょう**」という単純な発想です。

先ほどの例で確認をしてみましょう。年をまたぐと費用にできないので、01年度の決算で、前倒しで

● 同じ年度で費用と収益が対応しているか？

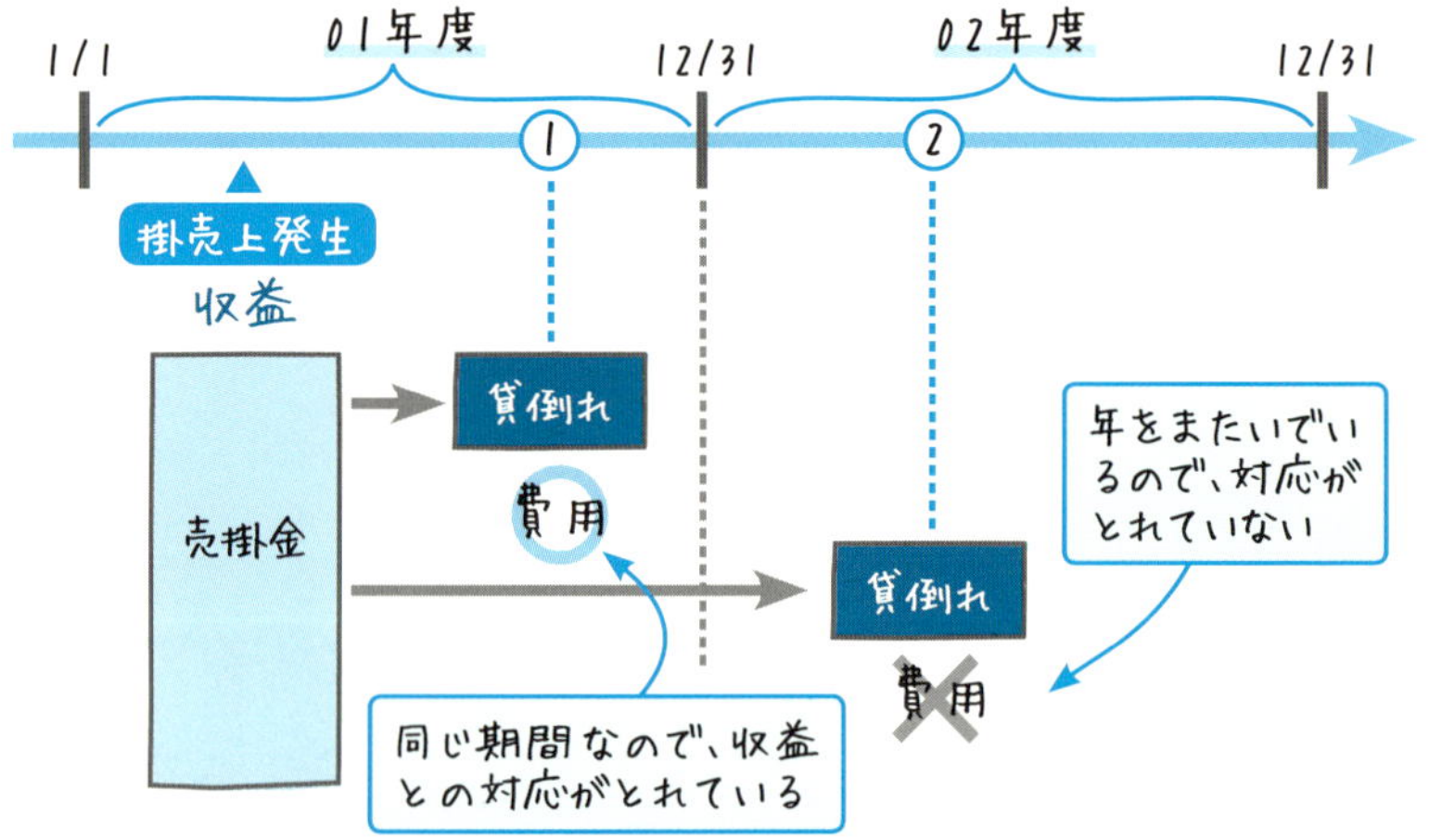

費用にしていきます。

ただし、01年度の決算の段階では、**「まだ実際には貸倒れていない」**ので、「貸倒損失」ではなく、「**貸倒引当金**」という名前に変えて、区別しておかなければなりません。

4 「貸倒引当金の設定」仕訳の形を確認してみよう！

この「**貸倒引当金の設定は、年をまたいだら費用にできないから前倒しで費用にする**」ということでしたね。つまり、「貸倒損失」の代わりに行う仕訳なのです。ポイントは次の2つです。

- **01年度の決算の段階では、「まだ実際に貸倒れたわけではない」ので、勘定科目を変えなければならない（貸倒損失⇒貸倒引当金繰入、売掛金⇒貸倒引当金）**

● 前倒しで対応させる貸倒引当金

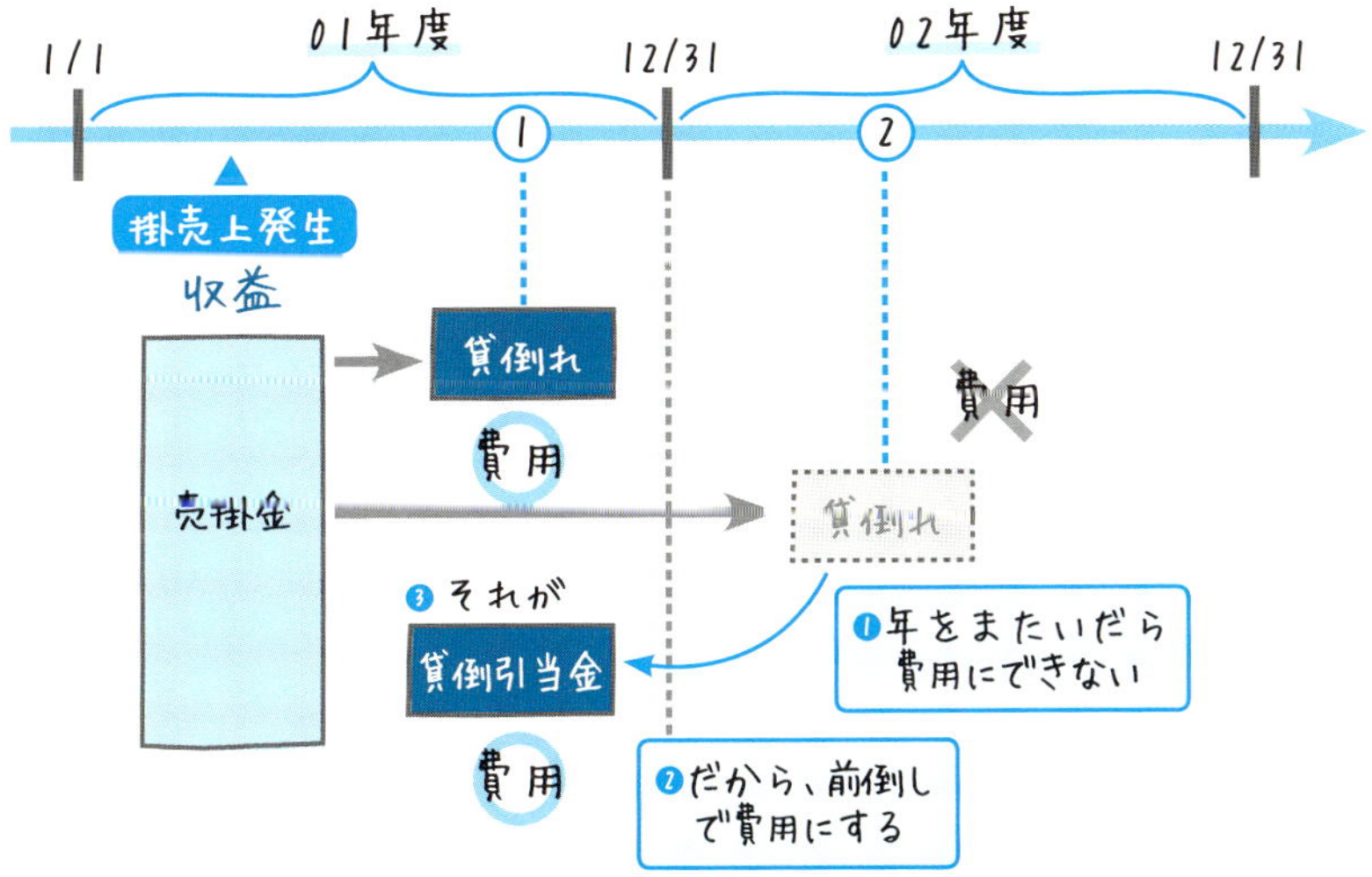

● 01年度の決算の段階では、「まだ実際に貸倒れたわけではない」ので、金額を見積もらなくてはならない（年をまたいだ来年以降、いくらぐらい貸倒れるか？）

ちょっとややこしい話ですが、「〝年をまたいだら費用にできない〟だから、前倒しで費用にしている」ということを、しっかりと押さえておきましょう。

費用と収益を対応させることは、とても大切なことなんです。
前節の売上原価を表す「仕入勘定」が費用になるのも、売上（収益）と対応させているからなんですね。

● 貸倒損失の前倒しが貸倒引当金

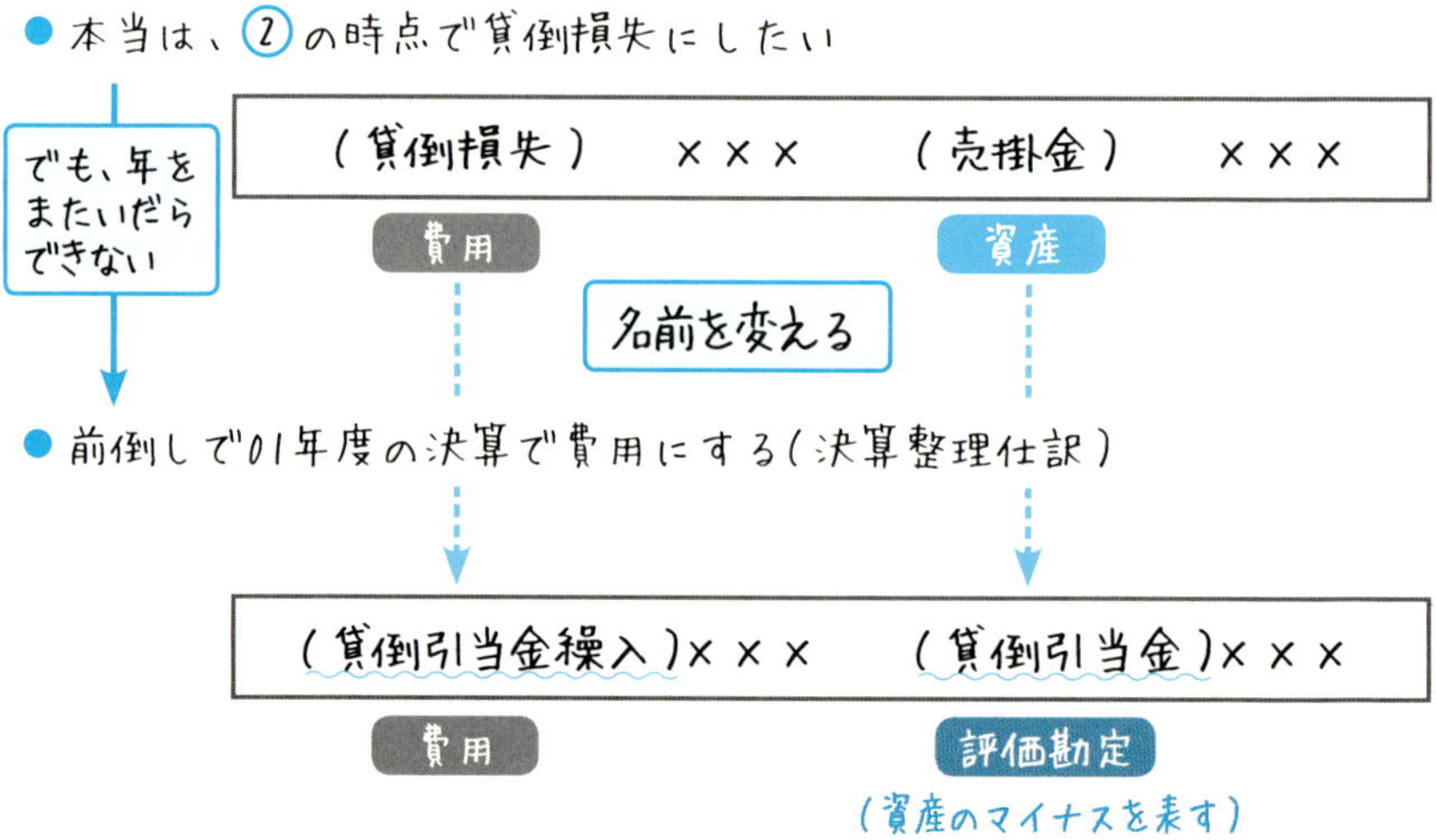
● 本当は、②の時点で貸倒損失にしたい
でも、年をまたいだらできない
（貸倒損失）×××　（売掛金）×××
費用
資産
名前を変える
● 前倒しで01年度の決算で費用にする（決算整理仕訳）
（貸倒引当金繰入）×××　（貸倒引当金）×××
費用
評価勘定
（資産のマイナスを表す）

05 1年使ったら、いくら価値が減る？ 減価償却の計算

1 その資産、何年売上に貢献していますか？

3時限目の11で学んだ固定資産。

固定資産というのは、長く使える資産のことでしたね。

これから、その固定資産の中でも、形のある「**有形固定資産の決算整理仕訳**」について、見ていきます。

たとえば、100万円で営業車を買ったとします。

この営業車で得意先を回ることで売上があがります。つまり、営業車を買って使うことは、「**売上に貢献している**」「**売上との対応関係がある**」ということです。

ここまでは大丈夫ですか？

問題はここからです。

車は、一般的に考えて、1年間で乗れなくなる……、ということはまずありませんよね。何年かは乗れるはずです。

ということは、**「営業車の購入代金100万円は、購入した年だけの売上に貢献（対応）しているわけではない」**のです。

つまり、**「100万円を貢献（対応）している年度に配分する必要がある」**ということです。

この配分のことを「**減価償却**」といいます。

2 またまた登場！ 費用収益対応の原則

4時限目の04でも出てきた「**費用収益対応の原則**」、つまり「**利益は、費用と収益を対応させて考える**」ということでしたね。

これは、今回の営業車も同じなんです。

売上（収益）をあげるために、営業車を使って営業する。営業車を使って、得意先を回るからこそ、売上があがるわけです。

「減価償却」では、この売上をあげるために、「**いくら分の**

● 固定資産の貢献は買ったときだけじゃない！

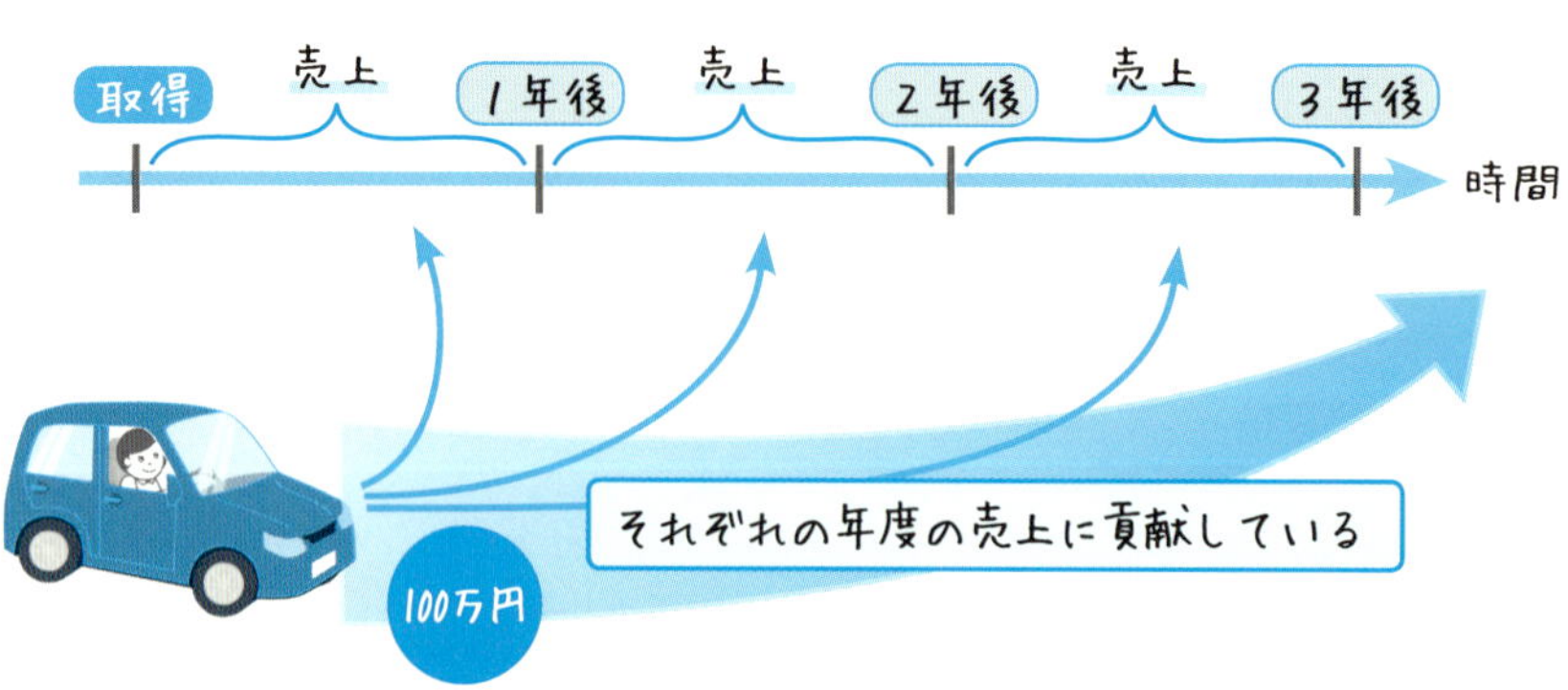

営業車を使ったのか」を計算して、売上に対応する費用としていきます。その費用のことを「**減価償却費**」といいます。

でも、「この売上をあげるために、いくら分の営業車を使ったのか」、これを正確に計算することは事実上不可能ですよね。

そこで、「貸倒引当金」と同じく、見積もり計算をしていくことになります。

3 まずは定額法を押さえよう！

見積もりの計算方法には、いくつかの方法がありますが、本書の目的である基礎レベルでは、「**定額法**」というやり方をしっかりと押さえてください。定額法では、下図の算式で計算した金額を、見積額としていきます。「取得原価」は実際に支払った金額なので問題ないのですが、「耐用年数」と「残存価額」は、見積もりになるのがわかりますか？

「**耐用年数は、使える年数**」のことですが、何年使えるかは結果論であって、使っている最中はわかりません。その「**耐用年数終了時点の処分予想価額である残存価額**」も、使っている最中はわ

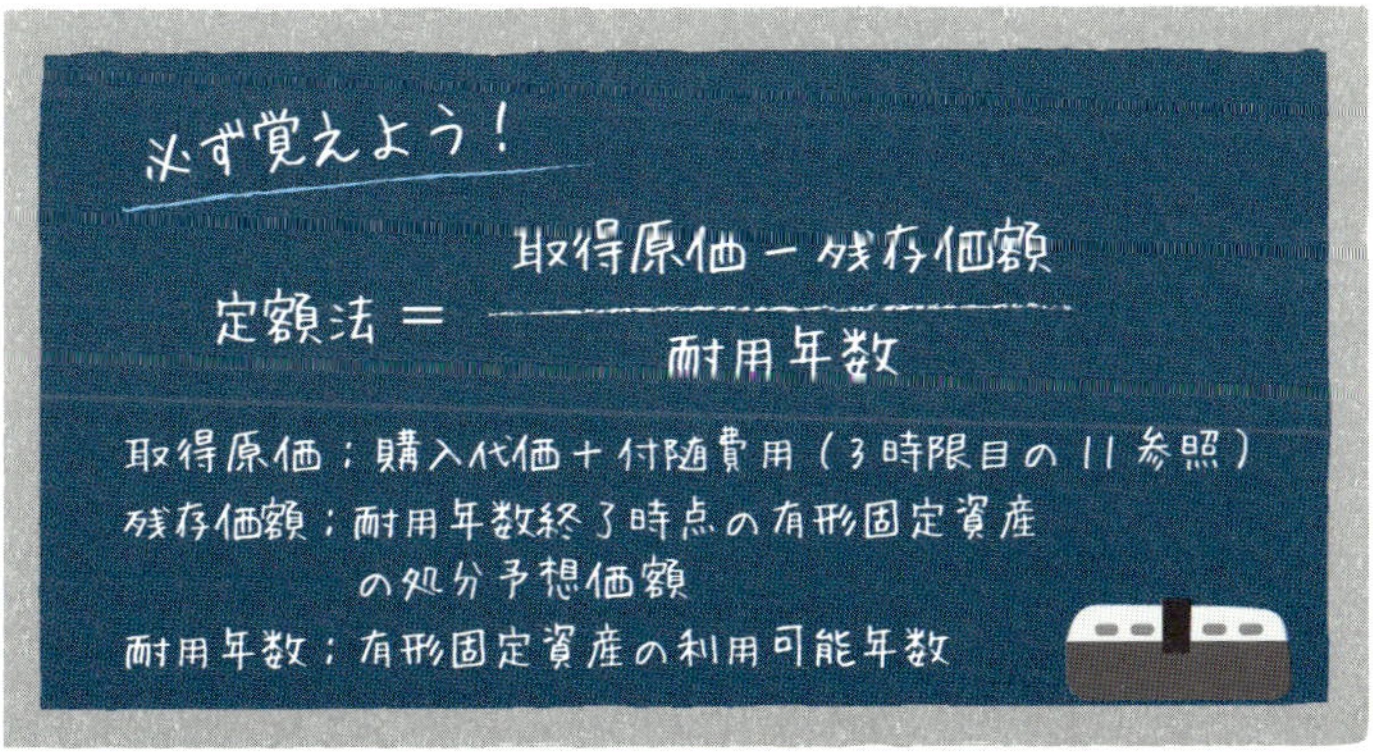
必ず覚えよう！
定額法 ＝ 取得原価 − 残存価額 / 耐用年数
取得原価：購入代価＋付随費用（3時限目の11参照）
残存価額：耐用年数終了時点の有形固定資産の処分予想価額
耐用年数：有形固定資産の利用可能年数

かりませんよね。ということで、この2つは見積もるしかないのです。

でも、安心してください。この見積もりは決まっています。

●**残存価額 ⇓ 簿記上、取得原価の10％で計算**
●**耐用年数 ⇓ 耐用年数省令という法律があって、「パソコンは4年」など、資産の種類ごとに、事細かに耐用年数が決まっている**

自分自身で、残存価額や、耐用年数を計算する方法もあるのですが、本書の目的である基礎レベルでは、押さえる必要がありません。「残存価額」も「耐用年数」も決まっているものとして考えてくださいね。

4 具体例で確認をしてみよう！

それでは、先ほどの例で確認をしてみましょう。

営業車の取得原価が１００万円、残存価額は、取得原価の10％だから、10万円、耐用年数を３年とします。営業車に乗れば乗るだけ、営業車の価値は減りますよね。

いわゆる中古車になるということです。

今回の例でいえば、１００万円で買ってきたものが、３年後には10万円の価値しかなくなる。

ということは、価値減少額は「100万円－10万円で90万円」です。この90万円の価値減少額は、何年で減少したかというと、今回は3年ですよね。

1年あたりで考えると、90万円÷3年で30万円になります。

定額法なので、文字どおり毎年30万円が定額で減っていくということですね。

つまり、1年間の売上を獲得するために、営業車を30万円分使ったということになるのです。

● いくら分使った？　定額法で考えてみよう！

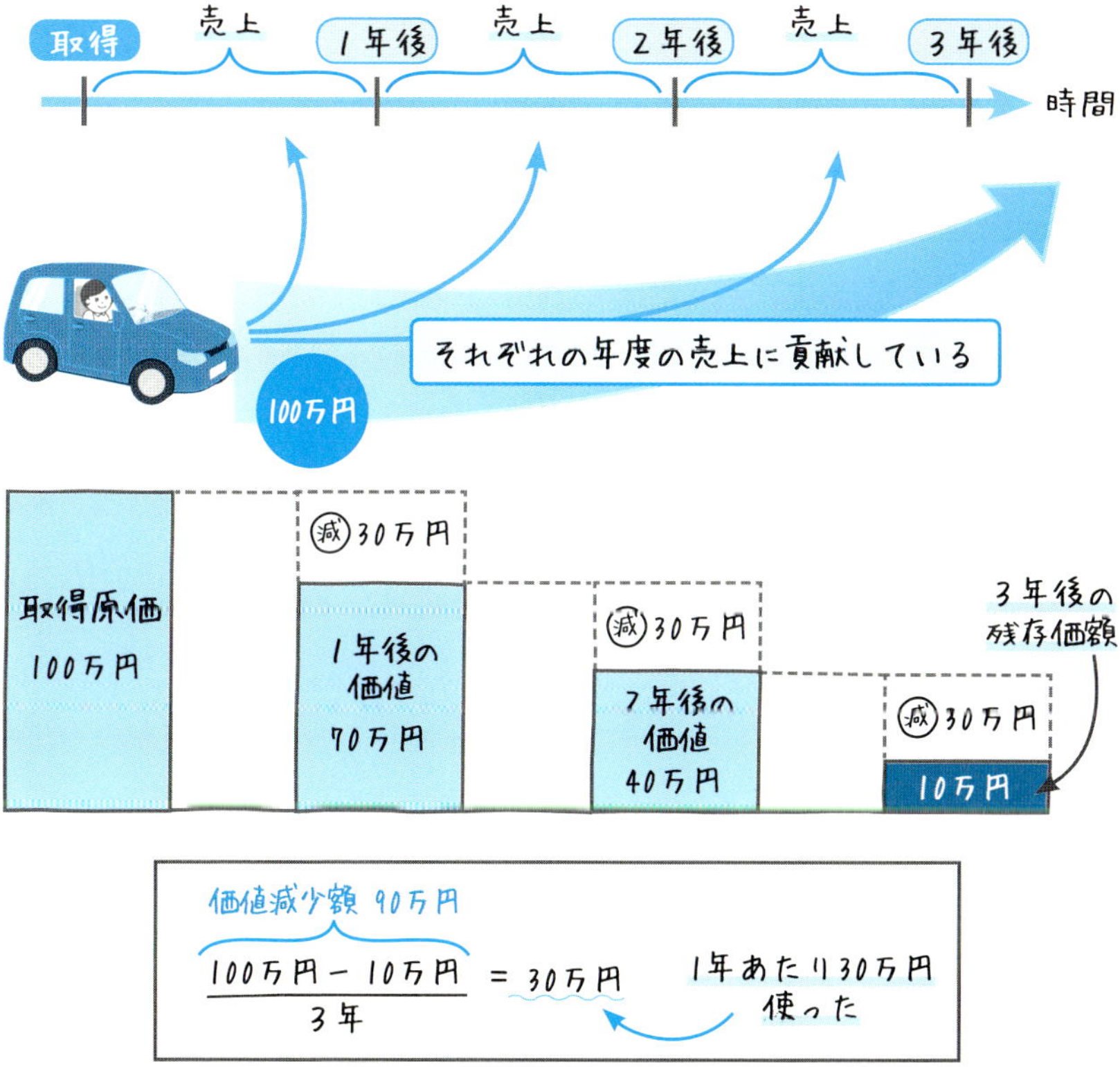

5 仕訳の形を確認してみよう！

それでは、金額の計算ができたところで、仕訳の形を確認してみましょう。これが、3つ目の「**決算整理仕訳**」になりますが、2つの方法があります。

それが、「**直接法**」と「**間接法**」です。

下図で、この2つの違いを確認してみてください。

繰り返しになりますが、減価償却は見積計算です。見積もりのやり方には、定額法だけでなく、「定率法」や「生産高比例法」などがありますが、**基礎レベルでは定額法をしっかりと押さえてくださいね。**

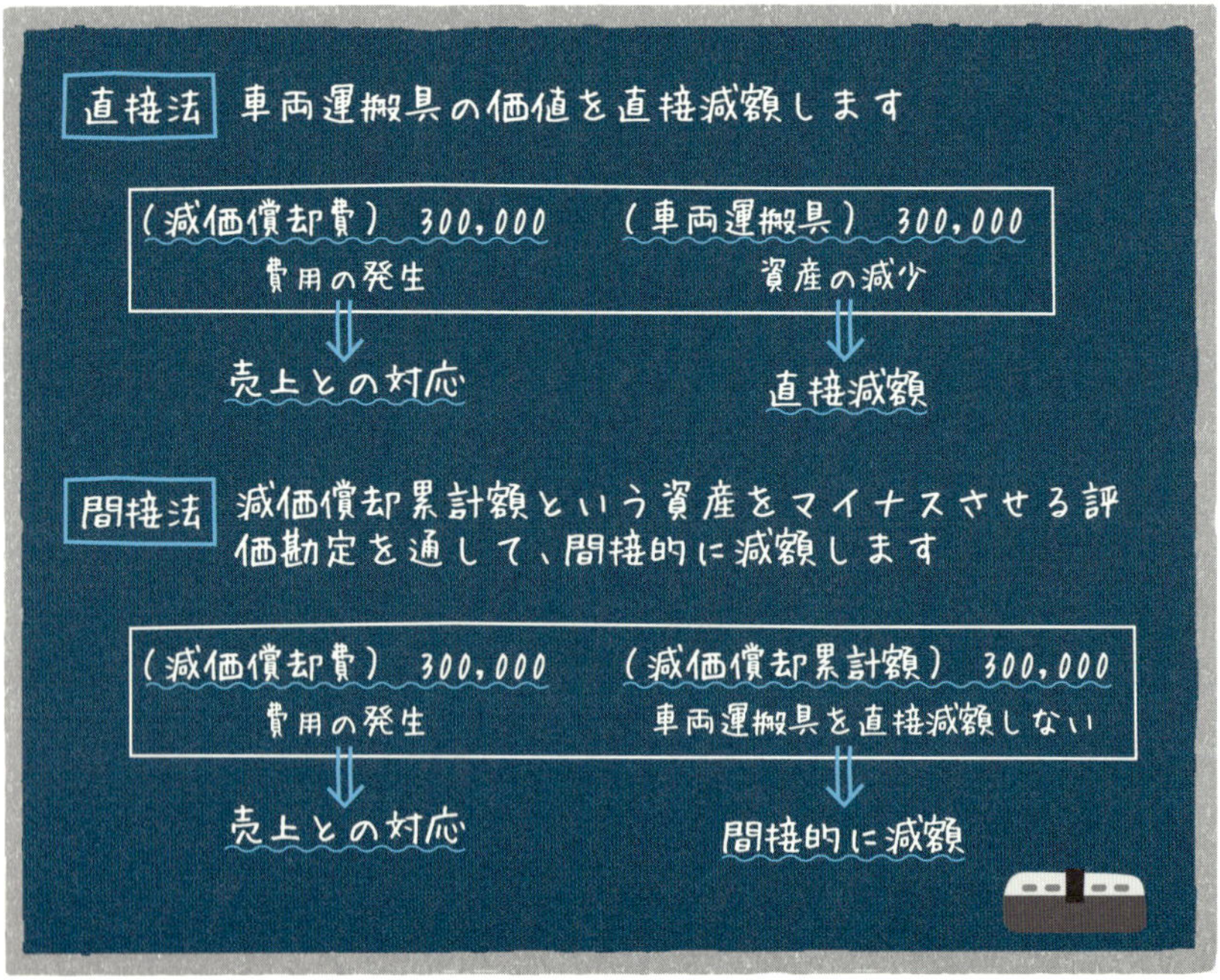

直接法
車両運搬具の価値を直接減額します
（減価償却費） 300,000
費用の発生
（車両運搬具） 300,000
資産の減少
売上との対応
直接減額
間接法
減価償却累計額という資産をマイナスさせる評価勘定を通して、間接的に減額します
（減価償却費） 300,000
費用の発生
（減価償却累計額） 300,000
車両運搬具を直接減額しない
売上との対応
間接的に減額

06 今年の分は、今年のうちに！繰延べ・見越しの計算

1 来年のことを入れると、簿記の鬼が怒る?

4時限目04で出てきた「適正な期間損益計算」。

倒産しない継続企業を前提としている今の会社では、会計期間を人為的に区切っています。

「**〝適正な期間損益計算〟とは、その人為的に区切った会計期間ごとに、収益と費用を対応させて、儲けを計算すること**」ですが、いつでもピッタリ、会計期間で支払い、あるいは受け取りができるかというと、そうとはかぎりません。

たとえば、1年に1回しか払わない保険料とか、3カ月に1回の間隔で受け取っている家賃とか、そういう類のものは、時として払いすぎてしまったり、もらいすぎてしまうといったことがあります。

その場合も、あくまで「**今年分**」だけで考えていくことに注意してください。

払いすぎ分ともらいすぎ分は、あくまで「**来年分**」ですよね。

たとえ、「**今年払っていたとしても、もらっていたとしても、今年分とはなりません**」。

つまり、その払いすぎ分と、もらいすぎ分を、来年に繰り越す必要があるということです。この来年に繰り越すことを、「**繰《くり》延《の》べ**」といいます。

昔から、「来年のことをいえば鬼が笑う」といいますが、簿記の鬼は、来年のことを入れると、「それはダメ！」と怒るのです。

2 費用の払いすぎはどうする？

下のタイムテーブルを見てください。

01年度の4月1日に、月額10万円の家賃を1年分前払いしました。

さて、この場合、支払った１２０万円全額を、01年度の費用にできるでしょうか？　ここまで学んできたみなさんなら、大丈夫ですね！

そうです、できません。

あくまで人為的に区切った期間で考えていくことになるので、今年分ではない、払いすぎた分がありますよね（次頁❶参照）。

● **タイムテーブルを書いて考えるのがポイント**

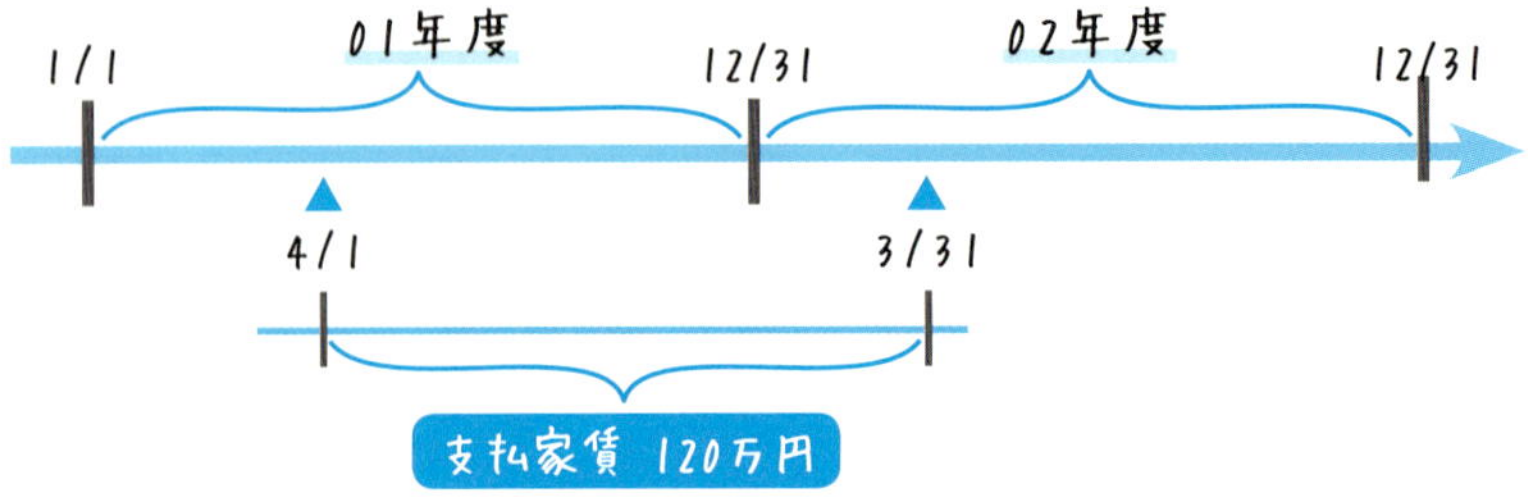

この「〝払いすぎた分〟を、来年に繰り延べる仕訳が〝決算整理仕訳〟」となります（下図❷参照）。

❶ 払いすぎた分はいくら？

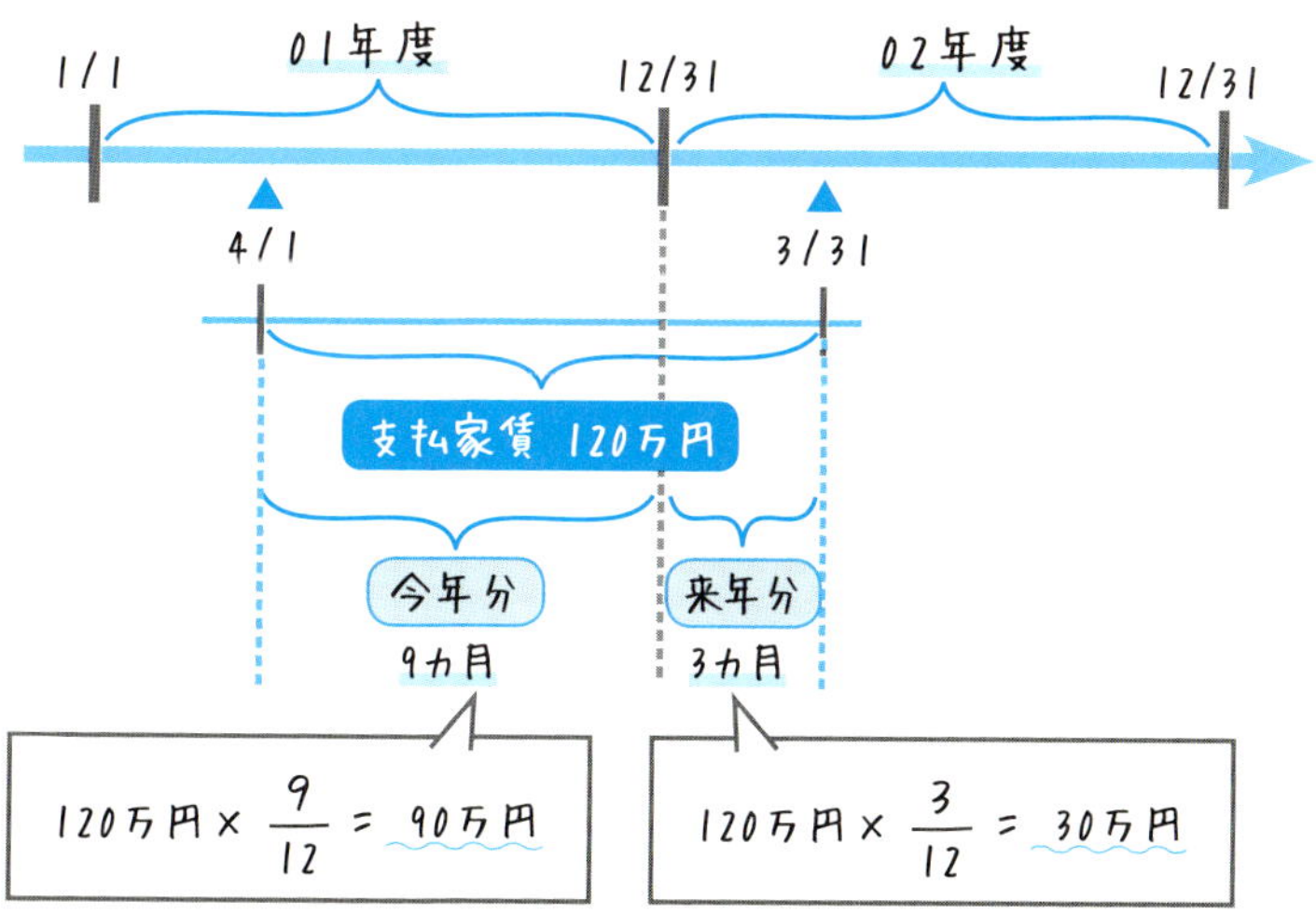

❷ 払いすぎた分を、来年に繰り越す

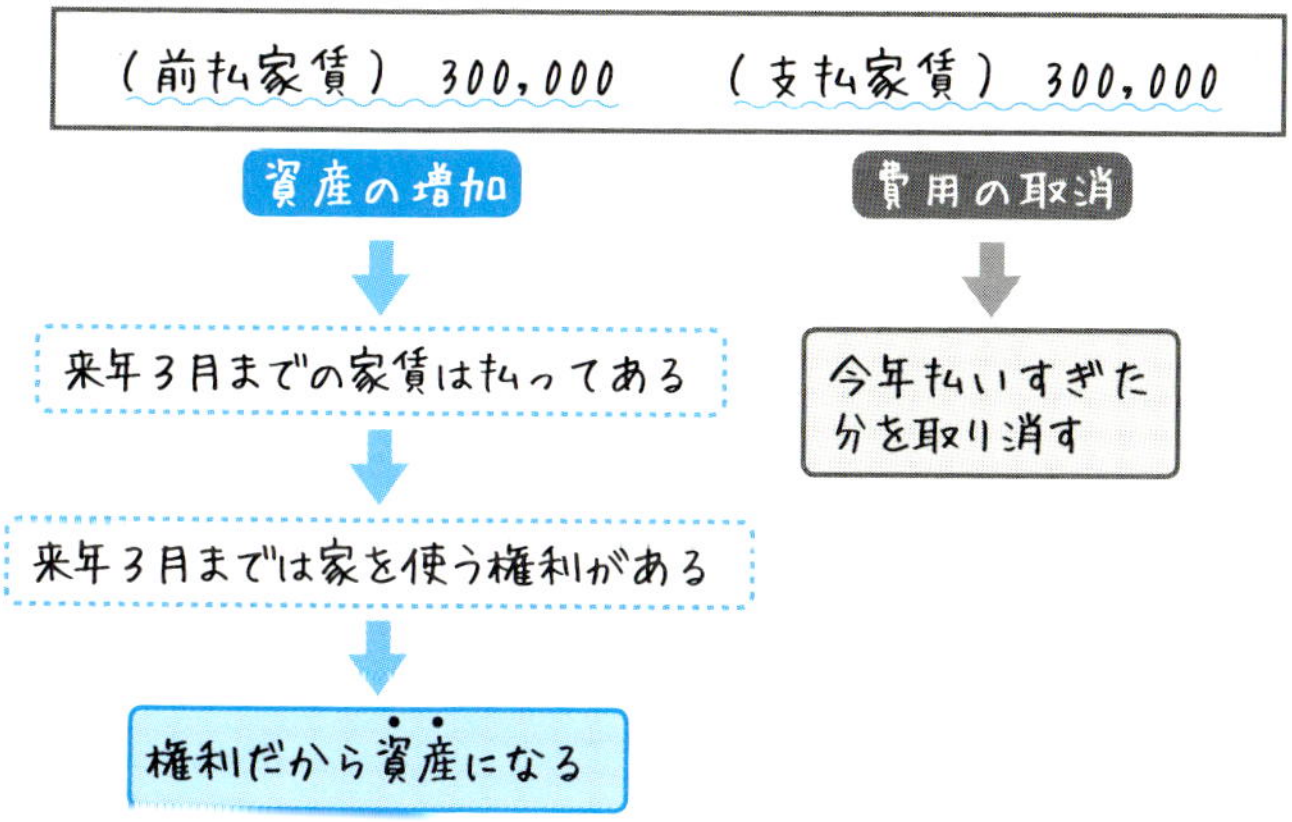

3 パターンは全部で4つある！

このパターンは、全部で4つあります。先ほどの「**払いすぎ**」があれば、その反対の「**もらいすぎ**」があります。あとは、今年分だけど、「**まだ払っていない**」という場合、そして、その反対の「**まだもらっていない**」の計4つです。いずれの場合も、ポイントは、「**今年分を、今年の収益あるいは費用にする**」ということです。残り3つのパターン「もらいすぎ」「まだ払っていない」「まだもらっていない」をタイムテーブルで確認してみましょう。

4 収益のもらいすぎはどうする？

先ほどの逆の立場で、4月1日に1年分の家賃をもらったとします（次頁❶参照）。

この「〝**もらいすぎた分**〟を、**来年に繰り延べる仕訳が**〝**決算整理仕訳**〟」となります（次頁❷参照）。

5 費用を払っていない場合はどうする？

10月1日に、100万円を借りてきました。利率は年3％で、利息は1年ごとに支払うという

❶ もらいすぎた分はいくら？

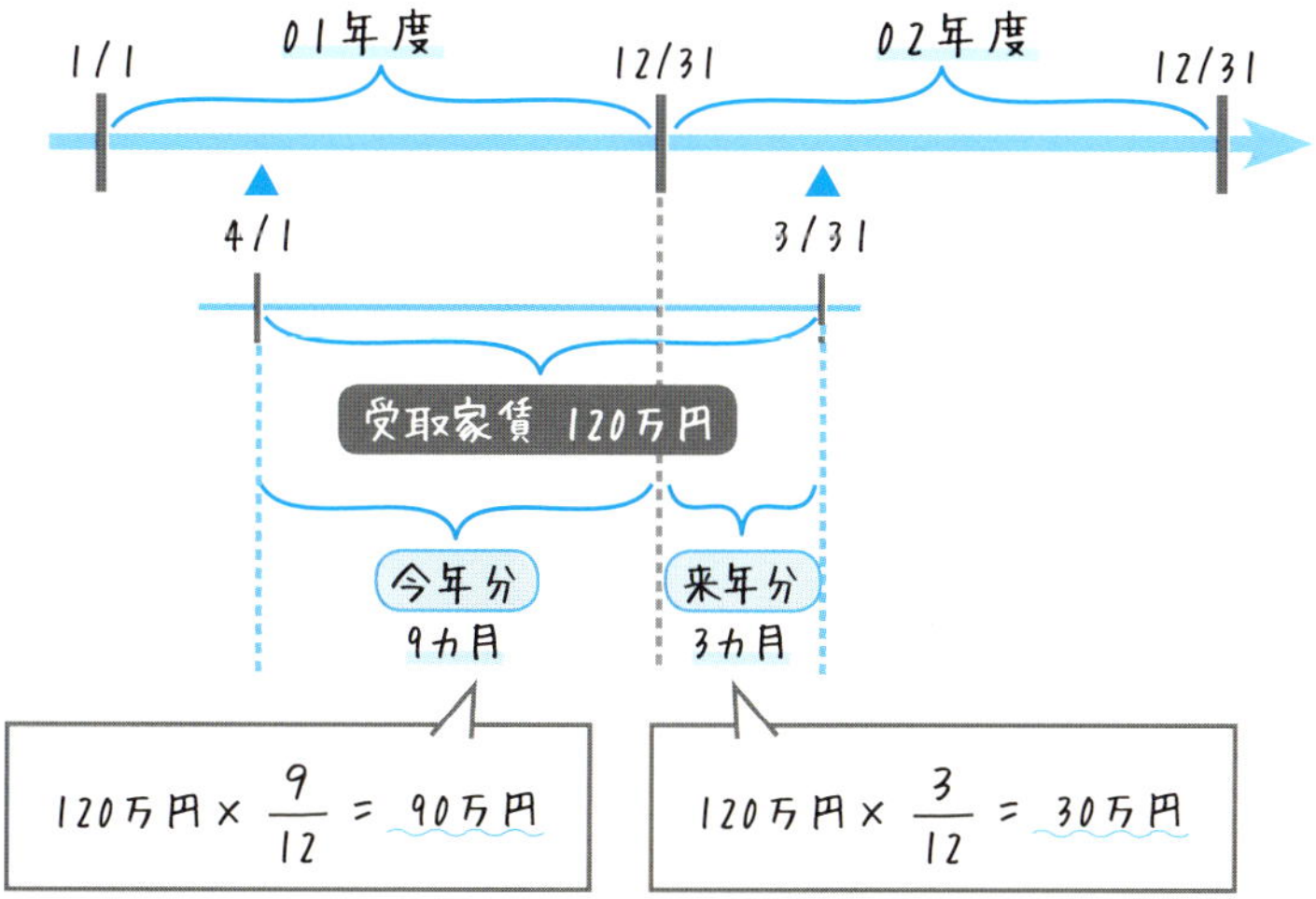

❷ もらいすぎた分を、来年に繰り越す

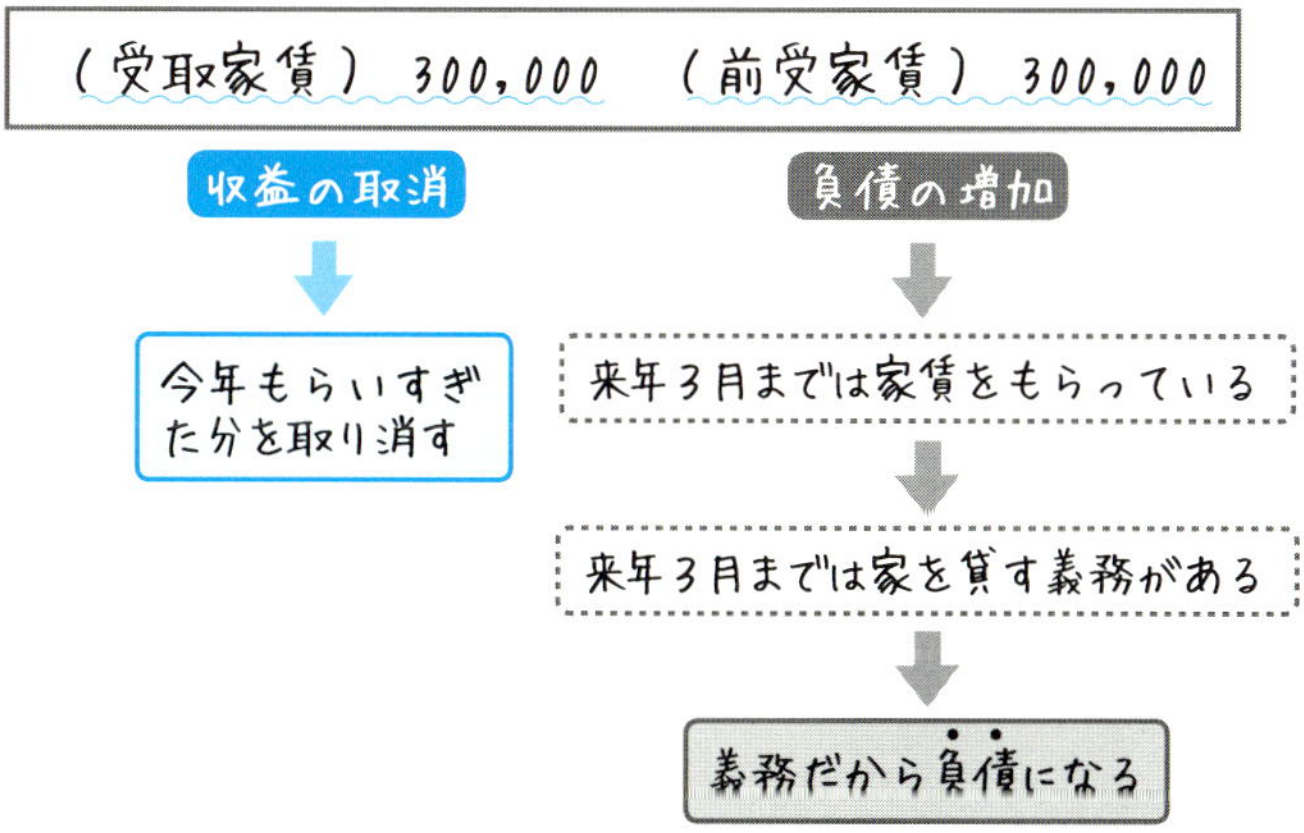

契約です（❶参照）。この「〝まだ払っていないけれど今年分〟を、今年の費用にする仕訳が〝決算整理仕訳〟」となります（❷参照）。

❶ 払っていない今年分はいくら？

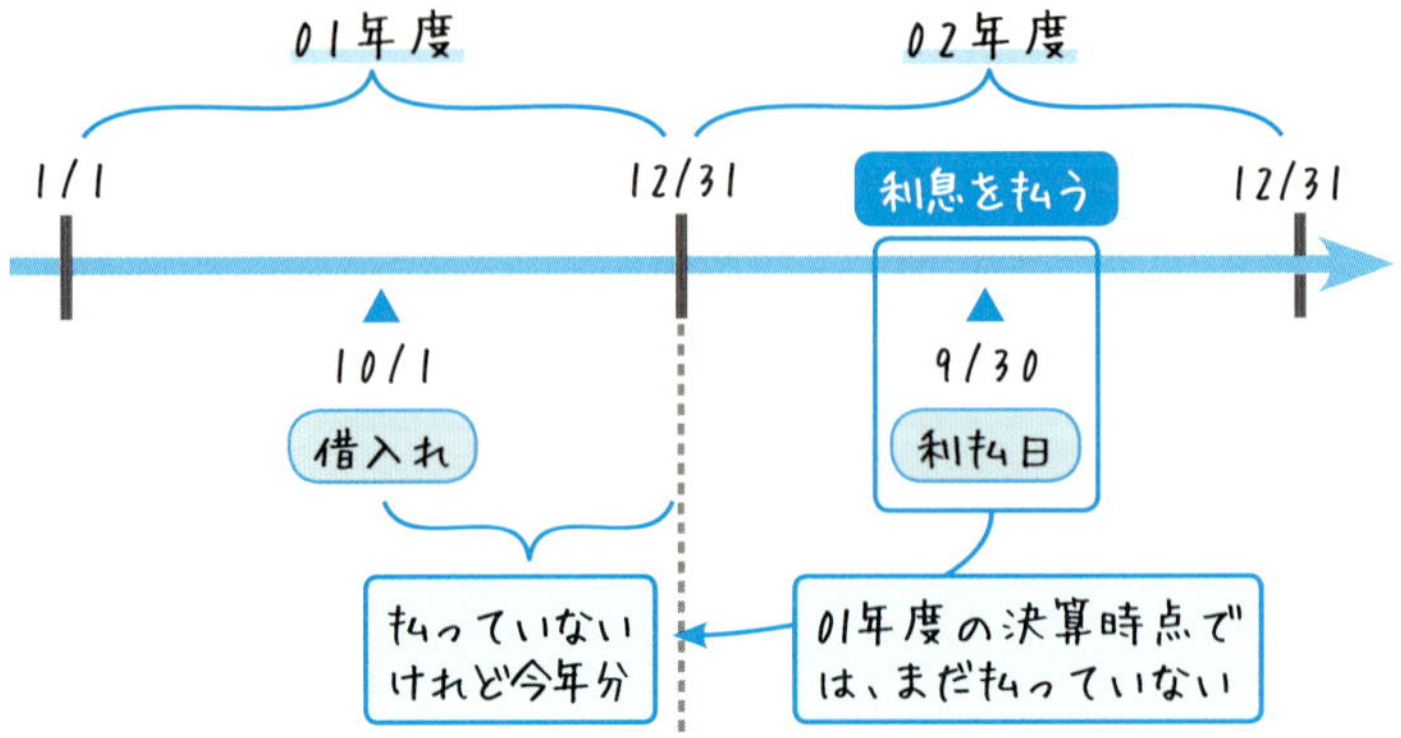

100万円×3%×$\frac{3}{12}$＝7,500円

❷ まだ払っていない今年分を、今年の費用にする

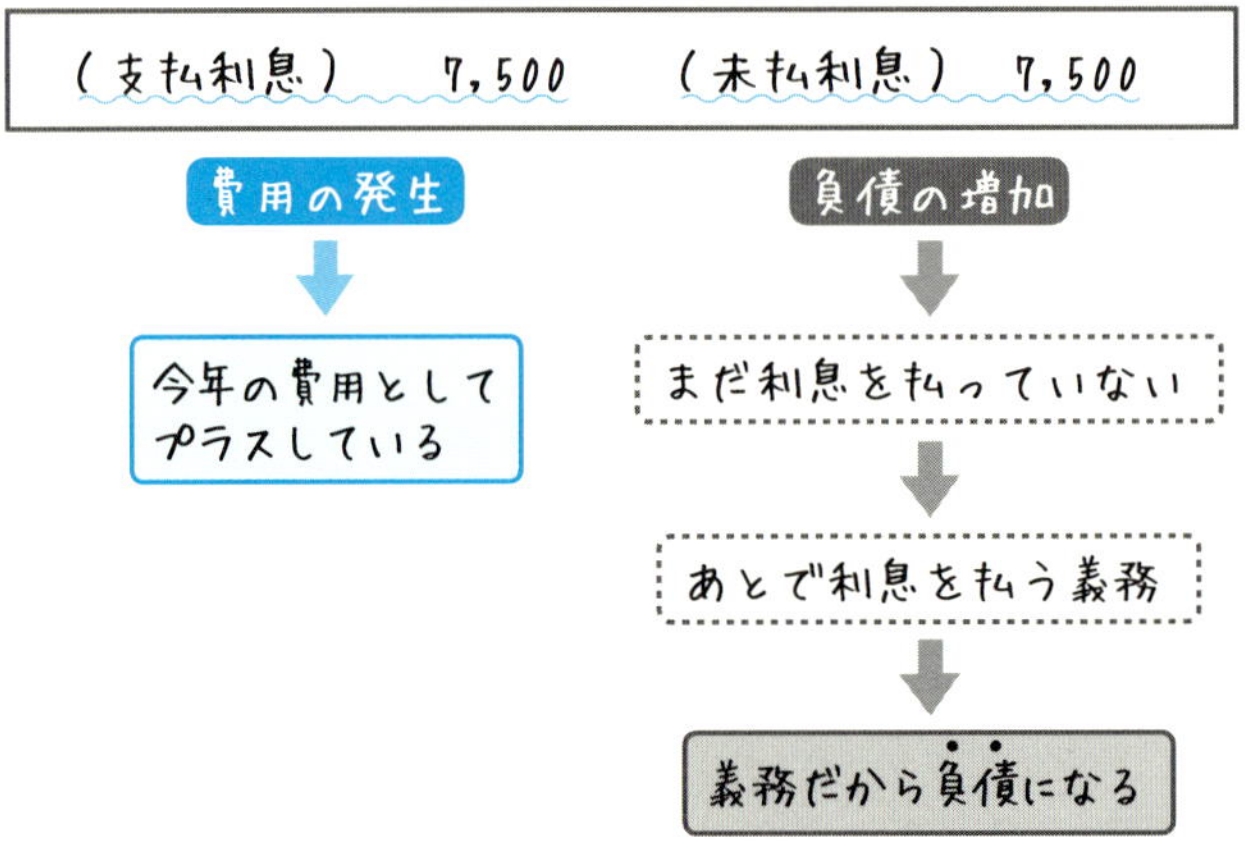

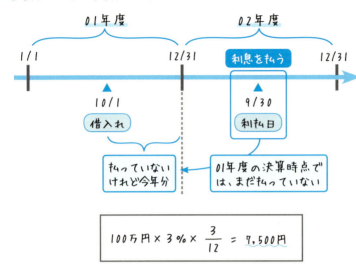

6 収益をもらっていない場合はどうする？

先ほどの逆の立場で、10月1日に、100万円を貸し付けました。利率は年3％で、利息は1年ごとに受け取るという契約です（次頁❶参照）。

この「**〝まだもらっていないけれど今年分〟を、今年の収益にする仕訳が決算整理仕訳**」となります（次頁❷参照）。

これが、4つ目の「**決算整理仕訳**」になります。

ちょっとややこしく感じるかもしれませんが、やりたいことはただひとつ！　今年分を、今年の収益・費用にしたいということです。タイムテーブルを書いて、4つのパターンのどれに該当するのか？　しっかりと確認するようにしてくださいね。

ちなみに、「**払いすぎ、もらいすぎを〝繰延《くりの》べ〟**」「**まだ払っていない、まだもらっていないを〝見越《みこ》し〟**」と呼んでいくので、こちらも覚えておいてくださいね。

❶ もらっていない今年分はいくら？

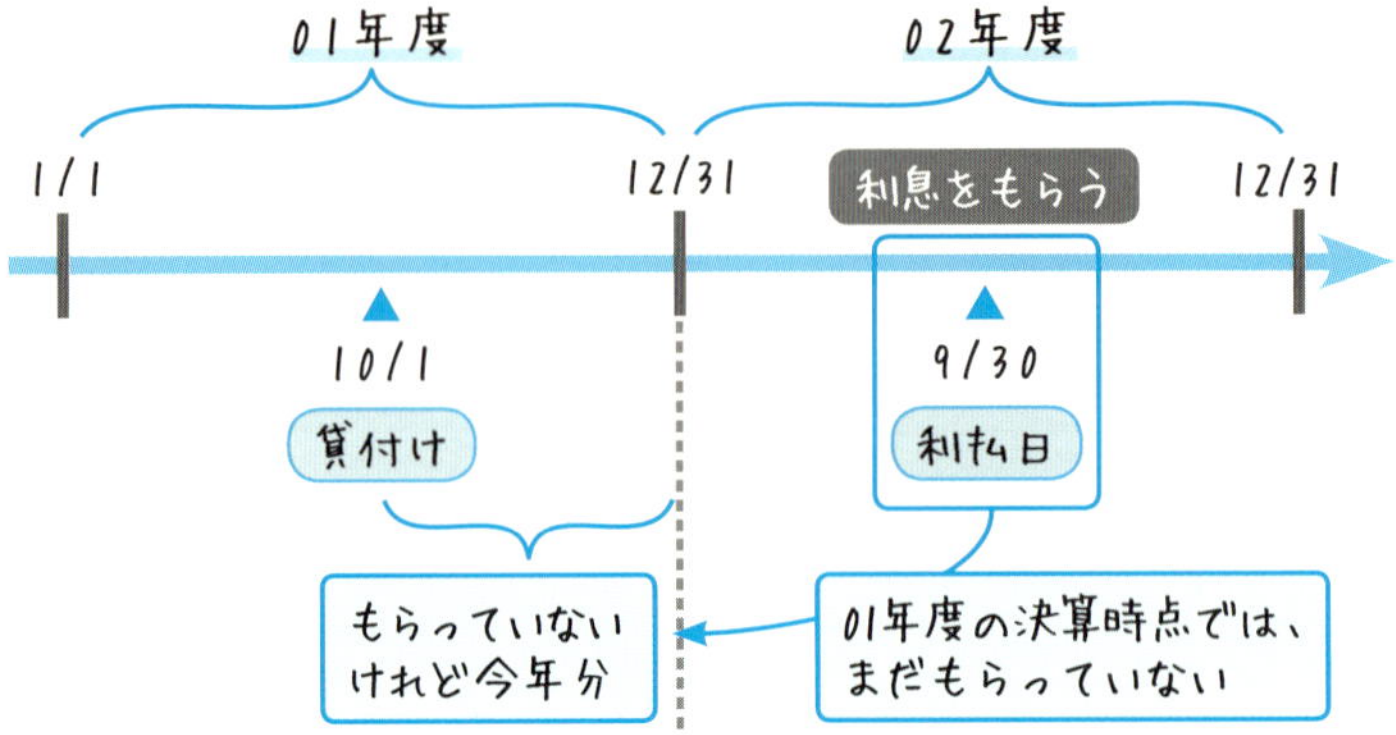

$$100万円 \times 3\% \times \frac{3}{12} = 7,500円$$

❷ まだもらっていない今年分を今年の収益にする

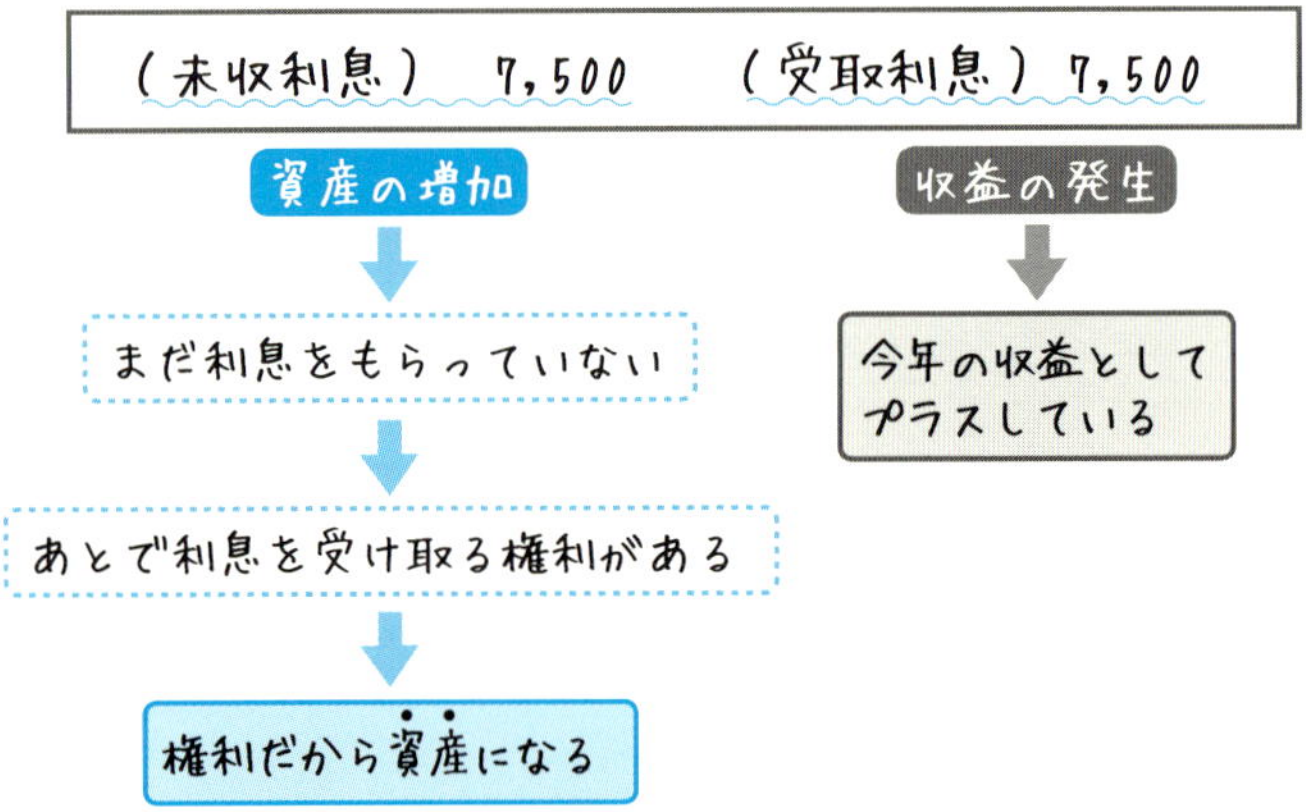

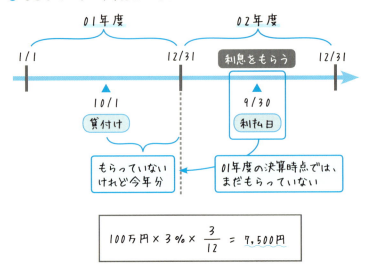

07 あなたは名探偵になれるか!? お金のズレは必ずあわせる！

1 銀行だけじゃない。1円のズレでも原因調査

「1円でもズレたら帰れないよ」

ドラマなんかでもたまに出てくる銀行での1コマですが、これは何も銀行特有の話ではありません。役所はもちろん、一般の企業でも、お金のズレは一大事です。

「金額も少ないし、まぁ、いいか……」

なんて放っておいたら、気づいたときには手遅れ。従業員に横領されていた…、なんて笑うに笑えない話も世の中にはたくさんあります。

ということで、お金の帳簿残高と実際残高は、必ずあわせるクセをつけないといけません。

もしズレていたら、その原因をすぐに調査しましょう。たいていの場合は、横領なんて物騒な話ではなく、「**記帳漏れが原因**」です。

領収書や請求書などの書類と、あなたの記憶力を頼りに、ズレの原因を探し出して、帳簿と実際をあわせるようにしましょう。

「真実はいつもひとつ！」ではなくて、**「お金の残高はいつもひとつ！」**です。

2 帳簿と実際のズレがわかったら、どうする？

それでは、これから現金のズレの話を見ていきますが、今から見ていく話は、決算とは直接関係がありません。日常で起こる話です。

現金の帳簿残高と実際残高のズレを発見したら、まずやることは原因を調査することです。**「記憶が新しいうちに、なぜズレたのか？　そのズレの原因を調査する」**のです。日が経ってしまうと、どうしても記憶が薄れてしまったり、関係書類の紛失リスクも高まります。

ということで、まずやることは、「**原因調査**」です。

その調査で原因がわかったら、その原因となった仕訳をして、現金残高をあわせます。

問題なのは、その原因調査で原因がわからなかった場合です。

その場合は、とりあえず「**現金過不足勘定**」で仕訳をしておいて、引き続き、調査を続行します。具体例で確認してみましょう。

10月15日 **現金の帳簿残高は3万円で実際残高は2万5000円でした。差額の原因を調査したが、原因不明のため引き続き調査することにした。**

ポイントは、「**実際残高にあわせる**」ということです。今回のケースを図で表すと、下図のようになります。

帳簿残高と実際残高を比べると、実際残高が5000円不足している状態です。

では、どんな仕訳をすればいいのでしょうか？

今回は、言い方を変えれば、帳簿残高が5000円多いということです。ということは、帳簿上の現金を5000円減らしてあげればいいんですよね。

● 実際残高にあわせるのがポイント

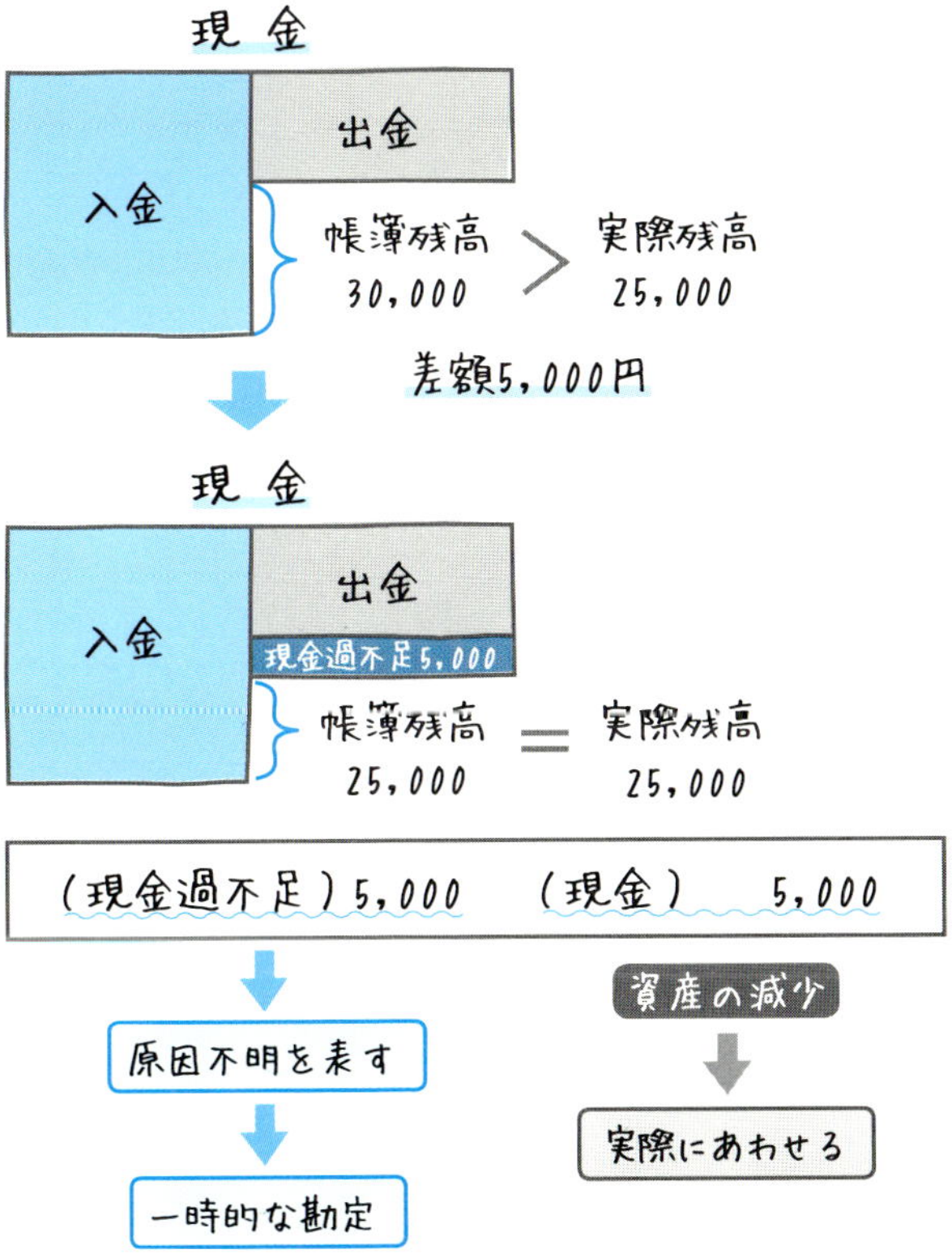

前頁の仕訳で、原因不明分をいったん現金過不足としたら、原因調査を続けます。そして、その調査の結果、原因がわかったら、その原因となった勘定科目を明らかにする仕訳を行います（下図❶参照）。

この仕訳をすることで、原因不明分を表す現金過不足が消えて、最初にやっておけばよかった仕訳が浮かびあがってくるのです（下図❷参照）。

現金過不足は、あくまで一時的な勘定科目です。原因がわかれば、相殺されて消えてしまうことを押さえておきましょう。

❶ 原因がわかったときの仕訳例

10月25日　10月15日の不足額の原因は、切手購入の記帳漏れと判明した。

（通信費）5,000　（現金過不足）5,000

費用の発生

原因が判明したので、原因不明を表す勘定はいらない

❷ 現金過不足の仕訳の考え方

10月15日　~~（現金過不足）5,000~~　（現金）5,000

10月25日　（通信費）5,000　~~（現金過不足）5,000~~

現金過不足を相殺すると、最初にやっておけばよかった仕訳が浮かびあがってくる

（通信費）5,000　（現金）5,000

この仕訳を忘れなければ、現金のズレはなかった

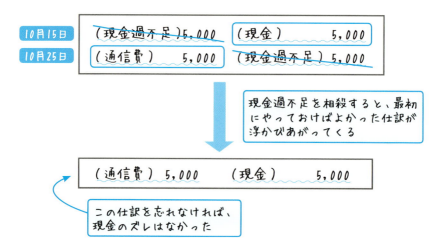

3 決算に入ると、再度入念な調査を行う

ここから、決算の話に戻ります。

「現金過不足が残ったまま、決算を迎えた場合には、再度入念な原因調査を行います」。

そして、その調査で原因がわかればいいのですが、問題なのは、とうとう原因がわからなかった場合です。この場合は、**「決算整理仕訳で、現金過不足勘定を無理やりゼロに」**していきます。このときのポイントは、結局お金が増えてるの？ それとも、減ってるの？ ということです。

まずは、下記の具体例を見てください。

この仕訳の意味がわかりますか？

順を追って確認していきましょう（次頁図参照）。

ポイントは、**「何だか理由はわからなかったけれど、〝お金は減っている〟」**ということです。

お金が減っているということは、損か得かといえば、「損」

原因がわからなかったときの仕訳例

12月31日　現金過不足勘定の借方残高は1万円である。決算に入り、再度入念な原因調査を行ったが、原因は判明しなかった。

（雑損）	10,000	（現金過不足）	10,000

費用の発生

現金過不足をゼロにするために反対の貸方へ

ですよね。

その損を表すために、「**雑損勘定（費用）で決算整理仕訳をする**」のです。

反対に現金過不足勘定が貸方に残っていた場合はどうなるのでしょうか？（次頁図参照）

ポイントは、「**何だか理由はわからなかったけれど、"お金は増えている"**」ということです。

お金が増えているということは、損か得かといえば、「得」ですよね。

その得を表すために、「**雑益勘定（収益）で決算整理仕訳をする**」のです。

この決算整理仕訳をすることで、現金過不足勘定が相殺されてゼロになることも確認してくださいね。「**現金過不足勘定は、あくまで一時的な勘定なので、最終的には無理やりにでもゼロにしなくてはいけません**」。

● **雑損の考え方**

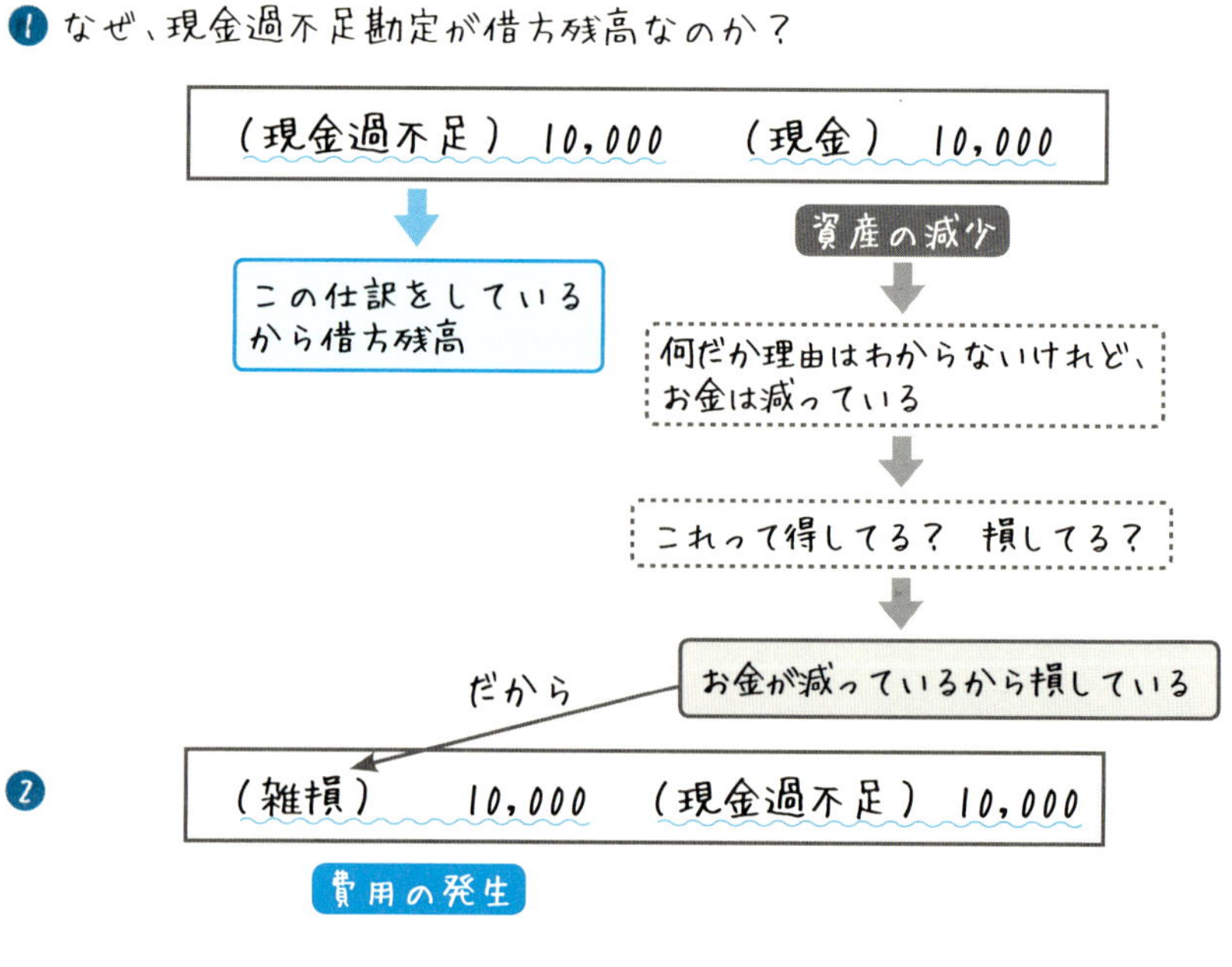

これが、5つ目の「**決算整理仕訳**」です。まぁ、言うまでもありませんが、1番いいのは、現金過不足が出ないことですよね。ここは簿記を学んだみなさんの腕の見せ所です！

「金額も少ないし、まぁ、いいか……」この小さな判断ミスから、大きな事件になってしまうことがあります。
金額は小さくても、原因調査をすることが大切です。

● 雑益の考え方

1 なぜ、現金過不足勘定が貸方残高なのか？

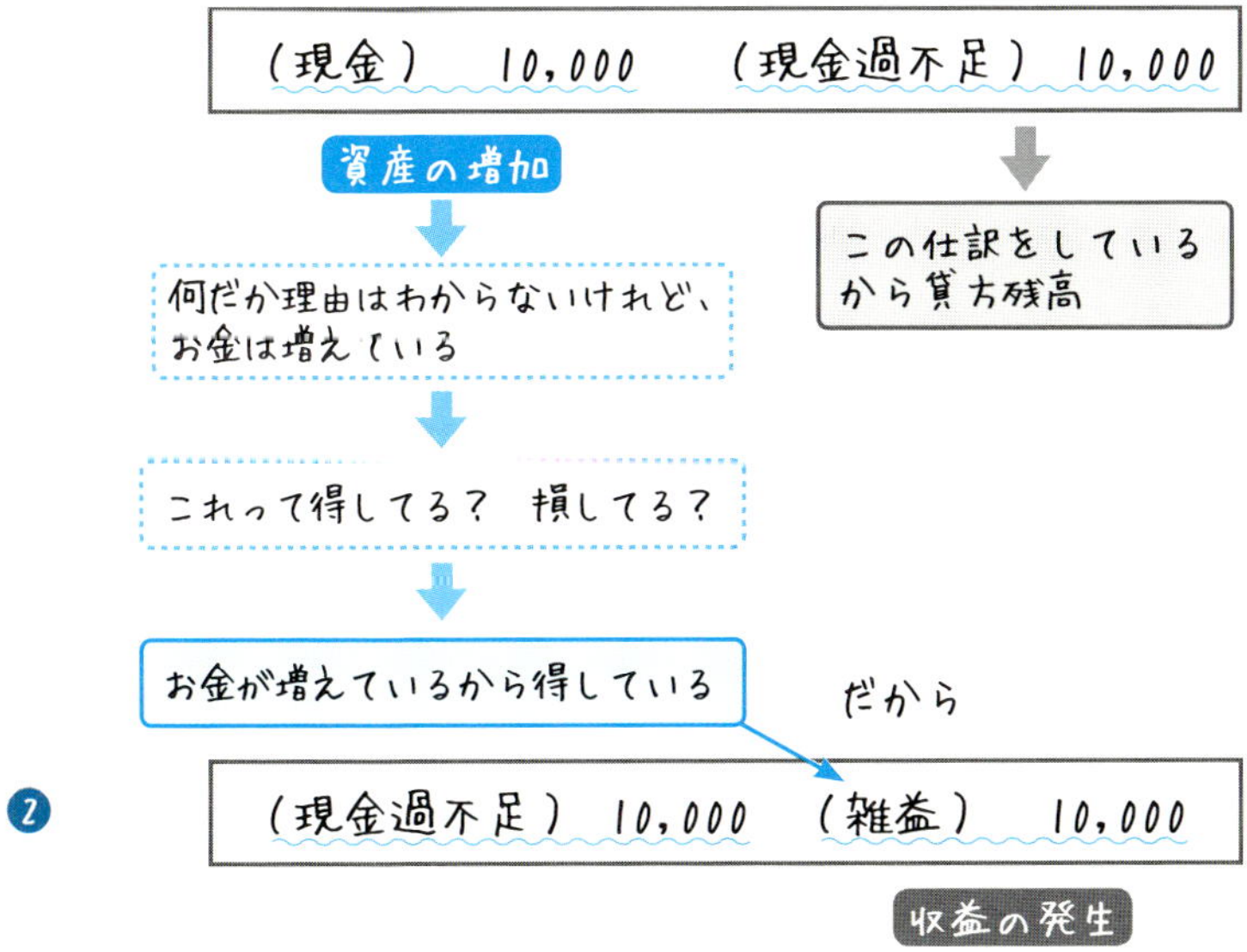

08 会社全体でいくら儲かったの？決算振替仕訳

1 決算整理仕訳の次は、決算振替仕訳

前節までで、代表的な「決算整理仕訳」5種類を確認してきました。決算整理仕訳はまだまだあるのですが、まずはこの5種類をしっかりと押さえてくださいね。そして、この決算整理仕訳が終わったあとにやるのが、「**決算振替仕訳**」です。簿記の流れでいうと、1年の最後にやる仕訳です。「**決算振替仕訳では、会社全体でいくら儲かったのか？**」を表していきます。

2 損益勘定をつくって、儲けを計算する！

それでは、「決算振替仕訳」を確認していきましょう。

決算振替仕訳では、「損益勘定」をつくって、会社全体の儲けを計算していきます。まず言葉の意味ですが、「**振り替えるというのは、“移動する”**」ということです。つまり、「**損益勘定に、収益と費用を移動して儲けを計算する**」ということです。早速、損益勘定の形を箱図で確認してみましょう（下図参照）。

この形、何かに似ていませんか？　そうです！「損益計算書」です。実は、損益勘定は、損益計算書のもとになる勘定なんですね。最終的には、損益勘定を見ながら、損益計算書をつくることになります。ちなみに、損益勘定は、収益と費用を集めてくることから「集合勘定」ともいわれています。

3 この形をつくるには、どういう仕訳をすればいい？

では、損益勘定の形をつくるには、どういう仕訳をすればいいのでしょうか？

勘定転記は、「日付・相手勘定科目・金額」を書くということを忘れずに、考えてみてください（次頁図参照）。

● 損益勘定は、形が大切！

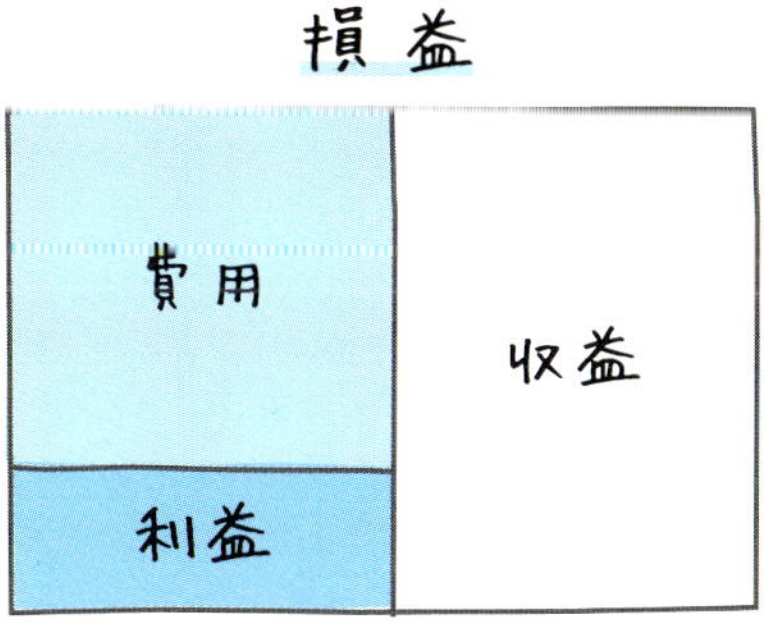

下記の仕訳により、費用と収益を集めた次は、いよいよ最後の利益です。利益のことは、「当期純利益」といいましたよね。しかし、**簿記では「当期純利益」という勘定科目はありません**。ここが間違いやすいポイントなので注意してください。

では、何勘定を使うのでしょうか？　次のように考えていきます。

儲かったということは、自分の財産が増えた、ということですよね。自分の財産を表す勘定といえば……、

そうです！　「資本金」ですね。ということで、仕訳は次のようになります（次頁図参照）。

勘定転記は、「日付・相手勘定科目・金額」を書くことを忘れずに、仕訳の形を考えてくださいね。

ちなみに、損益勘定の転記では、「諸口」は使えません。損益計算書のもとになるので、相手

● **相手勘定科目を転記するのがポイント**

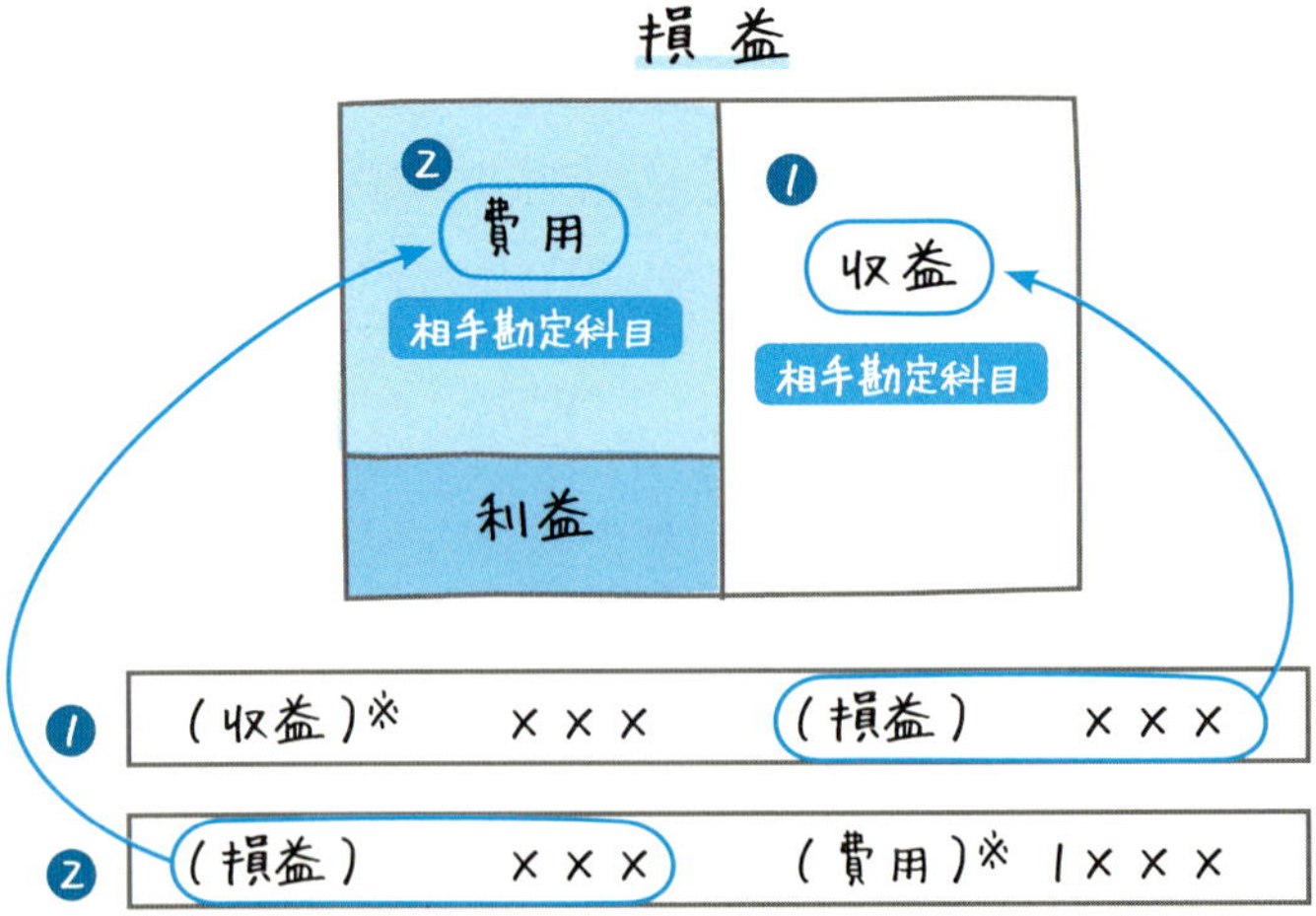

※ 収益・費用のところは、実際の勘定科目名（たとえば、「売上」や「水道光熱費」など）が入ります。

勘定科目を一つひとつ転記していきます。

ということで、これで最大の壁だった決算も終わりです。

やっぱり、決算はちょっと難しいですよね。「一度読んだらそれでOK」とはならないと思いますが、それが普通です。

何度も読み返してくださいね。きっと大丈夫です！

● 損益勘定をつくってみよう！

※ 本来は、決算整理仕訳後の数字ですが、便宜上187頁の数字を使用しています。

損益

12/31	仕入	290,000	12/31	売上	445,000
〃	給料	150,000	〃	受取手数料	30,000
〃	支払利息	3,000	〃	受取利息	1,000
〃	資本金	33,000			
		476,000			476,000

決算振替仕訳（❶・❷の振り替える金額は、貸借差額の残高）

❶ 収益の振替仕訳

（売上）	445,000	（損益）	476,000
（受取手数料）	30,000		
（受取利息）	1,000		

❷ 費用の振替仕訳

（損益）	443,000	（仕入）	290,000
		（給料）	150,000
		（支払利息）	3,000

❸ 当期純利益の仕訳

（損益）	33,000	（資本金）	33,000※

※収益合計（476,000円）と、費用合計（443,000円）の差額。
今回は、収益のほうが大きいので、儲かったということ。
自分の財産が増えるので、資本金を増やしている。

4時限目のまとめ

- 決算は「確かめ算」から。合計試算表と残高試算表の違いを押さえる
- 仕訳の間違いは仕訳で直す。訂正仕訳の考え方を押さえる
- 簿記の目的を達成するための仕訳が「決算整理仕訳」
- まずは理屈抜きで、「決算整理仕訳」の形を押さえる
- 結局は、同じ会計期間の収益と費用を対応させたい。難しく考えないこと
- 会社全体の利益を計算する仕訳が「決算振替仕訳」
- 「決算振替仕訳」も、まずは理屈抜きで形から押さえる
- 1度読んだだけではわからないのが普通。何度も読み返そう！

決算……、難しかったですよね。
でも大丈夫、それが普通です。私も最初は苦労しました。
ここで、簿記を学ぶときの心構えをひとつ。
「まずは形から入ること」
華道・茶道・剣道など、道がつくものは、型（形）から入りますよね。
まずは理屈抜きで、同じ動作を何十回、何百回と繰り返す。
これは簿記も同じなんです。
理屈から入らずに、まずは形から！
これが上達するための、ひとつのコツなんです。

5時限目

個人商店と株式会社の違いを確認してみよう！

向上心の高い
あなたに贈る、
特別な5時限目！
次に学ぶべき
「株式会社の簿記」
について、ちょっ
とだけ教えちゃい
ます！

01 資本金の違いを押さえよう！

1 簿記に飛び級はない

本書もいよいよ最終講義の5時限目です。

4時限目までの内容をしっかり押さえられれば、簿記の基礎レベルは完璧に近いものといえるでしょう。それだけ濃い内容になっています。

具体的にいうと、「はじめに」でも触れましたが、簿記のレベルでいう3級レベルの内容が、あなたの頭の中に入っているはずです。3級レベルとは「**個人商店の簿記**」です。

でも、読者のみなさんの中には、株式会社に就職したり、株式会社を経営したり、そんな人もいるかと思います。そうなると、2級レベル以上の「**株式会社の簿記**」が必要になるのですが、実は、簿記に飛び級はないんです。

「株式会社の簿記」を学びたいからといって、いきなり2級レベルの勉強はできません。なぜなら、**「3級レベルの〝個人商店の簿記〟……という土台のうえに、〝株式会社の簿記〟があるから」**です。

「株式会社の簿記」を学びたい人も、まずは、本書をしっかりと読み込んで、「個人商店の簿記」を身につけてから次に進んでください。

一見、遠回りのようですが、これが1番の近道なのです。

2 お金を出す人、使う人

この5時限目では、株式会社と個人商店の違いを学んでいきます。最大の違いは、**「お金を出す人と、そのお金を使う人についての違い」**です。

では、確認していきましょう。

個人商店の場合は、お金を出す人と、そのお金を使う人が、同じ人です。同じですから、**「お店の財産＝店主の財産」**になります。ただし、いいことだけではありません。同じですから**「お店の借金＝店主の借金」**にもなるのです。つまりは、**「無限責任」**ということです。

それに対して、株式会社の場合は、お金を出す株主と、そのお金を使う人は、違う人です。株主はお金を出しますが、そのお金を使いま

● 簿記の基本は3級レベルから

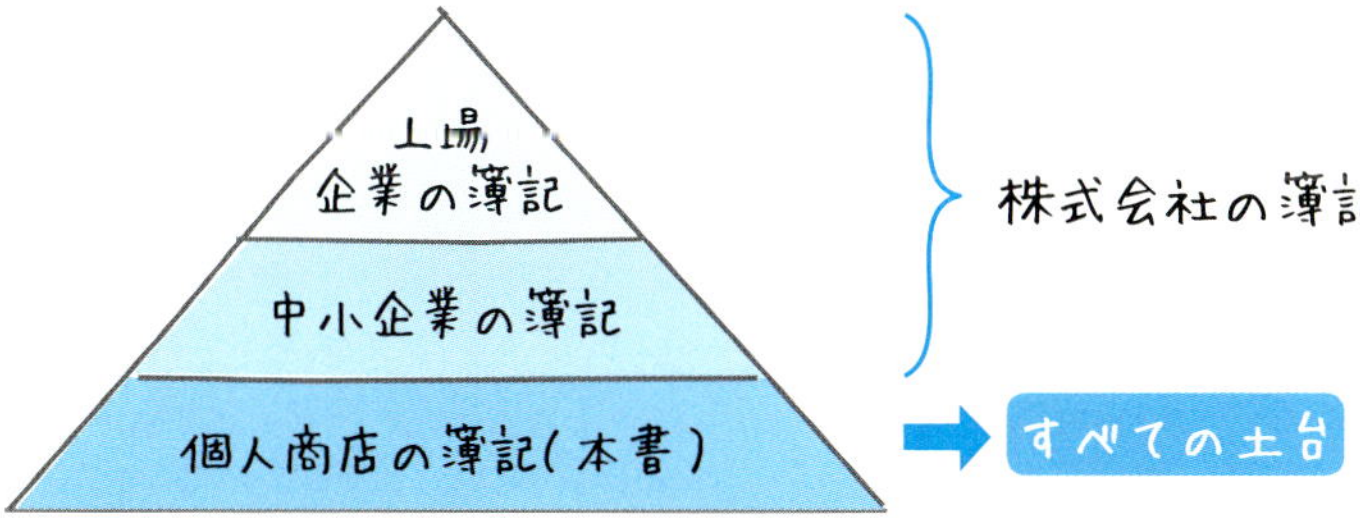

せん。使わないので、そのお金の使い方についての責任は問われないのです。仮に、莫大な借金を抱えて会社が倒産したとしても、株主は自分が出資したお金だけに責任を持つことになります（株券が紙くずになるということ）。これを、株主の「**有限責任**」といいます。

この違いをしっかりと押さえておきましょう。

ちなみに、中小企業の場合は、お金を出す株主と、そのお金を使う人が同じ、いわゆる「**オーナー社長**」というケースが多くあります。

3 資本金と利益

個人商店の利益は、「**資本金勘定**」で仕訳を行いました（4時限目08参照）。

これに対して、株式会社では、「**繰越利益剰余金勘定**」で利益の仕訳を行います。

この違いは、先ほどのお金を出す人と、お金を使う人の話が影響してきます。個人商店であれば、お金を出す人と、お

● 株式会社と個人商店の違い

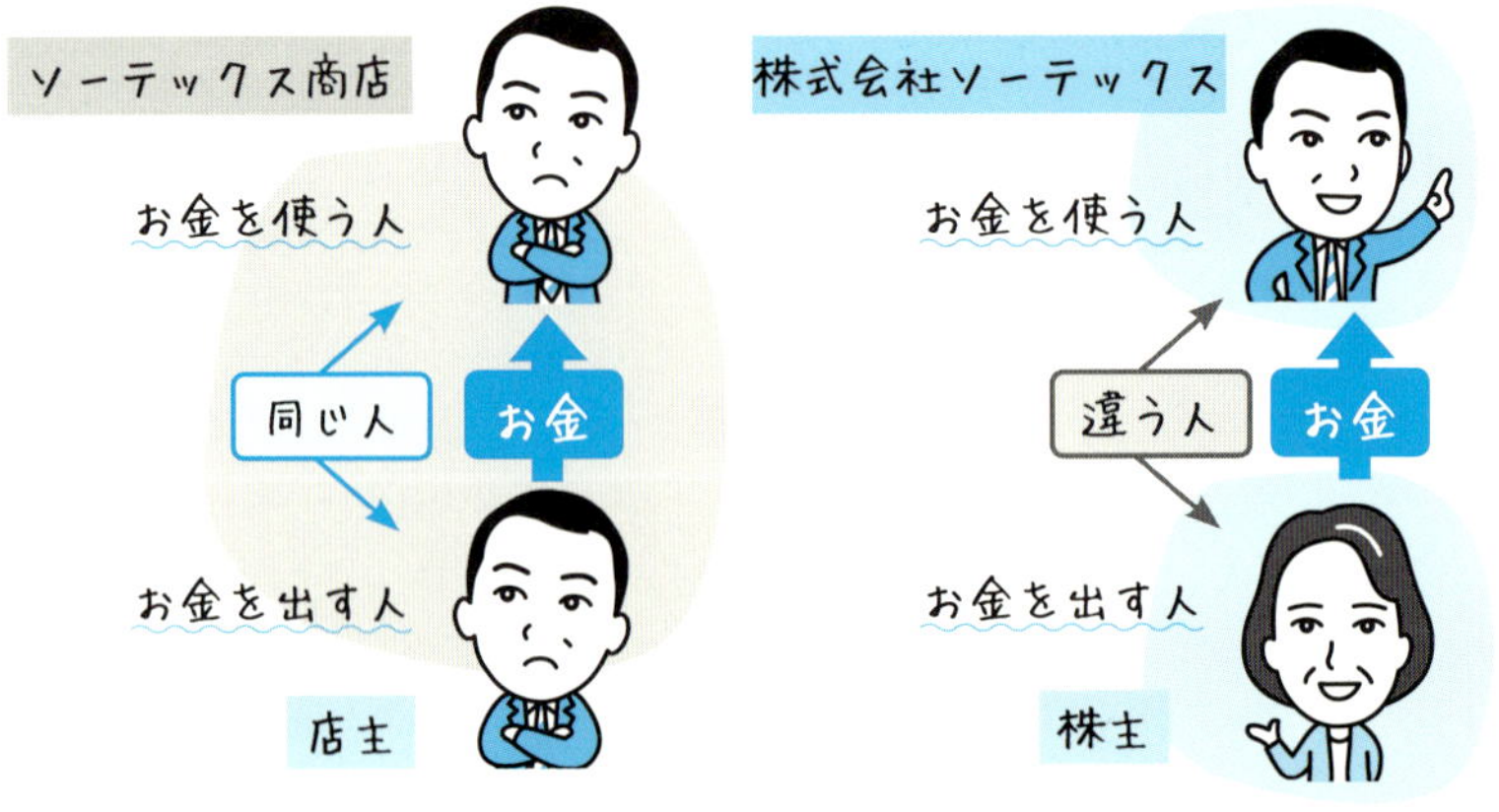

金を使う人が同じでした。つまり、「**最初の元入れも自分の財産、儲かった分も自分の財産、どちらも自分のものになるので、同じ資本金でかまわない。分ける必要がないんですね**」。

これに対して、株式会社の場合は、お金を出す人と、お金を使う人が違いました。だから、「**分けておかなければならない**」のです。

まず、「**株式会社の簿記では、株式会社が主役になる**」という点に注意してください。つまり、「**株式会社目線で見ていく**」のです。

そうすると、株式会社の元手、個人商店でいうところの元入れは、株主が出資するお金になりますよね。これを「**資本金**」で仕訳します。

そして、そのお金を、商品開発や、取引先、従業員、いろいろなところに投資をして、利益を得ますが、これは、株主が行ったわけではなく、主役である株式会社が行った成果ですよね。だから「資本金」ではなく、「**繰越利益剰余金**」として分けておく必要があるのです。この点が、個人商店と大きく異なる点になります。

● **元手と利益を分けるのが株式会社**

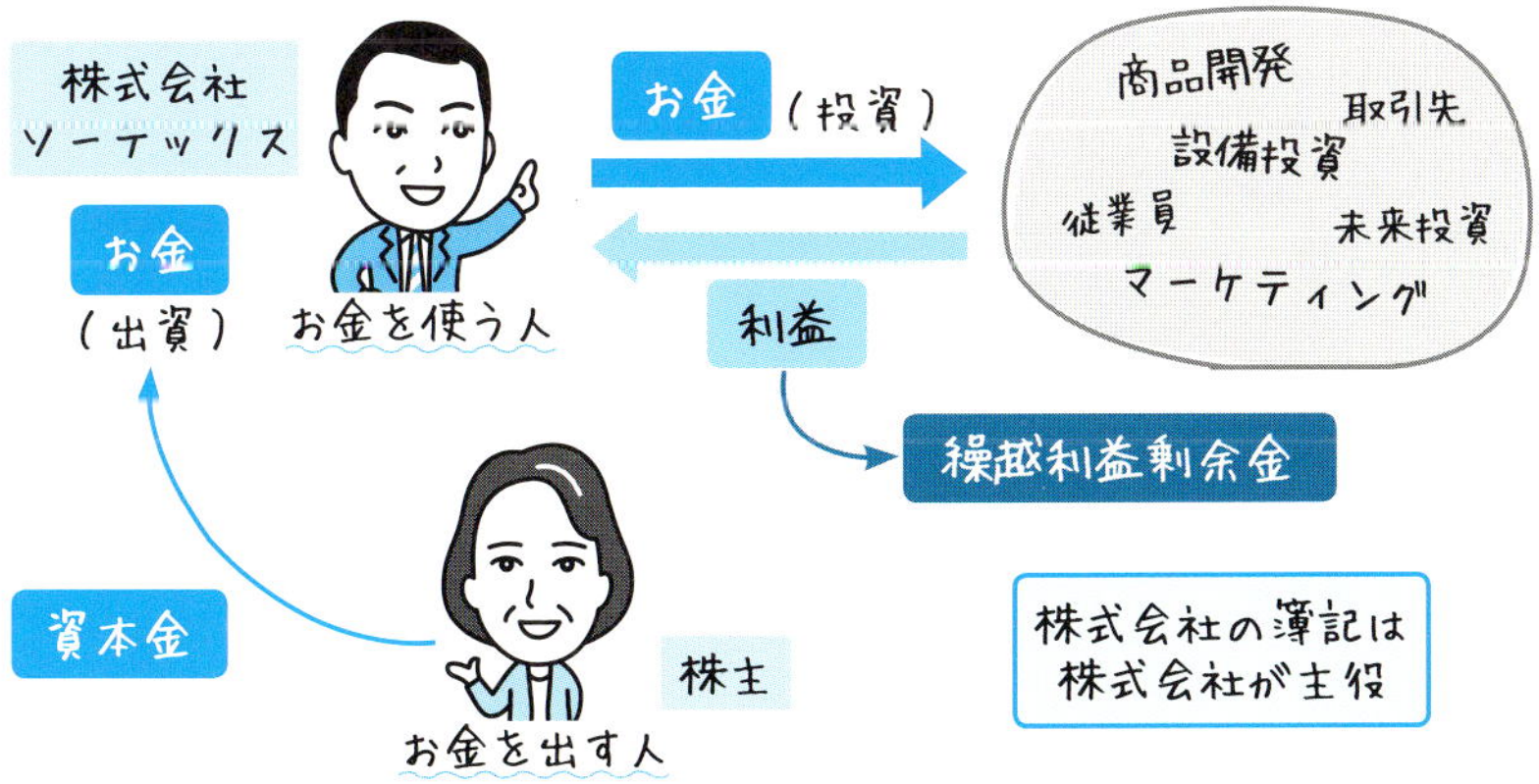

02 株主に情報提供しよう！

1 株式会社は誰のもの？

株式会社は誰のものでしょうか？

昔から議論されているテーマですよね。

社長のもの、従業員のもの、株主のもの、お客さまのもの、社会のもの…、いろいろな考え方があります。

ただ、理論上は、「**お金を出してくれている株主のもの**」なんです。だから、その会社が儲かったら、利益の分配として配当金が支払われるんです。

ということで、「**株式会社は、株主に対する情報提供を積極的に行って、株主の判断を誤らせないようにしなければならない**」のです。

この点が、個人商店と株式会社とでは違ってきます。

2 その会社、危ないです！

早速ですが、ここで問題です。

あなたは株式を買おうと思っています。下記❶の情報を見て、A社、B社のうち、どちらの会社の株を買いますか？

うーん、これだけだと……、A社もB社も同じなので、判断できないですよね。では、下記❷の情報が追加されたとしたら、どうですか？

❷の情報が与えられたとしたら……、おそらく多くの人は、A社の株を買うのではないでしょうか？

理由としては、A社は、期首商品棚卸高（前期の売れ残り）、当期商品仕入高（当期の仕入れ）、期末商品棚卸高（当期の売れ残り）が、それぞれあって、正常な経営活動をしていますよね。

それに対して、B社は、期首商品棚卸高（前期

❶ A社とB社、どちらの株を買う？

	A社	B社
売上高	1,000,000	1,000,000
売上原価	600,000	600,000
売上総利益	400,000	400,000

❷ A社とB社、どちらの株を買う？

売上原価内訳	A社	B社
1. 期首商品棚卸高	300,000	1,000,000
2. 当期商品仕入高	700,000	0
合計 →	1,000,000	1,000,000
3. 期末商品棚卸高	400,000	400,000
売上原価 →	600,000	600,000

の売れ残り）だけで、商売をしています。つまり、在庫処分の会社ということです。倒産寸前ということですよね。

もし、売上原価の内訳がわからなければ、A社とB社は同じ会社に見えてしまいます。B社の株を買ったら、すぐに倒産して株券が紙くずになってしまう、なんてことも考えられます。

まぁ、これは極端な例にしていますが、「**株主の判断を誤らせないようにするために、なるべく多くの情報提供をしていく必要があるのが株式会社の簿記**」なのです。

3 損益計算書・貸借対照表のフォーマットも変わる

ということで、株主に対する情報提供という観点から、損益計算書と貸借対照表のフォーマットも若干変わります。頁にかぎりがあるので詳しくお話しできないのですが、簡単にポイントを確認していきましょう。

まず損益計算書ですが、利益をいくつかに分けて、会社の状況をわかりやすくしています（次頁参照）。

ちなみに、「**経常利益**」が最後ではありません。このあと法人税等（会社の税金）などが続き、最終の「**当期純利益**」となります。

次に貸借対照表ですが、「**資産**」と「**負債**」について、「**流動**」「**固定**」で分けています（239頁参照）。流動には「短期的な」、固定には「長期的な」という意味があります。

株式会社の損益計算書

損益計算書

株式会社ソーテックス　自平成○○年1月1日至平成○○年12月31日　（単位：円）

Ⅰ 売上高		1,800,000
Ⅱ 売上原価		
1.期首商品棚卸高	40,000	
2.当期商品仕入高	1,100,000	
合計	1.140,000	
3.期末商品棚卸高	60,000	1,080,000
売上総利益（粗利）		720,000
Ⅲ 販売費及び一般管理費		
1.給料	220,000	
2.保険料	110,000	
3.消耗品費	19,000	
4.貸倒引当金繰入	6,500	
5.減価償却費	34,000	
6.雑損	3,000	392,500
営業利益（本業の利益）		327,500
Ⅳ 営業外収益		
1.受取家賃	240,000	240,000
Ⅴ 営業外費用		
2.支払利息	31,500	31,500
経常利益（会社の利益）		536,000
⋮	⋮	⋮

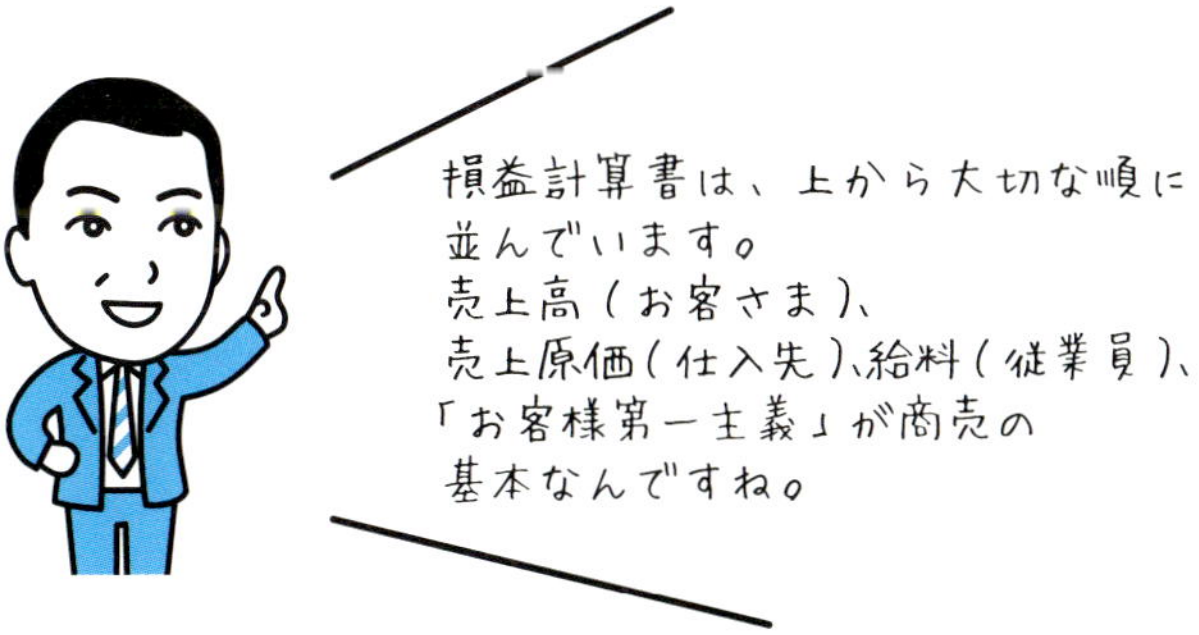

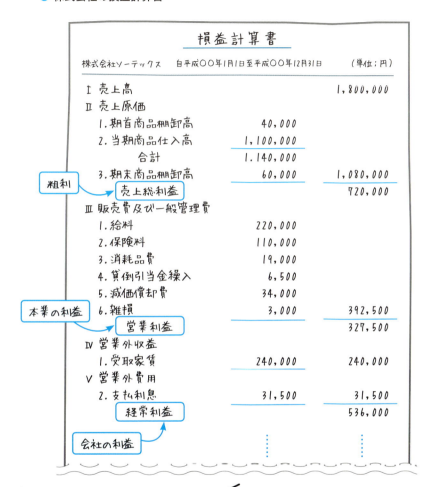

損益計算書は、上から大切な順に
並んでいます。
売上高（お客さま）、
売上原価（仕入先）、給料（従業員）、
「お客様第一主義」が商売の
基本なんですね。

すぐに現金化できるものは「**流動資産**」、長く使えるものは「**固定資産**」、すぐに払わないといけないものは「**流動負債**」、すぐに払う必要がないものは「**固定負債**」など、単純に資産・負債ではなく、流動・固定で分けることで、よりわかりやすくしているのです。

4 損益計算書・貸借対照表以外にもある

株式会社の場合は、株主に対する情報提供という観点からも、損益計算書や貸借対照表以外にもつくる書類があります。

それが、「**キャッシュフロー計算書**」や「**株主資本等変動計算書**」「**製造原価報告書**」などです。

本書の目的である基礎レベルでは押さえる必要はありませんが、基礎レベルをしっかりと押さえたうえで、ぜひチャレンジしてほしいと思います。

貸借対照表は、会社の安全性を表しています。
買掛金や借入金などをきちんと支払えるのか否か？
会社はお金がなくなったときに倒産するのです。

理解度を確認するためにも、ぜひ検定試験を受検してください。
その際は、受検することを周りに公言して、いい意味で自分を追い込みましょう！
検定試験には時間制限があるため、計算のスピードアップや、試験独特の言い回しに慣れる、引っかけ問題の対策など、合格するための勉強が別途必要です。

株式会社の貸借対照表

貸借対照表

株式会社ソーテックス　　平成〇〇年12月31日現在　　（単位：円）

資産の部			負債の部	
Ⅰ流動資産 ←短期的			Ⅰ流動負債 ←短期的	
1.現金預金		412,000	1.支払手形	300,000
2.受取手形	100,000		2.買掛金	270,000
貸倒引当金	2,000	98,000	3.未払費用	10,500
3.売掛金	350,000		流動負債合計	580,500
貸倒引当金	7,000	343,000	Ⅱ固定負債 ←長期的	
4.前払費用		10,000	1.長期借入金	1,000,000
5.商品		60,000	固定負債合計	1,000,000
6.消耗品		5,000	負債合計	1,580,500
流動資産合計		928,000		
Ⅱ固定資産 ←長期的			純資産の部	
1.有形固定資産			Ⅰ株主資本	
建物	1,200,000		1.資本金	1,800,000
減価償却累計額	211,500	988,500	2.利益剰余金	
土地		2,000,000	繰越利益剰余金	536,000
有形固定資産合計		2,988,500	利益剰余金合計	536,000
固定資産合計		2,988,500	純資産合計	2,336,000
資産合計		3,916,500	負債・純資産合計	3,916,500

5時限目のまとめ

- 本書をマスターすると、3級レベル（個人商店の簿記）がわかる
- 簿記に飛び級はない。個人商店の簿記を学んだあとに、株式会社の簿記がある
- 簿記は奥が深い！ 本書をキッカケに、学びをどんどん深める！

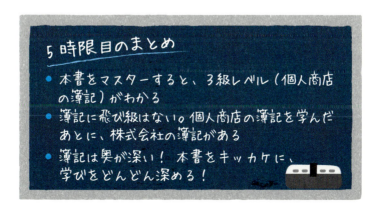

世界一《せかいいち》やさしい　簿記《ぼき》の教科書《きょうかしょ》　1年生《ねんせい》

2018年 9 月15日　初版第1刷発行

著　者　　村田栄樹
発行人　　柳澤淳一
編集人　　福田清峰
発行所　　株式会社　ソーテック社
〒102-0072 東京都千代田区飯田橋 4-9-5　スギタビル 4F
電話：注文専用　03-3262-5320
FAX：　　　　　03-3262-5326
印刷所　　図書印刷株式会社

ISBN978-4-8007-2053-5